D1554927

# La biblia blanca

# La biblia blanca

## Historia sagrada del Real Madrid

Ángel del Riego Anta
y
Marta del Riego Anta

© 2018, Ángel del Riego Anta y Marta del Riego Anta

Primera edición: octubre de 2018

© de esta edición: 2018, Roca Editorial de Libros, S.L.
Av. Marquès de l'Argentera 17, pral.
08003 Barcelona
actualidad@rocaeditorial.com
www.editorialcorner.com

Impreso por EGEDSA
Sabadell (Barcelona)

ISBN: 978-84-946166-9-3
Depósito legal: B. 20129-2018
Código IBIC: WSJA

RC16693

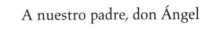

A nuestro padre, don Ángel

Siendo un rey poderoso, soy un mendigo
si me faltan las llamas de tu cariño.

CAMARÓN DE LA ISLA, *Tangos de la Sultana*

# Índice

# Blanca catedral

No sabemos si la publicación de una biblia madridista, valga la redundancia, es una obsesión de fanáticos o una empresa propia del Renacimiento. Pero si se trata de tender un puente entre los Ultras Sur y el cardenal Cisneros, yo quiero formar parte de tan santo pontificado. Mis credenciales son inequívocas: el madridismo, bajo la forma militante del mourinhismo, constituyó mi última religión profesada con fervor, es decir, sin respeto, con verdadero espíritu de Cruzada. La vida lo atempera a uno y lo vuelve más cínico y quizá más sabio, pero yo no puedo olvidar la pasión personalmente exaltante que coloreó aquellos días de ruido y furia. Después de aquello gané tres Copas de Europa seguidas y en las tres finales estuve en el estadio, pero no me importa reconocer que ya nunca volveré a vivir el fútbol con la intensidad del sacro trienio en que Yahvé fue del Madrid y Mourinho su profeta. Aquellos Pentecostés en que el Espíritu Santo bajaba en lenguas de fuego y prendía la sala de prensa. Aquellos clásicos que parecían guerras de religión rodadas por Mel Gibson y donde echábamos las semanas posteriores recontando cadáveres, arrastrando los suyos por el barro y dándoles a los nuestros cristiana sepultura.

Hay muchas especies de fe, pero solo una religión verdadera. No lo dijo un papa, sino Kant, que no era precisamente de los que mojaban la pluma en agua bendita. Hay muchas aficiones, y luego está el aficionado del Real Madrid, que es el único club verdadero, con su curia vaticana y sus parroquias de barrio. Como toda religión verdadera, el Real Madrid sufre cismas periódicos, es agitado por heresiarcas ambiciosos y telepredicadores sombríos, sucumbe a travesías por el desierto durante las cuales el pueblo es tentado por la idolatría y, finalmente, conoce el restablecimiento de la ortodoxia en el cónclave de los socios, que siguen siendo los dueños de su fe y de su templo.

Ahora bien: la religión madridista no es ecuménica. No practica el entendimiento buenista entre todas las confesiones y la redistribución del palmarés, sino la hegemonía más rapaz, una suerte de dominación feudal, aristocrática pero inmisericorde. En esto se separa del imperativo categórico de Kant, que ruega a los madridistas que no ganen todo aquello que les gustaría ganar a los demás, y abraza en su lugar la voluntad de poder de Nietzsche, que no reconoce más criterio moral que la conquista perpetua, el eterno retorno de las Copas de Europa. El madridismo, por tanto, no es un credo evangélico (mucho menos protestante: este sería el del Atleti), salvo por una frase: «Al que tiene se le dará, y al que no tiene se le quitará hasta lo que tiene».

Un día paseaba Heine con un amigo por el interior de una grandiosa catedral europea. Su amigo, abrumado por la belleza que levantaron nuestros antepasados, comparó tanta magnanimidad con la mediocridad de su tiempo y le preguntó entristecido a Heine por qué los europeos ya no eran capaces de edificar catedrales. El gran poeta alemán respondió: «Nosotros, los modernos, no tenemos más que opiniones, y para elevar una catedral gótica se necesita algo más que una opinión». Efectivamente: se necesita una fe. Por eso el Madrid continúa levantando por todo el continente orejonas como catedrales: París, Madrid, Bruselas, Stuttgart, Glasgow, Bruselas otra vez, Ámsterdam, París, Glasgow otra vez, Lisboa, Milán, Cardiff, Kiev. Al fin y al cabo, todo el mundo tiene una opinión, pero solo el Madrid tiene trece Copas de Europa.

JORGE BUSTOS,
jefe de opinión del diario *El Mundo*.

# El privilegio de ganar

*E*l madridista parece estar convencido de que el Madrid es el club elegido, así que no extraña que los hermanos del Riego Anta hayan vertebrado su relato de más de un siglo madridista con la Historia Sagrada. Bernabéu es Yahvé, por supuesto; herejía sería cualquier otra cosa, aunque bien pudiera ser Moisés bajando con las tablas.

Una vez el *New York Times* dijo que el Madrid era un Estado dentro de otro Estado. Quizás una nación sin Estado ni país. Desde luego, en América han fundado Iglesias y religiones con menos motivos. Hay suficiente en el Madrid para vivir una vida de secta absolutamente satisfactoria.

La historia sería otra sin Bernabéu, y con el tiempo cada generación debe ir reinterpretando ese paternalismo suyo, actualizándolo. En su peripecia parece tener el Madrid el secreto de su éxito, pero ¿cómo entender el «señorío» muchas décadas después?

¿Eran «florentinables» Kopa, Gento o Puskás?

El madridismo entiende el club mirando a Bernabéu como los estadounidenses hacen con los «padres fundadores». Los del «señorío» literal quizá sean la Asociación del Rifle.

En este libro hay algo de ese «diálogo».

Contando al presidente se entiende el club más justamente, pues el Madrid está siempre entre dos polos: lo que cuentan los otros (la leyenda negra) y lo que cuenta su entorno, una mezcla de periodismo y memoria de pez que acuña unos recuerdos, leyendas e inexactitudes que se repiten año tras año y acaban siendo una cárcel de tópicos. Las leyendas del Madrid lo hacen museístico, se lo comen vivo.

El Madrid es junto al tiempo y la política la gran conversación española, y con esa dificultad los autores intentan con éxito un relato completo, necesario para el aficionado que vive atrapado en la vida cíclica de las temporadas. Cada verano llega la amnesia y, como sucede en *Memento*, hay que tatuarse el palmarés antes de volver al bucle. ¿Va hacia algún sitio el Madrid?

Hay en el libro una buena proporción entre lo antiguo y lo reciente, y se le da luz y relieve a algunas figuras necesarias. Si es tradición visitar la tumba de Bernabéu en Almansa, los autores empiezan el libro en la de Padrós, el fundador.

Siendo de un madridismo actual, que tiene asimilado el posmourinhismo, el libro no se olvida de lo que hubo antes del gran patriarca (o incluso heteropatriarca).

Aparecen los Padrós, el mítico Zamora y algunas figuras casi desconocidas por el madridismo. Una es Rafael Sánchez-Guerra, el presidente republicano que acompañó a Bergamín cuando fue a sondear a Franco a la Academia de Zaragoza. Es protagonista de uno de los momentos más pintorescos de la historia del club: exiliado en París, ya anciano y recién enviudado, regresa a España para ingresar como dominico en un monasterio navarro. Bernabéu le visitará allí con los jugadores con motivo de un partido ante Osasuna.

El otro es Hernández Coronado, un hombre orquesta del fútbol español que lo fue todo y quedó opacado por la titánica figura de Bernabéu. Fue uno de los grandes y primeros resultadistas cuando dijo eso de «prefiero ganar en el descuento y de penalti injusto».

En plena Guerra Civil, Hernández Coronado se empeñó en que el Madrid jugara la Liga Republicana Catalana. Llevó allí a los futbolistas y hubo un principio de acuerdo que en el último momento evitó el Barcelona, siempre el Barcelona. Este libro no olvida la Guerra Civil ni la posguerra, ni la necesaria comparación con sus rivales. Ni olvida que Bernabéu era nacional, pero monárquico y donjuanista.

La leyenda negra no descansa, y por eso hay un madridismo que consiste en ser antiantimadridista.

Ortega escribió *La rebelión de las masas*, pero fue Bernabéu quien las conoció bien, el que las sentó, las metió en un coliseo, el que las supo tratar y divertir. Lo que dice sobre las multitudes españolas es muy valioso. Rebeladas las masas, las distrajo Bernabéu.

Él construyó el Madrid, pero quizá su «teoría de la jeta» condicionó el futuro vinculándolo a rostros confiables, a buenos muchachos. El madridismo más que técnico fue lombrosiano y dos hombres se le escaparon: Luis Aragonés y Johan Cruyff, con los que el Madrid hubiese alcanzado la totalidad del fútbol.

¿Explica su divorcio con Di Stéfano («se nota que usted no tuvo hijos») que no volviera el Madrid a perseguir a los genios argentinos?

El último Bernabéu es tan importante como el primero. Ahora sobre madridismo se «filosofa» mucho, pero en sus años el aficionado tenía aún la vieja y respetuosa condición de público. Bernabéu hizo poca literatura con ello, poca fraseología, poco sentimentalismo, y casi siempre fue sincero: «No hay verdadera alegría en la masa del Madrid».

Si uno va a Chamartín con regularidad, comprende que «las mocitas» del viejo himno somos nosotros. Que es uno mismo. Cuando nos encaminamos al estadio, somos la «mocita», pero ¿«alegres y risueñas»? ¿Dónde está ese madridismo hedonista, exultante, disfrutón? Muchas veces, lo que hay es la normalidad de ganar, ganar como condena. Lo que reconoce el aficionado del Madrid son raptos de éxtasis que se producen una o dos veces por temporada, restringidos a la Copa de Europa, y que justifican el año entero. Se va al estadio con un ánimo ritual y a veces hasta taciturno. Lo que gusta sobre todo es la transfiguración del equipo en las «noches mágicas». Volver a convertirse en el viejo equipo.

Cada vez que algo pasa en el mundo hay un partido del Madrid. En el 11-S jugaba en Roma, y horas después del 11-M se le hundió a Queiroz su once de superhéroes. Eso lo capta el libro. Ángel del Riego es uno de los madridistas más agudos, reflexivos y teorizantes que he conocido, y su hermana Marta es una novelista ya acreditada, cuya sensibilidad observa y cuenta el fútbol con una finura distinta. Como en una «extraña» pareja de entrenadores, la mezcla funciona.

El madridismo es el equipo por defecto, y sus aficionados integran el batallón de la normalidad. Hay un pacto tácito para no calcular todo el amor que se le tiene al Madrid. Pero hay gente, en apariencia normal, que se deprime en verano porque no juega; gente que ignora los Mundiales y a la selección; que entra en un bar o no en función de los signos de madridismo posible; gente que interpreta la historia moderna de España o el Estado de las autonomías según le vaya en ello al Real Madrid. Cientos de personas se entierran anualmente en ataúdes con un escudo coronado. Pero todos miramos hacia otro lado, y el madridista no presume de su pasión.

El grado que puede alcanzar esta sinrazón el forofo rival no lo conoce, o prefiere no conocerlo. Suficiente privilegio es ya ganar.

Creo que en este libro se percibe, entre las líneas de una buena escritura.

PACO SANTAS, *HUGHES*,
columnista del diario *Abc*.

# ANTIGUO TESTAMENTO

# 1

## Génesis

*La fundación del club está envuelta en el misterio. Sucedió en 1902 y lo hicieron los hermanos Padrós (comerciantes catalanes), pero nadie hace hincapié en los primeros años, pues el Madrid es una idea asociada a la victoria de forma terminal y hasta la primera Copa de Europa en 1957 ese paisaje mental no cobró cuerpo. Aquí se contará lo sucedido en aquellos días, desde la creación hasta los primeros profetas (Zamora, Samitier), en un tiempo y en un espacio cosido por la historia de forma irreversible.*

Cielos velazqueños sobre un Madrid goyesco. Las nubes se ciernen sobre la Sacramental de San Justo. Avanzamos entre cipreses en fila y panteones modernistas en uno de los cementerios más misteriosos de Madrid. Misterioso y solitario en esta gélida mañana de diciembre. No hay visitantes ni flores sobre las lápidas. Parece que los madrileños no son muy dados a honrar a sus muertos.

Los madridistas tampoco: buscamos el sepulcro del fundador del Real Madrid, Carlos Padrós, enterrado aquí hace exactamente sesenta y siete años, y no existe ninguna indicación, ni su nombre aparece en los carteles que señalan personajes célebres del cementerio.

Desde su apertura en 1847 se inhumaba en la Sacramental de San Justo a las grandes figuras de la sociedad madrileña. Porque es esta una zona muy de Madrid, junto a la ermita del

Santo y la pradera de San Isidro, que Goya inmortalizó y donde los madrileños celebran su fiesta más castiza desde el siglo XVI. Todo aquí respira madrileñismo. Para llegar a la tumba de Carlos Padrós, en la cuarta y última sección del patio de Santa Gertrudis, pasamos por delante de la de Larra, Espronceda y Gómez de la Serna; también aquí yacen Francisco de Ríos Rosas o el general Alcalá Galiano, los compositores Federico Chueca y Ruperto Chapí. Escritores, militares, compositores, poetas del Madrid del los siglos XIX y XX.

Y sin embargo.

Sin embargo, Carlos Padrós, el fundador del equipo que se identifica de forma automática y subconsciente con Madrid, nació en Barcelona, en una familia profundamente catalana de padre barcelonés y madre de Villafranca del Penedés, cuna del cava. Empresarios textiles, producto de esa burguesía que surgió con la segunda Revolución Industrial. Más catalán no se podía ser: cumplía con todas las características del prototipo. Pero, ironías del destino, fundó junto con su hermano Juan el equipo que se convertiría en el mayor rival del Barcelona F. C.

## La Creación

El fútbol como deporte arrancó una (suponemos) lluviosa tarde de octubre de 1863 en una taberna londinense entre pintas, ginebras y humo de cigarros. Ese mismo mes, pero treinta y ocho años más tarde, el Real Madrid, denominado Madrid Foot-Ball Club, jugaría su primer partido en el parque del Retiro, entre el campo del tiro al pichón y los árboles centenarios, y se constituiría oficialmente como club un año después en 1902.

En esto de la fundación del Madrid hay grandes teorías y largas especulaciones: que si existía ya a finales del siglo XIX, traído de Inglaterra por los profesores de la Institución Libre de Enseñanza, que si era una sociedad entonces y no un club, que existía de *facto* pero no de *iure*. La realidad es que el 6 de mayo de 1902 es la fecha del acta fundacional.

Era esa una España atropellada por la historia. Unos días después, Alfonso XIII fue declarado mayor de edad a los dieciséis años y empezaría las tres décadas de reinado convulso, jalonado de avances e inmediatos retrocesos democráticos, atentados anarquistas, asonadas militares y guerras coloniales con Marruecos. En el Madrid de la época se matriculaba el primer vehículo, empezaba la construcción del hotel Ritz, se abriría unos años después la Gran Vía (tras derribar trescientas casas), bullían las tabernas y las tertulias literarias, y llegaba a su apogeo la Institución Libre de Enseñanza.

¿Cuándo nació el fútbol en Madrid? ¿Qué hubo antes del acta fundacional del club?

Confusión y tinieblas.

O más bien, confusión y energía desbordada que necesitaba un cauce.

Bartolomé Cossío, al frente de la Institución Libre de Enseñanza (ILE) como sucesor de Giner de los Ríos, fue una figura clave en la introducción del fútbol en Madrid. Él y otros profesores que se habían formado en las universidades británicas traen el primer balón de fútbol e insuflan la pasión por este deporte a sus alumnos. Entre clase y clase pasean por Puerta de Hierro y la pradera de San Isidro dándole patadas el balón. Pronto en los partidos que se organizan en la ILE empiezan a tomar parte no solo sus profesores y alumnos, sino también estudiantes de la Universidad Central (antigua Complutense) y público adulto. Los periódicos de la época recogen ya el interés inusitado por este deporte.

Era un fútbol desnortado, sin reglas; los partidos duraban eternamente, los jugadores se intercambiaban con el público, fumaban y charlaban entre jugada y jugada, y el partido finalizaba cuando el dueño del balón proclamaba que tenía que irse. El campo del Sky, y posteriormente del primitivo Madrid, se encontraba en los altos de la calle de Lista y Velázquez, en un enorme descampado que sería el ensanche de Madrid. Los descampados siempre en el inicio del fútbol, lugar donde se cuecen las leyendas que asolan las mentes de los niños.

### Fundemos un club y separemos el Cielo del Infierno

El origen directo del Real Madrid hay que rastrearlo hasta el Sky, el primer equipo exclusivamente futbolístico fundado en la ciudad (1898). En el Sky jugaba un suizo llamado Paul Heubi, banquero de profesión, que trajo de su país la obsesión helvética por el reglamento y la aplicó al equipo de treinta socios con el que se encontró.

El Sky acabaría fundiéndose con un minúsculo club, la Nueva Sociedad o New FC, en 1901, y daría origen al Madrid, presidido en esta brevísima etapa por Julián Palacios, capitán y delantero del equipo. Contaba con una veintena de socios y no se inscribió oficialmente hasta el año siguiente, cuando los hermanos Padrós le aplicaron su temperamento empresarial.

La fundación legal del Madrid se recoge en los periódicos; por ejemplo, en un artículo de *El Liberal*, del 9 de enero de 1902, donde se habla de que el presidente es «J. Padrós» o se dice que: «Todos los domingos celebran interesantes partidos, a los que concurre numeroso público, sobre todo los extranjeros, que tan aficionados son a este sport. En Barcelona, en Bilbao y en Vigo ha tomado carta de naturaleza el *foot-ball*, y en Madrid parece que va aclimatándose esta afición».

Se establece el primer reglamento de un club en España y su equipamiento. Arthur Johnson, un jugador británico que hacía las veces de entrenador, ordena el caos circundante y sienta unas bases mínimas para poder, al menos, finalizar un partido: elegir al jefe del equipo antes del encuentro, jugar siempre en el mismo puesto, cuando la pelota salga del campo traerla inmediatamente para evitar partidos de tres horas entre charlas y cigarrillos. Y no contento con eso quiere fomentar el *combination* (antecedente claro del *tiki-taka*), que los chavales aprendan a jugar con y contra la pared de enfrente que les devuelve mansamente el balón.

Johnson, además de ser el autor de estas primeras normas, fue entrenador durante diez años y consiguió cinco campeonatos regionales y una Copa de España.

El equipamiento del Madrid Foot-ball Club estaba basado en el del Corinthian FC, equipo británico creado en 1882, cuyo espíritu *amateur* inspiró a los estudiantes españoles de Oxford y Cambridge. Consistía en: pantalón azul oscuro y blusa blanca, medias oscuras para los partidos ordinarios; y todo blanco con gorra azul para los extraordinarios. Además, banda morada, el color heráldico de Castilla, con el escudo de Madrid. Ya está el blanco rondando, pero todavía no inmaculado. Falta tiempo para que se codifique el mito.

¿Y quién jugaba? Los propios directivos, como Julián Palacios o los hermanos Juan y Carlos Padrós, Pedro Parages, Adolfo Meléndez (futuro presidente del club), otros miembros de la alta burguesía, estudiantes universitarios y aristócratas. No era un deporte para clases humildes, todavía imperaba el *fair play*. Y las señoras finas iban al polo al hipódromo y se asomaban al cercano (y precario) campo de fútbol a ver correr a los hombres en mangas de camisa y pantalón no decorosamente largo, algo muy llamativo (e incluso escandaloso) en el momento.

Por aquella época, los Padrós ya llevaban más de veinticinco años en Madrid. La familia había abierto un próspero negocio de venta de telas, Al Capricho, en lo que hoy sería la Gran Vía, esquina con la calle Cedaceros. En la trastienda de ese almacén se oficializó la fundación del club: allí se reunían sus socios entre libros de cuentas y géneros de Cachemira.

Timoteo Padrós y Blanca Rubió estaban imbuidos de espíritu europeísta y emprendedor. Una de sus hijas, Matilde, fue la segunda mujer en conseguir título universitario y la primera en doctorarse en Filosofía y Letras. Vivían en el número 3 de la calle Cedaceros, en una enorme casa, con hijas, cuñada y cuatro dependientes de la tienda. Además, poseían propiedades en el Escorial, donde hoy Timoteo tiene una calle con su nombre y donde, unos años después, estudiaría y se aficionaría al fútbol Santiago Bernabéu.

La Gran Vía, El Escorial, la Universidad Central de Madrid o el casino de la calle Alcalá… Los escenarios en los que se movía la familia Padrós reflejaban que era una familia imbricada hasta el tuétano en la sociedad madrileña de entonces.

Que fueran catalanes ha sido a menudo obviado en el seno del club. Pero Madrid siempre fue una ciudad de aluvión que atraía gentes emprendedoras de todo el país, y más en aquellos años en los que pasaba de villa a metrópoli. Lo demuestran los propios presidentes del club, ¿no era Adolfo Meléndez, que presidió el club de 1908 a 1916 y en el 39, de La Coruña? ¿Y Santiago Bernabéu, que nació y creció en Albacete?

También se daba el camino inverso, de Madrid a Barcelona.

Recordemos a Narciso Masferrer, uno de los fundadores del Barcelona F. C., creador de *El Mundo Deportivo*, presidente de la Federación Catalana de Fútbol y promotor del deporte en Cataluña. Masferrer había nacido en Madrid en 1867; antes de abandonar la ciudad y cambiarla por Barcelona, había fundado la Sociedad Gimnástica Española, que tendría su propio equipo de fútbol. Un madrileño castizo que se hizo figura del barcelonismo.

### Los patriarcas

Los hermanos Padrós, además de ser ambos jugadores, fueron presidentes sucesivamente.

Juan (Barcelona, 1869 - Arenas de San Pedro, Ávila, 1932), el mayor, presidió el club desde marzo de 1902 hasta finales de 1903. En 1904 lo sustituyó su hermano Carlos, y él se dedicó a reorganizar la Federación Española de Fútbol.

En 1915 compró una finca en Ávila, junto a la Sierra de Gredos, y allí se dedicó al campo y a instruir a los niños de la comarca en la práctica del deporte; construyó una piscina donde les enseñaba natación. Además montaba a caballo y se hizo vegetariano. Un tipo peculiar, de rostro enjuto y ojos de profeta bíblico, muy religioso y austero. Murió sin descendencia en 1932 y donó su capital a unos frailes. Está enterrado en Arenas de San Pedro, en una tumba que cuida la peña madridista del pueblo.

Carlos (Barcelona, 1870-Madrid, 1950) tuvo una vida pública más larga e intensa. Le gustaba la caza y tiraba al pichón junto a Alfonso XIII, con quien tenía buena relación. Presidió el Madrid entre 1904 y 1908. Llegó a diputado por Mataró del Partido Liberal entre 1912 y 1918, donde promovió varias reformas agrícolas. Fue nombrado hijo adoptivo de la ciudad; además, introdujo nuevos cultivos en sus fincas de El Escorial y se implicó en el fomento de una agricultura moderna.

En las fotos de la época aparece como un caballero de amplias patillas y poblada barba, y una mirada terca que delata su fuerza de voluntad. Jugó brevemente al fútbol, a pesar de su cojera, y toda esa energía interna que lo movía la volcó en la labor organizativa.

Era «un hombre de carácter muy recio. Una persona recta, seca. Pero con una gran presencia de ánimo, un personaje emprendedor», según contó su nieta, Carmen Igual Padrós a *La Vanguardia* (24 de marzo de 2002): «Conocíamos su pasado vinculado al Madrid, sus tiempos de diputado en las Cortes, todo. Pero era una persona poco habladora, lo suyo eran los hechos y no las palabras. Recuerdo que solía encerrarse en su despacho con sus asuntos».

Ese hombre recio tuvo una visión estratégica del fútbol. Lo primero que hizo tras la fundación del club, y aprovechando la declaración de mayoría de edad de Alfonso XIII como momento publicitario, fue idear una competición nacional. En esa liguilla, disputada a partir del 13 de mayo de 1902, participó el Vizcaya, el Barcelona, el Español, el New de Madrid y el Madrid Foot-ball Club. El torneo se jugó en los terrenos del hipódromo (actuales Nuevos Ministerios): el Vizcaya se llevó la copa. El árbitro fue Carlos Padrós. Un año más tarde, Padrós mediaría con Alfonso XIII para que donara una copa de plata al campeonato: así arrancó la Copa del Rey.

Después consiguió poner de acuerdo a todos los clubs, tarea nada fácil, para reunirse y organizar la Federación Española de Fútbol y envió a directivos del equipo a París para promover la creación de la FIFA en mayo de 1904.

Es, quizás, el primer presagio de lo que podía ser el Madrid. Antes de eso, no había rastro ninguno. Ni siquiera la indumentaria cumplía el rito de la pureza con la que se consagró más tarde.

### Y vuestra descendencia poblará la Tierra

El fútbol empezó a ponerse de moda. En los periódicos se recogían sus bondades. Carlos Padrós, consciente del valor de la propaganda, firmaba artículos en los medios de la época: «Se juega al aire libre, en pleno campo, aprovechando lo que a torrentes nos prodiga la naturaleza para fortalecer nuestra salud: aire y luz [...] se lucha con noble emulación por la victoria [...] la inteligencia es un factor que ha de acompañar a la agilidad y fuerza muscular, reúne, en una palabra, cuanto se precisa para que este *sport*[1] resulte útil y agradable». (*Gran Vida*, junio de 1903).

En 1903 ya había diez mil espectadores en el hipódromo de la Castellana pendientes de la final entre el Madrid y el Athletic, que ganó este último 2-3.

Los años siguientes vieron crecer la afición y los títulos para el Madrid. En 1905, la Copa del Rey. La alineación: Lizárraga, Álvarez, Alcalde, Bisbal, Berraondo, Normand, Parages, Prast, Alonso, Revuelto y Yarza. Prácticamente la misma que un año después vuelve a ganar la Copa de Europa, y repite en 1905 y en 1906.

Es el primer equipo serio del Madrid, el primero que la incipiente afición se sabe de memoria, y logra una hazaña: ganar cuatro copas seguidas. Las fotos muestran un once de tipos morenos, raya en el medio, bigote, pantalón justo por encima de la rodilla y camisa de manga larga remangada. Un equipo de dandis con su cinturón oscuro y los faldones de su camisa blanca bien remetidos. De dandis que juegan, aparentemente sin despeinarse, entre mujeres con corsés, pamelas desmesuradas y faldas hasta los pies. Pero dandis que, en realidad, dan patadas, empujan y se arremolinan en torno a balones de cuero ardiente que intentan colar en la meta a empujones, a dentelladas si es preciso.

En 1908, Carlos Padrós abandona la presidencia del club. Lo sustituye Adolfo Meléndez (La Coruña, 1884-Madrid, 1968) hasta 1916.

Los títulos no llegan. Pero en 1912 suceden dos cosas muy importantes: se inaugura el primer estadio, el de O'Donnell, y entra en escena uno de los personajes más importantes en la historia del Madrid: Santiago Bernabéu.

Bernabéu, que pertenecía a las categorías inferiores del

---

1. Palabra que denota una voluntad de separarse de la masa, de lo agrio y castizo de España, de aquellos toros que eran la fiesta nacional y cuya idolatría iba a ser sustituida por el fútbol. Pero quedaba mucho tiempo y una guerra: no era el momento.

Madrid desde los quince años, debutó frente al English Sports el 3 de marzo de 1912. Jugó diecisiete años, torpe, lento y con un corazón a la medida de la entidad. Anotó sesenta y ocho goles en setenta y nueve partidos, se retiró en 1927, actuó un año de entrenador, entró en la directiva y acabó refundando el fútbol. Ya contaremos esa historia.

Se suceden los presidentes, Pedro Parages (Madrid, 1883– Saint Loubès, 1950), también antiguo jugador del club, de 1916 a 1926. Se había imbuido de fútbol inglés durante su etapa como estudiantes en Mánchester y al regresar a España comenzó a jugar en el equipo del Liceo Francés, Association Sportiva Amicales, que en 1904 acabaría fundiéndose con el Madrid Foot-ball Club.

Parages consigue el título de «real» (de la mano de Alfonso XIII) para el club en junio de 1920.

El estadio enseguida se queda pequeño, se inaugura el de Ciudad Lineal, de breve vida, y el mítico estadio de Chamartín en 1924.

Durante esos años, el fútbol camina hacia la profesionalización. Los socios de un club lo eran porque pagaban sus cuotas y jugaban, algunos más que otros. Poco a poco, algunos solo jugaban y otros solo miraban. Empezó a eximirse del pago de la cuota a quienes jugaban. «El profesionalismo marrón» o el «amateurismo marrón» era «un profesionalismo a base de pagos indirectos, además de los abonos de gastos, que era ya una norma generalizada», escribe Félix Martialay (*Implantación del profesionalismo y nacimiento de la liga*, Real Federación Española de Fútbol, 1995).

«En el fútbol no hay más que dos clases únicas de elementos: profesionales y mangantes. El *amateur* no existe, el que así se considera es un mangante. Si es jugador, manga viajes, dietas, recomendaciones, alguna colocación de momio, rebajas en el servicio militar, etc. El jugador que vale y pide dinero por ejercer su habilidad no engaña a nadie ni se engaña a sí mismo. Es una persona honrada y leal.» Así hablaba en 1925 Pablo Hernández Coronado, árbitro por aquel entonces y hasta un año antes jugador del Real Madrid. Cuatro años después volvió al club como secretario técnico, un cargo que había inventado él mismo. Fue el artífice de fichajes como Zamora, Samitier, Gaspar Rubio, Ciriaco y Quincoces, Simón Lecue, Monchín Triana. Cuidó del Madrid durante la guerra y fue uno de los primeros heterodoxos del Real, que han sido pocos, pero han marcado la distancia con el casticismo tan cerca del equipo merengue y tan lejos de sus verdaderas intenciones.

En 1926, se hace oficial lo que ya era una realidad *sotto voce*: los jugadores deben recibir un sueldo, y se profesionaliza oficialmente el fútbol.

El club blanco viaja por toda Europa, a Reino Unido, Francia, Dinamarca, y en 1927 hace una titánica gira por América desde Argentina hasta Estados Unidos, pasando por Uruguay, Chile, Perú, Cuba, México, con Santiago Bernabéu como entrenador. Años antes, Bernabéu había jugado con el Madrid un partido contra el Español de Barcelona. Allá había un chaval de quince años que le impresionó profundamente: era Ricardo Zamora, el Divino. La primera *vedette* del fútbol de la época, que el equipo blanco fichó en 1930. Arrancaba la leyenda.

### El fútbol y el Arca de la Alianza: Zamora, Samitier y los primitivos

Los presidentes del Madrid tienen apellidos ilustres y títulos nobiliarios y forman parte de la alta sociedad madrileña. En 1928, ya con Luis de Urquijo, marqués de Bolarque (Madrid, 1899-1975), como presidente, se crea la Liga. Con él, Santiago Bernabéu abandona el campo definitivamente y lo cambia por la secretaría de la junta directiva. Época de sequía de títulos, pero época en la que empieza a gestarse el espíritu Bernabéu.

Le sucede en 1930 otro noble, Luis Usera (Talavera de la Reina 1890-1958). Usera tuvo visión global, en 1928 se había creado la Liga y quiso reforzar el equipo y lanzarse a tumba abierta a por el título. El Español traspasa a Zamora al Real Madrid por 150.000 pesetas. El país entero se asombra del precio desorbitado. Pero el Divino vale lo que se paga por él. Zamora era un tipo alto, 1,84, de mirada dura, manos enormes y aire de galán de Hollywood. Barcelonés, había comenzado la carrera de Medicina para convertirse en médico como su padre, pero lo dejó por el fútbol. Empezó a los quince años en el Español, pasó por el Barcelona y acabó en el Madrid en 1930, con veintinueve años cumplidos. Para entonces ya había protagonizado una película, *Por fin se casa Zamora* (1926), y se había convertido en la estrella de la selección española en los Juegos Olímpicos de Amberes de 1920, donde el equipo rojo se había llevado la medalla de plata. Allí nació un nuevo concepto del fútbol patrio, eso que se llamaba «furia española», y aquel famoso ripio, «ganamos uno a cero, con Zamora de portero».

En una entrevista en *La Semana Gráfica*, de octubre de 1930, le preguntan por la cifra de su contrato y su respuesta es ya un antecedente de lo que serán las respuestas de los futbolistas sobre su sueldo en los años venideros. Ambigüedad y buenas palabras, humildad y soberbia al mismo tiempo.

—¿Son ciertas las condiciones del contrato? Me han dicho cifras que, por tratarse de usted, considero justas, pero que en España son realmente fantásticas.

—¡Y tan fantásticas! No lo crea. Yo no quiero cobrar tampoco más de lo que cobra un compañero. Por otra parte, lo que me van a pagar lo encuentro suficiente y no deseo más.

Zamora tenía una personalidad muy fuerte y se convirtió enseguida en aglutinador del equipo. Venía precedido por un aura de valiente, incluso de pendenciero: en los Juegos Olímpicos de Amberes le propinó un puñetazo a un jugador belga que le valió la expulsión y lo detuvieron acusado de tráfico de puros habanos.

Un héroe al que se le perdonaba todo. Fumador compulsivo, exhibía una clase que trasladó al césped: jugaba siempre con una gorra y vestía chaquetas o jerséis de pico por encima de la camiseta del equipo. Elegante hasta para parar goles, se inventó jugadas como «la zamorana», en la que despejaba el esférico con el codo enviándolo bien lejos, un poco al estilo de la pelota vasca, a la que era aficionado. Quizá para quitarse de encima a todos aquellos delanteros que se colaban en pelotón en la portería.

Luis Usera, con Bernabéu y Hernández Coronado como ojeadores, formó un gran equipo: además del Divino Zamora, fichó a Ciriaco, a Quincoces (el Muro de Baracaldo) y a Olivares, todos del Alavés, y a Pepe Samitier, del Barcelona.

Los mejores jugadores de la época estaban en el Madrid.

«Fichen al mejor, allá dónde esté.» Esa es ya la consigna oficial del club, peleada con un histórico como el Athletic de Bilbao, que simbolizaba justo lo contrario y que miraba mal a cada vasco que el Madrid conseguía llevarse.

Ese equipo consiguió que el Madrid quedara invicto en la Liga 1932-33 y en la siguiente.

El fichaje de los jugadores se convirtió en gran noticia. Se divisa la era del fútbol moderno. Periodistas esperando en el aeropuerto para hablar con el nuevo jugador. Se hacen fotos descendiendo directamente del avión, puesto que no hay vestíbulo ni escalerillas. Los aviones son unos aparatos endebles que aterrizan en pistas de tierra: el mero acto de subirse a ellos es una demostración de valentía. Prueba de ello es la célebre imagen que fue portada del *As*, el 9 de enero de 1933: Samitier con sombrero y maletín de cuero, abrigo cruzado descendiendo del avión en el aeródromo de Getafe. Allí, a pie de pista, le hacen la entrevista.

> *Sami* se deja caer de un salto, a dos pies a un tiempo, ¡chac!
> —Así quería yo pisar Madrid.
> —¿De un salto?
> —Con los dos pies juntos. Media en Barcelona y media en Madrid. El destino me ha llevado a partir mi vida entre las dos ciudades que más quiero: Madrid y Barcelona.

Samitier, el Mago, juega solo dos años en el Madrid F. C. Es Madrid a secas porque en tiempos de la segunda República, proclamada en el 31, todos los clubes que ostentaban el título de «real», tuvieron que retirarlo. Samitier era un jugador pequeño, con un físico ramplón; sin embargo, muy ágil, es un centrocampista regateador que llevaba el balón al último confín.

¿Por qué abandonó el Barcelona? Según la prensa de la época porque no le pagaban lo suficiente y porque lo convencieron su amigo Zamora y la insistencia de Santiago Bernabéu, ya convertido en pieza imprescindible del club.

Samitier regresó a Barcelona en el año 35, se exilió durante la guerra, volvió al Barça como entrenador, Bernabéu lo fichó para el Madrid por una breve y brillante etapa, y finalmente regresó al Barcelona hasta su retiro. Fue la suya una carrera de ida y vuelta del Barcelona al Madrid. En ambos equipos dejó huella y amigos. El primero que acudió a su entierro en 1972 fue Santiago Bernabéu, que también había acudido dos décadas antes al funeral del fundador del Real Madrid, Carlos Padrós.

### El Madrid y los misterios de la fe: héroes y tumbas

¿Qué había sido de Carlos Padrós durante esos años de expansión del club?

¿Se imaginaría hasta dónde iba a llegar aquel equipo de una veintena de socios creado en la trastienda de su negocio?

Nos hacemos todas esas preguntas mientras caminamos entre las tumbas de la Sacramental de San Justo, prácticamente amontonadas unas junto a otras, buscando la número 423. Las cifras están casi borradas y su orden no parece seguir una lógica exacta. Trescientos y pico, cuatrocientos, y de pronto un giro brusco. Volvemos a las trescientos. Condes, marqueses, apellidos ilustres, nombres cubiertos de verdín. Por fin, de casualidad, damos con la sepultura y con el ángel que la guarda. Tampoco sobre esta lápida nada indica que quien está enterrado aquí fundó un equipo que mueve y conmueve hoy a millones de seguidores.

Nada, solo polvo.

Y seis nombres: el de Carlos Padrós Rubió, el de su suegro, su mujer, dos hijas y el de su nieta, Carmen Igual Padrós. Su nieta, que dijo en aquella entrevista de 2002 en *La Vanguardia*: «[El Real Madrid] Nunca nos han invitado a un partido, ni siquiera ahora, con los festejos del centenario. La familia Padrós no existe para el Madrid».

Cambiemos de escenario a otro cementerio, el de Montjuïc, en lo alto de Barcelona. Aquí está enterrado Hans Max Gamper. Conocido como Joan Gamper, este suizo, nacido en Winterthur en 1877, fue uno de los padres fundadores del Barcelona FC. Él publicó el célebre anuncio en la revista *Los Deportes* en 1899 convocando a todos los aficionados al fútbol a reunirse en el Gimnasio Solé, reunión que dio origen al club.

Gamper, que fue presidente del Barça en cinco breves ocasiones, se pegó un tiro en 1930, deprimido y arruinado tras el crac del 29 y tras volver de un exilio forzoso por la dictadura de Primo de Rivera. Su entierro fue multitudinario. El Barcelona creó un trofeo con su nombre, lo designó socio número uno de manera permanente y todos los años le hace una ofrenda floral en su sepultura del cementerio de Montjuïc.

Volvamos a la Sacramental de San Justo, a este silencio desnudo que nos rodea. ¿Por qué esa desmemoria del Real Madrid para con sus fundadores?

Quizá porque en el Madrid la historia está por contar y el pasado es Bernabéu. Antes, solo tinieblas. Porque es el equipo del Nuevo Testamento. Llegó Yahvé-Bernabéu y el club se pregunta por los misterios de la fe; no por los misterios del Génesis. Parece el madridista entender que en un principio todo es el mismo barro original y va en busca de la refundación, de la forma ya consciente en que el Madrid vuelve a mirarse a sí mismo y, desde ahí, al mundo entero.

El Barcelona, sin embargo, se aferra a la Torah, a los símbolos y leyes inamovibles a los que debe honrar. Porque, dicen, representa una nación.

El Madrid gana por todos nosotros, y cuando pierde, solo se representa a sí mismo. Debe de ser el blanco, que es muy sufrido.

# 2

# Éxodo

*Se dará cuenta de lo sucedido en tiempos de la Guerra Civil y la inmediata posguerra. Época oscura que significó la disgregación del equipo, la destrucción del estadio y una larga travesía por el desierto que alumbra la llegada de Santiago Bernabéu a la presidencia. Dios con nosotros.*

21 de junio de 1936, Valencia. Partido histórico: es la primera final de la Copa que se juega entre el Madrid y el Barcelona.

Aunque en las calles la tensión es otra, tiene que ver con la política y no con el fútbol: ese mismo día el Frente Popular, que en mayo había ganado las elecciones en segunda vuelta, convoca en la ciudad un mitin que reúne a miles de personas. Los atentados y los episodios de violencia política han dejado ya más de doscientos muertos en todo el país.

Sin embargo, la afición por el fútbol no solo sigue intacta, sino que crece y desborda los muros de los estadios, se extiende como una nueva fe redentora. Frente al caos político y social, el fútbol ofrece unas reglas inmutables y puras, y unas emociones a las que es posible abandonarse sin peligro.

El estadio de Mestalla se llena con casi treinta mil espectadores. Saltan al campo Zamora, Ciriaco, Quincoces, Pedro y Luis Regueiro, Bonet, Sauto, Eugenio, Sañudo, Lecue y Emilín. Es un equipo con una barrera defensiva imbatible, Ciriaco y Quincoces, y un portero mítico, Zamora. Eugenio mete el primer gol; Lecue, el segundo y Zamora realiza una de sus actuaciones más memorables sin dejar colar un balón en la portería durante la recta final del encuentro. Su heroica parada del tiro de Escolà se inmortaliza en una célebre foto en la que el guardameta se estira y se contorsiona de forma inverosímil entre una nube de polvo. Es su último partido, el partido en el que se retira como jugador y del que diría más adelante: «La más intensa e inolvidable jornada de mi vida futbolística». El Madrid gana 2-1 y se proclama campeón de la Copa de España por cuarta vez.

Cuando el equipo blanco desembarca en la estación de Mediodía de Madrid, la multitud se lleva en volandas a los jugadores. Esa alegría desbordante e histérica no es más que el preludio de la tragedia que estalla exactamente un mes después. Es el último encuentro de la Liga antes del comienzo de la Guerra Civil.

## Las diez plagas

17 de julio de 1936, Melilla. El coronel Juan Seguí inicia el golpe de Estado e impone la ley marcial. Le sigue al día siguiente el resto del protectorado marroquí y las islas Canarias. Estalla la guerra. Madrid es el frente desde el primer día, una herida abierta donde no es posible el fútbol.

## La destrucción de la ciudad

Tras dos años de asedio, el 28 de marzo de 1939, las tropas nacionales entran en la capital. Ha habido batallas en la Casa de Campo y la Ciudad Universitaria, y bombardeos a objetivos civiles en toda la ciudad. Ruinas por doquier, las obras del museo del Prado repartidas por España y Ginebra, los andenes del metro sirven de refugio y hogar a miles de personas hambrientas. En todo el país, medio millón de muertos y más de cuatrocientos mil exiliados. Es una nación de espectros y de ruinas. La renta per cápita no recuperará el nivel de 1936 hasta finales de la década de los cincuenta.

## La destrucción del equipo

El Real Madrid se disgrega. Los que son de fuera de Madrid regresan a su tierra, Sañudo a Torrelavega, Ciriaco a Eibar, y Jacinto Quincoces a Baracaldo. Por su parte, los extranjeros, como los húngaros Alberty, Bizassy y Kellemen y el brasileño Giudicelli vuelven a sus países.

Por alguna razón, la guerra no se ensaña con los futbolistas, como si fueran profetas intocables para los dos bandos o como si el deporte estuviera realmente por encima de las ideologías; a pesar de que muchos pasan por la cárcel, siempre ocurre un milagro *in extremis* que acaba salvándolos.

Suceden historias rocambolescas de guion de Hollywood.

Como la de Hilario Marrero, canario que había jugado en el Madrid, pero venía del Deportivo y en el verano del 36 está pasando en La Coruña sus vacaciones… o su retiro forzoso durante la guerra, llámenlo como quieran.

A pesar de la contienda, la vida sigue en la ciudad marinera, y eso quiere decir que siguen abiertas las tabernas y los cabarés de la calle Orzán. Una noche de ese verano, en uno de los más célebres, los falangistas apresan a Paco Trigo, del Racing de Santander. Cuando están a punto de llevárselo a dar «el paseíllo» y todo apunta a que la película acabará en tragedia, aparece Marrero. Entonces tiene lugar una de esas escenas memorables: los falangistas con sus camisas azules se arremolinan alrededor de un tipo atlético, de moreno exuberante. Se entretienen en pedirle autógrafos, él reparte palmadas y, mientras firma, les pregunta adónde se llevan al famoso portero del Racing. Hay bromas y tensión, sonrisas falsas y forcejeo verbal. Hasta que sobre sus corazones desciende el Espíritu Santo (o no sabemos qué), sueltan a Trigo y la historia se queda en una anécdota que correrá de boca en boca y en voz queda hasta el final de la dictadura. Eso debió de ser el nacimiento del señorío.

Pero no todos tienen esa suerte.

Ramón Triana, Monchín, del que Bernabéu decía que era «el Belmonte del fútbol», gran regateador, es apresado junto con sus hermanos, también futbolistas. ¿Su delito? Pertenecer a una familia monárquica de clase alta de la capital. Los envían a la cárcel Modelo (en el solar que ocupa hoy el cuartel del Ejército del Aire). En el patio de la prisión, se organizan partidos de fútbol para dejar correr un tiempo que se les iba agotando. Bajo lo palos estaba el divino: Zamora. Lo encarcelaron por escribir en el *Ya*, diario monárquico y católico, dos de las acusaciones máximas que podían pesar sobre un hombre en aquel Madrid de las últimas cosas. En la madrugada del 7 de noviembre de 1936 a Monchín lo suben en un camión con destino a Paracuellos. Allí es fusilado junto con sus hermanos.

Zamora sobrevive a esa saca y a otras muchas sin saber cómo ni por qué. Por toda España corre el rumor de que ha sido fusilado. Era llamado cada poco (y eso solía ser sinónimo de acabar en el paredón) porque los milicianos gustaban de presumir de tener al más famoso de los deportistas cuando alguna autoridad visitaba la prisión. Pero Zamora se fue salvando a veces por un miliciano con el que compartía equipo del alma, otras por pura suerte. Por fin, a mediados de noviembre, es puesto en libertad de una forma tan atrabiliaria como había sido encerrado. Ramón Gómez de la Serna cuenta la historia en el periódico argentino *La Nación*:

> La aparición de Gálvez [famoso poeta anarquista] en las cárceles es una ráfaga de espanto. Se dirige a los presos en actitud estrepitosa y tono grandilocuente. Juega con las pistolas como un malabarista inconsciente. De vez en cuando, salva a un hombre. Una mañana se presentó en la cárcel Modelo y salió a uno de los balcones del patio llevando del brazo a un preso. Exigió que se reunieran bajo aquel balcón todos los encarcelados y todos los milicianos de la prisión y pronunció a grandes voces este discurso: «He aquí a Ricardo Zamora, el gran jugador internacional de fútbol. Es mi amigo y muchas veces me dio de comer. Está preso aquí, y esto es una injusticia. Que nadie le toque un pelo de la ropa. Yo lo prohíbo». Luego lo besó y lo abrazó ante los presos atónitos mientras gritaba: «¡Zamora, Zamora!».

Dos días después, Zamora salía a la calle más asustado que nunca ante aquella protección insospechada. Como agradecimiento, le entregó una fotografía dedicada con la siguiente frase que él mismo le dictó: «A Pedro Luis Gálvez, el único hombre que me ha besado en la cárcel».

Enseguida se refugia junto a su esposa e hijo en la embajada argentina, y los tres consiguen escapar a Francia. A pesar de haberse retirado oficialmente (pero qué hay oficial en una guerra que lo pone todo patas arriba), vuelve a la portería por una breve temporada en el OGC Niza junto con Samitier.

Tras el fin de la guerra, regresa a España como entrenador del Atlético de Aviación (Atlético de Madrid).

México y Francia se convierten en santuarios de exilio para políticos, intelectuales, artistas y… jugadores. En México, acaban Emilín y los hermanos Pedro y Luis Regueiro, que al estallar la guerra habían regresado al País Vasco. En su tierra se dedican a jugar partidos benéficos para los huérfanos, las brigadas y los hospitales republicanos. Se forma una selección vasca republicana que se embarca en 1937 en una gira por Europa y la Unión Soviética con el fin de conseguir recursos para los militares vascos.

No imaginan que jamás volverán a pisar su país.

Cuando dan el salto a América, la FIFA les obliga a deshacer el proyecto. Emilín y los Regueiro se establecen en México.

México, tierra de promisión, acabará acogiendo a unos veinticinco mil refugiados españoles, entre ellos buena parte de la intelectualidad republicana: Luis Cernuda, León Felipe, María Zambrano o Luis Buñuel… También a otros futbolistas como Antonio López Herranz, delantero del Madrid, contratado por el Club América. En el 39 es uno de los pocos que regresa al club blanco donde juega varias temporadas. Pero años después cruza el charco de nuevo y se nacionaliza mexicano.

A Francia van a parar Samitier y Zamora.

Al empezar la contienda, Samitier es entrenador del Atlético de Madrid. Se refugia en la embajada francesa, consigue huir a Francia y se enrola en el OGC Niza, donde coincide con su amigo Zamora. Allí se retira como jugador. En 1944 regresa al Barça de entrenador. Cantes de ida y vuelta Madrid-Barça.

Se da el caso contrario, mexicanos que se quedan en España como José Ramón Sauto. Sauto, un jugador brillante pero indisciplinado, se nacionaliza español. ¿La consecuencia inmediata? La obligación de hacer el servicio militar en el peor momento en el peor lugar: en el 36 en el cuartel de La Montaña del cerro madrileño de Príncipe Pío.

El 19 de julio, el general Fanjul se une a las tropas sublevadas y se pone al mando del cuartel; el 20, el ejército republicano lo arrasa. ¿Y Sauto? Casualmente (de nuevo sucede el milagro) no se encontraba allí esos días, pero temiendo represalias pasa a la clandestinidad. No por mucho tiempo: lo detienen y lo envían a la temida checa de la plaza de Santa Bárbara. Finalmente, es puesto en libertad, se refugia en la embajada de México y sigue la ruta, tantas veces hollada por los españoles, hacia Francia.

¿*The End*? No, aquí no termina la película: decide regresar a esa España que arde y se desangra, y se enrola en el batallón de Camilo Alonso Vega como enlace motorizado, una de las posiciones más peligrosas del frente: una endeble moto que va y viene de la vanguardia a la retaguardia con información y mensajes de uno al otro lado esquivando balas y obuses. Sobrevive para contarlo.

Se embarca en el Madrid cuando Bernabéu lo llama, y se retira en el club en 1943.

Otro de los pocos que se enrola en el Madrid de la inmediata posguerra es Simón Lecue Andrade. El delantero y goleador vasco ha supuesto un gran desembolso para el equipo: han pagado por él sesenta mil pesetas de la época al Betis. La guerra lo pilla pasando el verano en su Arrigorriaga natal. Enseguida se organiza «su rescate»: un directivo del club blanco va a buscarlo en su coche y lo devuelve a Madrid, vía Barcelona.

Terminada la contienda, se le sanciona con seis años de suspensión «por jugar donde no debía», según la curiosa definición de su ficha federativa. Finalmente se le conmuta por la de seis meses y salta al campo del Madrid en el primer partido del equipo blanco tras la guerra.

### Aniquilación de los sumos sacerdotes

¿Y los directivos? Los directivos sufren represalias de uno u otro bando. Durante y después de la contienda. Entre la directiva del club hay miembros de todos los colores del espectro político. El equipo está en manos de un republicano de pro: Rafael Sánchez Guerra, que preside el club desde el 31 de mayo de 1935 y que vive en Valencia el triunfo de la Copa de aquel último partido del 21 de junio de 1936 frente al Barcelona.

Sánchez Guerra, político y periodista, concejal del Ayuntamiento de Madrid y secretario de la Presidencia de la República, defiende a muerte los colores de la bandera tricolor. Este es un hombre donde hay un rastro de lo que es el Madrid.

Algo cristalizado, sólido, late dentro de él.

Un hombre ilustrado, miembro de una minoría que sin mucha literatura (al contrario que en la ciudad rival) y desmintiendo el relato oficial, han elevado al Madrid por encima del casticismo, de una realidad costumbrista que gira sobre sí misma. Años antes, en 1933, consigue salvar el estadio de Chamartín ante las pretensiones del gobierno de Indalecio Prieto de reurbanizar la Castellana. Ya en la presidencia, su obsesión sería aumentar la masa social. Años después, Bernabéu (que lo detestaba por su posicionamiento político) fue el relevo de esa antorcha.

Con esa fe republicana, al principio de la guerra intenta salvaguardar el estadio de Chamartín, que se dedica a festivales gimnásticos y actividades deportivas. Pero el 4 de agosto de 1936, el club es incautado y pasa a ser dirigido por la Federación Deportiva Obrera: el estadio se convierte en cuartel de instrucción del Batallón Deportivo.

En marzo de 1939, Sánchez Guerra se niega a abandonar Madrid. Se le condena a cadena perpetua y es encarcelado, pero consigue huir y se establece en París, donde brevemente será ministro del Gobierno en el exilio. En 1960 regresa a España y, herido por la muerte de su mujer, ingresa como dominico en un convento navarro. Bernabéu irá con toda la plantilla a homenajearlo un año antes de su fallecimiento. Don Santiago sabía de la importancia de ese fugaz presidente y conocía el valor del rito. Todos los gestos de un club obsesionado con trascender creaban escuela.

Dos de sus compañeros y miembros de la última junta directiva del Real Madrid (cruzada por las mismas tensiones que vivía el país), el vicepresidente Gonzalo Aguirre Martos y el tesorero Valero Rivera Ridaura, son asesinados en sendas checas de Madrid durante la contienda.

El nuevo presidente es Antonio Ortega, militante comunista, coronel del ejército republicano y nacido en Burgos. Fue fusilado al acabar la contienda; su labor no pasó de lo testimonial. El auténtico tejedor de lo que quedaba del club era el exportero, exárbitro y secretario técnico del club, Pablo Hernández Coronado, que organizaba todo tipo de eventos (olimpiadas militares, una extraña copa trofeo y torneos de beneficencia) para demostrar a la autoridad de la ciudad sitiada que el Madrid era útil y popular, todo junto y unido de forma indescifrable.

La gran ocurrencia de Hernández-Coronado fue jugar la Liga Catalana Republicana. Allí el campeonato seguía vivo y el Madrid contaba con Paco Bru, su entrenador, catalán con mucho influjo en su tierra. Bru cruzó una España vuelta del revés hasta llegar a Barcelona. Allí comprobó el entusiasmo que suscitaba entre el sindicato de futbolistas que el equipo deslumbrante que acababa de ganar la copa jugara la liga catalana. Todos los clubs estaban de acuerdo, con las reticencias del Barcelona que no lo veía claro. Fuera por la cuestión nacionalista, siempre presente en las disputas con el Madrid, o por el miedo del Barça a un equipo tan poderoso, las reticencias se convirtieron en un no rotundo. Paco Bru volvió desolado a Madrid. No había sitio para el equipo blanco en la Cataluña republicana.

Mientras tanto, Santiago Bernabéu reside durante dos años en la embajada de Francia junto con otros célebres exiliados y se refugia en ese país por unos meses.

Pero Bernabéu nunca hace las cosas según la norma, él escribe su propia ley y, aunque tiene una edad que no es para lanzarse a guerrear, cuarenta y dos años, se alista voluntario en la división 150 del bando nacional bajo el mando del general Muñoz Grandes. Ejerce las labores de información y logística, llega a cabo observador y recibe una medalla por su valor. De esa etapa da fe una famosa fotografía en la que un Bernabéu delgadísimo, vestido con el uniforme militar, cuenta las monedas para pagar el periódico a un quiosquero.

## La fe de las otras tribus

¿Y los otros equipos? Hay bajas, futbolistas que luchan, futbolistas que son represaliados, historias heroicas y muertes absurdas. ¿Bajas? Entre otros, Alfonso Olaso y Ángel Arocha, del Atlético de Madrid que mueren en el frente; el presidente del Barcelona FC, Josep Sunyol, fusilado en la sierra de Madrid por los falangistas cuando su automóvil cruza por error las líneas enemigas. ¿Héroes? Salvador Artigas, jugador del Barça (y su entrenador en los años sesenta), es el último piloto que pilota un avión de la República, en el que evacúa a dirigentes políticos rumbo al exilio. Y muchos otros que no caben en estas líneas.

## La guerra rompe la Liga, pero no el fútbol

Se juegan partidos en casi todas las grandes capitales. Tienen lugar varios campeonatos de uno y otro bando en los que solo participa la media España de ese bando: la Copa del Presidente de la República de 1937, que gana el Levante, o la primera Copa del Generalísimo, que se lleva el Sevilla contra el Racing de Ferrol. Además, se forma una extraña selección española (franquista) que juega frente a Portugal en dos ocasiones, en Vigo y Lisboa: pierde las dos y nunca será reconocida por la FIFA. Competiciones aturulladas con equipos diezmados. Que, aun así, sirven de válvula de escape al dolor y a la miseria. Y sirven también, y esto no es una cuestión baladí, como medio propagandístico para los intereses de republicanos y sublevados.

Sucede, además, un fenómeno peculiar: las llamadas «confraternizaciones». Son encuentros informales (y peligrosos) entre los dos bandos, y están estrictamente prohibidos tanto por republicanos como por nacionales. Encuentros que en muchas ocasiones terminan en partidos de fútbol. Porque ¿qué mejor manera de olvidar los rencores y las diferencias políticas que dejándose llevar por los vaivenes de un humilde balón? El balón se convierte en la bandera blanca y, como bien dice el escritor Juan Villoro, de pronto: «Dios es redondo».

Algo así fue el encuentro que tuvo lugar en el campo de

fútbol de la Casa de Campo, que aún existe, junto al puente de los Franceses en la ribera del Manzanares. El famoso puente sobre el que se escribieron coplillas míticas (y cuasi místicas) y donde se proclamó la consigna republicana: «No pasarán» en noviembre del 36. Allí, el 1 de abril de 1937, cuatrocientos soldados y oficiales de ambos bandos abandonan sus trincheras, comparten coñac, cerveza y cigarrillos y lanzan algunos tiros a la portería.

«Aproximadamente a las 14 horas de hoy se recibió aviso telefónico de esa división de que desde el puesto de observación de la misma se veían a nuestros soldados saltar de sus trincheras y avanzar hacia el campo enemigo a la vez que aquel efectuaba igual operación dirigiéndose a nuestras líneas y que al encontrarse se abrazaban, formando corrillos y conversaban entre sí», escribe el mayor Alipio Díez, jefe de la 4.ª Brigada Mixta, en el parte enviado al alto mando republicano.

El encuentro termina entre abrazos y las declaraciones de los participantes, que serán juzgados rigurosamente por sus respectivos mandos después del incidente; se conservan en el Archivo de la Guerra Civil de Salamanca: «Una pena que siendo todos españoles nos estuviéramos matando unos a otros».

## La destrucción del templo

1 de abril de 1939, Burgos. Francisco Franco firma el último parte de guerra: «En el día de hoy, cautivo y desarmado el Ejército Rojo, han alcanzado las tropas nacionales sus últimos objetivos militares. La guerra ha terminado».

Después de la guerra el estadio Chamartín se utiliza como improvisado campo de concentración. Un millar de detenidos republicanos son recluidos allí y pasan seis meses entre penurias sin cuento. Cuando los desalojan, el estadio está prácticamente en ruinas.

«El campo de Chamartín y el domicilio social se encuentran por completo inservibles. Destrozado el césped, sillas, asientos y mesas de madera quemados, ladrillos arrancados… En fin, un problema de difícil solución en estos instantes, ya que para la total reconstrucción del campo se necesita una cifra que, tal vez, sobrepase las trescientas mil pesetas. Cantidad, por ahora, verdaderamente fabulosa», explica Pedro Parages en una reunión con los directivos el 19 de abril de 1939 (*Cien años de leyenda*, 1902-2002, Everest).

## *La travesía del desierto*

Durante la primera década de la posguerra, la grisura generalizada que asfixia al país cubre también al equipo blanco. No hay títulos que celebrar ni apenas victorias, solo dos campeonatos de Copa, que entonces se llama del Generalísimo. El nuevo Gobierno se implica con el Atlético de Madrid, al que renombran Atlético de Aviación y al que le colocan las alas del Ejército del Aire. Gana la primera Liga después de la guerra, la de 1939-40.

Franco coloca a militares y falangistas en los puestos claves del poder y de la sociedad. El deporte no es la excepción. El general Moscardó se pone al frente de la Delegación Nacional de Deporte (cargo que ocupará hasta su muerte en 1956) y nombra presidente de la Federación Española de Fútbol al teniente coronel Julián Troncoso.

El fútbol se convierte en la droga de las masas, pero no es una droga libre.

El férreo control del Estado se hace sentir también en los equipos. Cuando saltan al campo, deben saludar con el brazo en alto y entonar el *Cara al sol*. Y sus jugadores no escapan a los juicios de las Comisiones de Depuración, que determinan quién puede seguir ejerciendo su profesión. Por una de ellas pasa Ricardo Zamora. El guardameta entrena al Atlético de Aviación y ha conseguido que gane dos Copas en dos años. En la tercera temporada es «depurado» y sancionado con varios meses de inactividad por no haberse incorporado con la suficiente premura a la España victoriosa franquista desde su exilio francés.

Otros jugadores sufren sanciones de por vida como el portero madridista Bañón. En 1949, durante un enfrentamiento entre la selección de España y la de Francia en suelo francés, se acaba su carrera por haber confraternizado demasiado con los exiliados republicanos que se acercan al estadio.

Llega una serie de medidas en cascada que afectan a todos los aspectos de la vida en España, a la política, al ejército, a la sociedad y al deporte. Se prohíben los nombres extranjeros de empresas y negocios, fútbol incluido (ni *racing* ni *sporting* ni *athletic*) y se castellanizan todos los vocablos, desde fútbol hasta gol. Se devuelven los nombres que la República había cambiado: el Madrid recupera el título de «real».

Se decreta (ahora todo es por decreto) la vuelta a la situación futbolística de los clubes en su última temporada, la de 1935-36. No se consideran válidos los torneos jugados durante la contienda por ninguno de los bandos. La vida deportiva oficial sigue como si no hubiera habido guerra.

El Consejo Nacional de Deportes decide solicitar subvenciones estatales para reconstruir los campos de fútbol de todos los equipos damnificados por la contienda. A los deportistas que habían jugado fuera de España durante la guerra, sancionados con penas de suspensión por el nuevo Gobierno, se los indulta para que regresen. Alguien, los que mandan, se ha dado cuenta del valor del fútbol como aglutinador de bandos irredentos. La afición vuelve en masa a los estadios, que se encuentran medio en ruinas, desbordando cualquier previsión.

### La visión de la zarza que ardía sin consumirse

> «He visto la aflicción de mi pueblo en Egipto y he oído los clamores que le arrancara su opresión y conozco sus angustias. Y he bajado para librarle de las manos de los egipcios y subirle de esa tierra a una tierra fértil y espaciosa, una tierra que mana leche y miel...» (Ex, 3,7)

El 29 de abril de 1939 se forma una nueva junta directiva del club presidida por Adolfo Meléndez con la misión de salvar al Real Madrid y devolverle el esplendor perdido.

Santiago Bernabéu hace suya esa misión y la convierte en el empeño de su vida.

Comienza la titánica labor de conseguir dinero en aquella España devastada y convocar a los jugadores que estaban vivos para reconstruir el equipo. Los cuatro que encuentra son

Quincoces, Sauto, Antonio Bonet Silvestre y Lecue. A estos se unen Leoncito, López Herranz, Méndez Vigo, y otros nuevos que encuentra en barrios y campos improvisados. Los jugadores firman en blanco y se conforman con lo que les ofrezca el club, que no es mucho.

Seis meses más tarde, el Real Madrid juega su primer partido. Es en Valladolid y contra el Valladolid. Gana el Madrid.

El 22 de octubre de 1939 se reabren las puertas del estadio con el primer derbi de la posguerra: Real Madrid frente al Atlético de Aviación. Hay una misa por las víctimas y una foto para la posteridad: ataviados con abrigos oscuros, los jugadores y directivos muestran rostros demacrados y mirada grave. No es una foto de celebración. Es una foto de reflexión y determinación. Todos tienen ya entradas visibles en el pelo y cicatrices invisibles de las que es mejor no hablar. Pero cuando salen al campo todo se olvida. Ganan 2-1 con un estadio lleno hasta la bandera. Aquellos jóvenes (y ya no tan jóvenes) de blanco deslumbrante traen un poco de brillo a la tristeza del momento.

En 1943 ocurre lo fatal. En unas semifinales de copa contra el Barcelona, el Real Madrid pierde 3-0 en la capital catalana. La actitud del público es decididamente agresiva contra el equipo de la España central. El Régimen hace continuamente apología de la hermandad de los pueblos de España, y ese recibimiento nada cariñoso desmiente la historia oficial. Ya en 1938, Jacinto Miquelarena, periodista próximo a los cenáculos falangistas, había escrito en *Marca* (bando nacional): «El fútbol era entonces una orgía de las más pequeñas pasiones regionales y de las más viles. Casi todo el mundo era separatista (y grosero) frente a un *match* para el Campeonato de España. El vizcaitarrismo se daba tan bien en las gradas de San Mamés como en la tribuna de Chamartín. En la mayoría de los casos, el madridista era un vizcaitarra de Madrid; es decir, un localista, un retrasado mental (…). Yo advertí que el fútbol estaba haciendo política. Fabricaba incomprensiones, fabricaba odios y recelos, y derivaba el camino de la juventud a fuerza de arrebatar su generosidad y de canalizarla hacia el clan, hacia la secta, hacia la órbita infinitamente pequeña del club».

Estas palabras no son muy diferentes a las que escribieron intelectuales como George Orwell a propósito del nuevo opio del pueblo. Pero el franquismo no entraba en grandes profundidades. Quería conservar el orden público y no exaltar las rivalidades regionales, tan propensas a convertirse en heridas políticas. Cuestiones que el Régimen ni siquiera podía contemplar.

Una semana después, para el partido de vuelta, la prensa madrileña exalta los ánimos de la afición. Un poco por cuestiones nacionalistas y otro por rivalidad entre las dos grandes ciudades. Se venden pitos a los aficionados del Madrid para que provoquen el mayor estruendo. Comienza el partido y el ambiente es de calamidad pública. Los jugadores del Barcelona están intimidados. Llueven objetos contundentes hacia su portero, quien apenas se atreve a estar bajo los palos. El presidente del Barcelona es insultado y escupido en el palco. La primera parte acaba con un pintoresco 8-0 a favor del Madrid. Los jugadores del equipo catalán se niegan a salir al campo y son visitados en el vestuario por un militar que les deja un lúgubre recado. El partido termina 11-1 y el presidente del Barcelona (puesto a dedo por el Régimen, al igual que el del Madrid) dimite inmediatamente. La autoridad obliga a hacer lo propio al presidente del Madrid. El Régimen no tolera salidas de tono.

El equipo blanco llega a la final, pero su victoria no sería vista con buenos ojos. Se enfrenta al Atlético de Bilbao. Antes del partido, un personaje misterioso riega abundantemente el césped del metropolitano hasta convertirlo en una sucursal de San Mamés. Zarra, en su hábitat natural, le da el gol de la victoria a los vascos.

Meses después, la Federación Castellana elige un nuevo presidente del Real Madrid. Su nombre: Santiago Bernabéu.

«En todo he sido voluntarioso… Soy pesado y machacón», dirá más adelante sobre su carrera al frente del club blanco. Y esa es exactamente su forma de actuar: contra viento y marea logra construir un nuevo estadio, que se inaugurará en 1947, y crear un gran equipo que dará sus frutos una década más tarde.

# 3

# Yahvé

*Santiago Bernabéu, único dios verdadero del madridismo.*
*El templo lleva su nombre y se le invoca en las crisis*
*de identidad del club. Creó el madridismo como religión*
*y la gobernó como un padre atento e iracundo*
*durante treintaicinco años.*

«*M*ire usted, tienen mucho más valor los futbolistas que cualquier hombre normal, porque soportan todo lo que se desprende de la pasión de un espectáculo tan enorme. Hay que ser muy hombre fuera del campo y muy niño dentro. Ese es el perfecto futbolista.»

Santiago Bernabéu de Yeste (Almansa, Albacete, 1895-Madrid, 1978) hablaba así con el periodista y escritor Marino Gómez Santos en 1960 (*Conversaciones con Santiago Bernabéu*, Renacimiento) mientras tomaba un refresco de limón en el Loto, un salón de té donde celebraba todos los días su tertulia de la hora del aperitivo. Bernabéu, amplia cintura, traje oscuro con chaleco y sombrero, puro en la mano, cabeza grande y ojos saltones, era ya entonces el gran personaje del fútbol europeo. Tenía un aire mezcla de mafioso italiano, quizá por su elegancia descuidada y su nariz aplastada, y empresario avispado, conocido de todos y amigo de ninguno. Grande, corpulento, se movía de forma inexorable, entraba en el vestuario del equipo y les soltaba antes de un partido las *santiaguinas*, «les leía la cartilla, en momentos excepcionales, si había atisbo de crisis o si no iba bien la Liga», cuenta Miguel Vidal, cronista deportivo del *AS* durante treinta años y autor de varias entrevistas a Bernabéu. «Me trataba como si fuera mi padre, me hacía sentar a su lado, le caí en gracia. Él y doña María no tenían hijos y me cogieron cariño.»

¿Qué impresión transmitía a primera vista? «Tenía pinta de cateto simpático, espontáneo, los protocolos no regían para él. Pero dentro de ese caparazón había un hombre muy inteligente y, sobre todo, uno de los directivos más importantes del futbol internacional que hizo del Real Madrid el equipo más admirado del mundo».

Ese manchego inclasificable (¿directivo o empresario?, ¿espontáneo o calculador? y siempre políticamente incorrecto), al que todo el mundo conocía como don Santiago, alcanzó en sus treintaicinco años al frente de la presidencia del Madrid tres logros fundamentales: profesionalizó definitivamente el fútbol, levantó el estadio que lleva su nombre y convirtió el equipo en el mejor de Europa (no en vano ganó seis Copas de Europa, cinco seguidas, una Intercontinental, dos Copas Latinas, dieciséis Ligas, seis Copas de España, dos Pequeñas Copas del Mundo...). Y los tres los alcanzó, según sus palabras, «sin querer».

Decía: «Jugué al fútbol porque no había otro; presidente, porque no hay otro; directivo, porque no había otro. [...] La prueba de que yo estoy aquí es porque es gratis, y en el fondo nadie quiere hacerse cargo de las cosas que son gratis. ¡Si esto fuera remunerado, yo duraría aquí cinco minutos!».

### ¡Regocijaos, ha llegado el Salvador!

Santiago Bernabéu nació en la finca familiar La Cueva, cerca de Almansa (Albacete), una superficie agrícola y cinegética de varias miles de hectáreas. Su padre era abogado, de Alicante, y administrador de las propiedades del marqués de Villafuerte y la condesa de Montealegre; su madre era cubana, y él creció entre la finca, Almansa y Madrid. Bernabéu siempre se movió en círculos de la alta burguesía y la media aristocracia.

De niño lo enviaron a estudiar a los agustinos del Escorial, donde pasó un frío del demonio que emanaba de las mismas piedras y aprendió a combatirlo jugando al fútbol: «Nosotros teníamos que correr y saltar para echar el frío del cuerpo. Si no hacíamos eso, nos moríamos». Se le puede imaginar jugando en el patio empedrado del monasterio, concentrado, rodeado por el silencio y el eco de las voces infantiles, de las paredes que devuelven los golpes de balón. Y por encima, los cielos tan altos de Castilla. Las metas inalcanzables del Madrid.

Su madre murió cuando él era adolescente; su padre, pocos años más tarde. «Por haber quedado huérfano tan joven, por haber muerto mis padres tan pronto, me quedé solo con una lavandera a la que le gustaba más el vino que el agua, y, como yo me encontraba solo y aburrido, me dedicaba a correr. Si mis padres no hubieran muerto tan jóvenes, yo no hubiera jugado al fútbol, ¿no comprende?»

Estudió la carrera de Derecho, que no le gustaba, por complacer a su padre: «Entonces no había buenas teorías en la educación de los hijos, y mi padre me dijo aquella tarde: "Mira, a ti te conviene ser abogado porque tiene más salida. Puedes ser notario, diplomático, abogado del Estado…". […]. A mí no me gustaba la carrera de abogado. ¡No me gusta! ¡No me gustaban los líos, no me gustan!».

Tampoco le gustaba el fútbol, decía: «A mí el fútbol me traía sin cuidado; quiero decir que no jugué nunca por la ilusión ciega de jugar».

Entonces ¿qué le gustaba? La pesca. Tenía una barca (modesta, nada de un yate) a la que llamaba la Saeta Rubia en honor de Di Stéfano, con la que salía a pescar en Santa Pola, su refugio mediterráneo. Cuando Di Stéfano salió tarifado del Madrid, le cambió el nombre a la barca por Doña María. Las cosas en su vida tenían un principio y un final. No había zona de penumbra.

Le gustaba la huerta, y a quien quisiera le mostraba los callos en las manos de trabajar en ella.

Pero en realidad no era eso lo que más le gustaba: «A mí lo que me gustaba de verdad era la música. Y lo que me gusta hasta volverme loco es leer, ¿no comprende? […] me gusta tanto que no voy a oír música; como me gusta tanto la caza, no voy a cazar; porque a mí lo que me gusta de verdad tengo que hacerlo siempre. Y me gusta tanto la literatura que estaría leyendo siempre, ¿no comprende?».

El espíritu Bernabéu se forja en los presagios de conquista del El Escorial. En la severidad y en la belleza del coro de los agustinos. En su orfandad. En el Madrid de la Institución Libre de Enseñanza que creía en el deporte como redención y chocaba con el pueblo saliendo enfervorizado de los toros. En una aristocracia que no llega a ser, ya un poco decadente, rodeada de campos de labranza donde don Santiago se siente a gusto consigo mismo. En el mar, en cuyos horizontes sigue estando su infancia en el monasterio. Entre pescadores o en la soledad de su despacho, o en la soledad del palco donde escrutaba a las masas, a las que temía, a las que entregó su obra, pero no a él mismo. Bernabéu está esculpido por tensiones antagónicas. La gente y la soledad. La música clásica y el griterío cacofónico del estadio. La ausencia de interés (nunca cobró un duro del Madrid) y la construcción del fútbol como empresa definitiva. Hay algo más que una agitación en su interior. Hay una dialéctica que lo va empujando por delante de los acontecimientos como si fuera un conquistador español del siglo XVI. Es uno de los primeros patriarcas. Él construye el mundo. Y el mundo nace con sus reglas.

### La voluntad de Yahvé

El Bernabéu futbolista jugó en un campo de la calle Narváez en el que, según sus palabras, «cuando corría el extremo, los espectadores tenían que ir apartándose. El portero, para parar una pelota, tenía que quitar antes de delante de él a los espectadores. A veces centraba un extremo y remataba un espectador». Era aquel fútbol *amateur* y bronco, en el que, sin embargo, participaban aristócratas y alta burguesía. Una tendencia que se daría la vuelta unos años después: de deporte de y para élites excéntricas pasó a ser deporte de y para clases medias y grandes masas. Ya en una entrevista de 1954 el célebre periodista César González-Ruano le pregunta a qué atribuye que casi todas las figuras de ese momento «salieran de la clase media para abajo y no de la alta burguesía», como ocurría cuando Bernabéu era joven. «Él se lo explica por deslumbramiento de los millones. Porque el fútbol profesional es una tentación sin límites para las familias.»

A los quince años entró en el juvenil del Madrid como delantero, empujado por sus hermanos mayores, Antonio y Marcelo, que ya jugaban allí. Perteneció al club dieciséis temporadas (con un parón de un año en el Atlético de Madrid) y en setenta y nueve partidos marcó sesenta y ocho goles.

El primer encuentro al que asistió fue en el antiguo hipódromo de la Castellana, a los ocho años; el primero que jugó, en el colegio de los agustinos de El Escorial, a los catorce; el primero que jugó con el Madrid, en el campo de la pradera del Corregidor contra la Colonia Inglesa, a los quince; y su debut oficial en el primer equipo del Madrid llegó a los diecinueve. Al principio jugaba de forma intermitente porque pasaba cuatro meses al año en las fincas de su padre, trabajando y cazando. Después, cuando sus progenitores fallecieron, el Madrid se convirtió prácticamente en su casa, su familia y, finalmente, su trabajo. Eso lo llevó encima siempre. Al no tener descendencia, los jugadores eran, de alguna manera, sus hijos, y no toleraba maneras extrañas ni comportamientos díscolos. A cambio, el club seguiría siendo parte de la existencia del futbolista (siempre que se mantuviera fiel a él) hasta mucho después de su retiro.

El de 1927 fue un año decisivo en la vida de Bernabéu: se licenció en Derecho en la Universidad Central de Madrid y se retiró como jugador. Su título nunca lo ejerció, en cambio, se presentó a intendente de la Armada y no pasó el examen; estudió para la carrera diplomática y Primo de Rivera suspendió las oposiciones; decidió dedicarse al comercio por un tiempo: «[…] he hecho comercio, he hecho industria, he hecho de todo. He vendido plata, he vendido helados, he vendido de todo. Y luego he vendido trigo». Pero estaba escrito que tenía que acabar en el Madrid, dedicándole toda su energía, que era mucha, y toda su vida, que fue longeva: murió a los ochenta y tres años.

Así que, al mismo tiempo que tanteaba la vida laboral con desigual suerte, siguió unido al club. Tenía ojo para el talento y una intuición esencial para entrever el carácter de un plumazo. Practicaba «la teoría de la jeta»: diez minutos con una persona y mirarlo a la cara intensamente eran suficientes para saber si servía o no para el Madrid. Primero ejerció de delegado y de ayudante del entrenador; enseguida fue elegido directivo y, más tarde, secretario de la junta directiva hasta 1935. Después llegó la Guerra Civil, que arrasó con todo: estadio, jugadores, socios y ambiciones.

Durante la contienda, Bernabéu vivió, como hemos dicho, una peculiar peripecia: se refugió dos años en la embajada de Francia, después se exilió en ese país brevemente y volvió a España con cuarenta y dos años cumplidos para alistarse como cabo ojeador en las filas de los sublevados en la división de infantería 150, al mando del general Muñoz Grandes. Cuando regresó a Madrid al fin de la guerra, se encontró con las ruinas de lo que había sido el Real Madrid. El campo, saqueado; los jugadores, muertos, lisiados o exiliados por el mundo; los socios, desperdigados. Para colmo de males, el gobierno franquista eligió el Atlético de Madrid, al que llamaron Atlético de Aviación, como equipo de sus desvelos y de sus inversiones financieras.

No había dinero público ni privado, no había nada. Reconstruir el capital moral y financiero del club parecía una labor imposible; una labor para Bernabéu. Y él se dedicó en los más duros años de la posguerra a buscar a los socios puerta a puerta y a encontrar financiación para levantar un estadio que debería ser el más grande de los conocidos, porque vislumbró que en la taquilla estaba el dinero, que en el dinero estaba la posibilidad de fichar a la figura, y que en la figura estaba el fútbol y la masa, aguardando a que la sacaran de casa los fines de semana.

Decía Di Stéfano: «Bernabéu cada vez que agarraba la plata la convertía en cemento para hacer más plata, y luego fichaba a otro jugador para llevar más gente, y con lo que volvía a ganar, agrandaba el estadio. Y así siempre».

En ese empeño, Bernabéu demostró su carácter terco y perseguidor («En todo he sido voluntarioso; figura, en nada»), su inteligencia («Y usted puede preguntarme a mí: "¿Por qué usted dice que no es tonto?". Pues se lo voy a decir: por eliminación. Si a mí se me ocurren tres ideas, que son muy pocas, a mucha gente no se le ocurre más que una») y su sentido práctico («Yo vivo para el porvenir, y todo lo que queda atrás no me importa un pimiento»).

Entremedias de esta labor titánica y áspera, se casó en 1940, a los cuarenta y cinco años, con María Valenciano. Doña María era la viuda de Valero Ribera, tesorero del club y amigo íntimo de Bernabéu con el que había asistido a algunos mítines de la CEDA. Nada más comenzar la guerra, Ribera fue fusilado. Al finalizar la contienda, su viuda le pide a Bernabéu que busque y entierre su cadáver. Durante este trance, los dos se conocen íntimamente y al final se casan. Bernabéu ya sabe que no podrá tener hijos. Profesará enorme devoción y respeto por su mujer, y así será hasta su muerte. «La lealtad es la virtud más importante del ser humano, define al hombre ante los demás, y lo que es más importante, ante sí mismo».

Quizá por eso *Doña María* es el nombre que le puso a su barquita cuando sintió que Di Stéfano le había traicionado: «Quien se va de aquí, no vuelve».

### Yahvé se manifiesta

En 1943 ocurre la extravagante semifinal de Copa contra el Barça (que tratamos en el capítulo anterior), donde se revela la inquina que hay entre los dos equipos, entre las dos ciudades y quizá la distancia entre dos formas de entender España. El enredo de dimisiones hace que Bernabéu llegue de rebote a la presidencia del club sin estar del todo convencido. Sin embargo, ya no la abandonará en la vida.

«Cuando me hicieron presidente, creí que iba a estar solo un año, y llevo treinta y cuatro. Entonces, como ahora, la gente ya quería que se hundiera el campo, o que se hundiera el club. Ante las dificultades tuve que seguir y las dificultades no han terminado.»

Aquí empieza la verdadera historia del club, lo anterior es prehistoria. Lo anterior es la oscuridad, a partir de aquí la luz. Lo anterior es un tiempo sin dioses ni ángeles ni demonios, solo tinieblas y ahora por fin el salvador se manifiesta y rige los destinos del Madrid con mano de hierro y maneras paternales durante más de tres décadas, de la posguerra a la democracia, del franquismo a la monarquía. El país cambia, y el Real Madrid lo hace con él.

Lo primero que consigue Bernabéu al frente de la presidencia es levantar un estadio grandioso, el estadio Chamartín (al que en 1955 bautizarían con su nombre), con capacidad para ciento veinticinco mil espectadores. Al año siguiente, el club está cerca de descender. Le llaman loco y visionario, pero el Madrid remonta el vuelo y comienza a tejerse una leyenda sobre su figura. El estadio, una obra portentosa en aquel Madrid polvoriento, en el páramo de la Castellana, cambia el paisaje, no solo arquitectónico, sino también espiritual, de la capital.

Después se propone fichar a todo buen futbolista del que tenga noticia y lo hace ya con un claro sentido de la imagen y la popularidad. Cada año anuncia sus fichajes en la prensa como si fueran estrellas de cine: Molowny, Zárraga, Pahiño… Un ejemplo de su estilo: durante un viaje a Barcelona, Bernabéu hace una parada en Reus, donde compra la prensa deportiva; allí lee que el Barcelona está interesado en un jugador canario, Luis Molowny, y ha enviado en barco a las islas a un emisario del club. Bernabéu llama inmediatamente a las oficinas del Madrid y ordena a Quincoces que, con cien mil pesetas en el bolsillo, coja el primer vuelo y fiche al jugador isleño inmediatamente. Este es uno de los muchos golpes que le asesta al Barcelona.

En 1952 se conmemoran las bodas de oro del club y se invita al Millonarios de Bogotá, club sudamericano plagado de estrellas. Apenas se conocía el fútbol de allá, había rumores sobre otras calidades técnicas, sobre otra imaginación. Pero lo que se ve de Di Stéfano supera cualquier fantasía. Bernabéu decide ficharlo y lo consigue. El relato de su venida al Madrid tiene su reflejo especular en lo que cuenta el Barcelona. Fue una trampa tendida por el Régimen, dicen ellos. Y así cualquier acontecimiento de la historia de España es contestado por la otra parte. Aquello también fue un engaño, nunca existió, dicen ellos. Y así, la historia del Madrid desde sus comienzos. Es todo una trampa, dicen ellos. Nada tiene validez desde ese truco original. Pero Bernabéu es hombre de acción, el verbo por delante del silencio y la palabra solo si es necesaria. Su tándem con Di Stéfano convierte al Madrid en la proa del fútbol. Navegan las aguas muy por delante de sus rivales. Es más, incluso el océano parece parte de su construcción. En 1955, arranca la Copa de

Europa impulsada por *L'Équipe* y los señores Raimundo Saporta y Santiago Bernabéu. El Madrid gana cinco ediciones sucesivas levantando una ola gigantesca desde la que todavía amenaza las ciudades y los lugares comunes.

Contaba Di Stéfano, admirado, cómo en una ocasión los jugadores británicos del Manchester brindaban con los madridistas a pesar de perder el partido. «Si nosotros hubiéramos perdido, seguro que hubiéramos estado a garrotazos. De bailar, nada. Cuando perdíamos, no se movía ni Dios. ¡Menudo era Bernabéu para eso!»

Desde fuera, a don Santiago los jugadores lo ven como un tío serio, severo, «que acojonaba», en palabras del argentino. Apenas exteriorizaba el triunfo, y cuando lo hacía, mascaba la palabra entre dientes sin darle mucha alharaca. Apagaba la luz de las habitaciones para ahorrar, pero era espléndido con los empleados menores. Hablaba con todo el mundo sin importarle su condición. Todo le interesaba, todo lo indagaba y hacía piña con los jugadores, pendiente de sus necesidades.

Pero Bernabéu no estaba ahí arriba solo; tenía a Raimundo Saporta, el contrapunto a su gesto primordial. Nacido en Constantinopla en 1927, de origen sefardí, había trabajado en el Banco Exterior de España hasta que lo fichó Bernabéu para el Real Madrid. Y ya nunca más salió de ahí. Llegó a ser vicepresidente y dirigió el equipo de baloncesto, al que llevó a una de las etapas más brillantes de la historia europea. Saporta era minucioso, se preocupaba de todo, controlaba las cuentas y el dinero de los jugadores. Por ejemplo, le compró una casa a Di Stéfano cerca del estadio para que no utilizara el coche. Su estilo era un reflejo del estilo del patriarca que impregnaba la entidad de arriba abajo.

### La cólera de Yahvé

¿Y cómo era el estilo de gobierno de don Santiago? Paternalismo autoritario.

Según el periodista Miguel Vidal: «Muy independiente, autoritario, en el club había una férrea disciplina, en esto estaba muy bien asesorado por Saporta, que llevaba los temas económicos de los jugadores. Recuerdo que echó a un portero, Domínguez, después de ganar la segunda Copa de Europa, porque se peleó con un camarero: no estaba conforme con lo que le habían puesto y exigió una tortilla. El presidente le espetó: "Será la última tortilla que te tomes en el Madrid"».

Ese autoritarismo lo lleva hasta sus últimas consecuencias en su relación con Di Stéfano, que se rompe de manera dramática en 1964. Ya cuatro años antes, el presidente había reflexionado sobre el fin de las carreras de los futbolistas. «[...] en la vida profesional del futbolista igual que en la del torero, hay una gran tragedia en el condicionamiento de su forma física y de su rigurosa juventud para poder permanecer en el fútbol o en los toros [...]. Es una tragedia espantosa.»

El Real Madrid es un equipo cansado cuando juega con el Inter de Helenio Herrera la final de la Copa de Europa. Di Stéfano tiene un duro intercambio con Miguel Muñoz, el entrenador, por su posición en el campo. El club blanco pierde 3-1 y a Bernabéu le sienta como un tiro la derrota y la falta de respeto del argentino al entrenador. El club es una herida abierta, después de tantos años no sabe encajar una derrota así. Hay silencio alrededor de Di Stéfano, que no está convocado para el partido siguiente. Alguien le señala las oficinas. Mal asunto. Allí se encuentra con Saporta y Bernabéu. Saporta habla y el patriarca calla. El club no quiere que el argentino siga sobre el césped, hablan de un problema de salud del astro. Di Stéfano lo desmiente, se siente fuerte, quiere seguir jugando; si no es en el Madrid, en otro club. Bernabéu salta: «Te quedarás aquí de cualquier cosa».

Así era don Santiago. Mandaba sobre el patrimonio del club, porque el club lo había construido él desde sus entrañas. Es el final. Di Stéfano no acepta. Está disgustado, herido, por verse tratado como un intruso con esa desconsideración. Ese verano parte hacia Argentina y le manda a don Santiago un telegrama de despedida:

DON SANTIAGO ME VOY A MI TIERRA. NO SÉ SI VOLVERÉ PRONTO O NUNCA. EN ESTOS AÑOS SE HABLÓ MUCHO DE NOSOTROS. YO LLEVÉ SIEMPRE LA PEOR PARTE. FUI UN FENÓMENO O UN

GAMBERRO. SI NO ME ACERQUÉ MÁS A USTED FUE PORQUE NO
QUERÍA QUE CREYERA QUE BUSCABA UN PUESTO REGALADO. POR
LO MENOS ESO NO ME LO PUEDE QUITAR NADIE. LO QUE GANÉ
FUE SIEMPRE CON ESFUERZO. OBSERVÉ QUE PARA ESTAR BIEN CON
USTED HABÍA QUE SER FALSO. TUVE MUCHAS DESILUSIONES Y
NADIE ME DIO MORAL. USTED COMO PADRE ME FALLÓ. AHÍ SE VE
QUE NUNCA TUVO HIJOS PORQUE LOS PADRES SIEMPRE PERDO-
NAN. SI NO VUELVO MÁS LE LLEGUE A USTED MI FELICITACIÓN Y
MI RECUERDO CARIÑOSO. UN ABRAZO. ALFREDO.

No volvieron a verse. Bernabéu había adorado a Di Stéfano
como a ningún otro. Y nunca habló del asunto. Lo defendió
siempre que le preguntaron por él, y de vez en cuando interro-
gaba a los que se trataban con el argentino sobre su vida, sobre
su suerte, sobre cómo le estaban yendo las cosas.

Di Stéfano volvió al Madrid en 1982, con Luis de Carlos,
cuando el patriarca hacía unos años que había fallecido.

### Dios y los diosecillos: con Franco y contra Franco

Al Real Madrid se le ha llamado siempre el equipo del Régimen, y Bernabéu tenía su versión al respecto: «Por una intención perversa. La prueba es que me vine a vivir al lado del mar
[pasó sus últimos años en Santa Pola] y le dije a mi mujer que
cualquier día, con el pretexto de ir a pescar, sacábamos la barca
y nos largábamos. Si hubiéramos tenido apoyo oficial, ahora
tendríamos un gran estadio. Lo que han hecho los Gobiernos
de Franco es explotarnos y nunca nos han dado ni cinco céntimos. El estadio tal como está ahora costó sesenta y ocho millones de pesetas, y todo a base de obligaciones. Aquello fue una
auténtica avalancha popular. Yo suscribí una de cinco mil
pesetas para el estadio y otra de veinte mil pesetas para la
Ciudad Deportiva».

Si hay una acusación que se ha lanzado sobre Bernabéu
muy a menudo y, sobre todo desde su rival deportivo, el Fútbol Club Barcelona, es la de conchabeo con el franquismo
para conseguir dinero y prebendas. El manchego, a pesar de
haber combatido en el bando de los nacionales, se considera-

ba antifranquista porque apoyaba la monarquía, como demostró en varias ocasiones. En 1955, en la primera Copa de Europa, la víspera del partido del Real Madrid contra el Servette en Ginebra, don Juan y su hijo Juan Carlos estaban pasando unos días en la residencia de la reina Victoria Eugenia, viuda de Alfonso XIII, en Lausana, y fueron invitados a visitar al equipo. Hubo foto oficial de los jugadores con la familia real en primer plano, flanqueada por Bernabéu y Saporta, y al día siguiente asistieron al partido.

Pero la foto no dio precisamente la vuelta al mundo: la prensa española no la publicó y silenció la noticia. Para Franco las aspiraciones monárquicas de don Juan eran peligrosas y le irritó esa pequeña rebelión de Bernabéu.

A don Santiago le dio exactamente igual el enfado del Caudillo. Siguió propiciando los encuentros con don Juan e incluso llegó a declarar: «Con Franco tengo unas relaciones normales. Él sabe que gracias al Madrid han sido varias las puertas que se han abierto para España y que estaban cerradas a cal y canto. Yo le respeto, pero también sabe, porque se lo he dicho en su cara, que soy monárquico».

¿Qué puertas se abrieron para España? Bernabéu se refería a que las victorias del Real Madrid eran un aliciente de optimismo para el pueblo, y en el extranjero, la única visión positiva que podía ofrecer un país aislado internacionalmente. En una Europa llena de españoles, exiliados o emigrados por razones económicas, las giras y las victorias del Real Madrid constituía para todos ellos uno de los pocos nexos de unión con su país.

Con Franco, lo imprescindible. Franco iba a entregar la copa y a don Santiago no le quedaba más remedio que estar en el palco. El Madrid era un buen representante de España en el extranjero como campeón de Europa y campeón intercontinental, y Bernabéu no se sentía reconocido, considerando que era el mejor embajador de España en el extranjero. Estaba disgustado porque le llamaban el equipo del Régimen: no solo no era verdad, sino que tuvo innumerables encontronazos con el aparato franquista.

Es cierto que el Real Madrid se consideró desde el principio una suerte de institución. Bernabéu estaba orgulloso de ello y lo pregonaba a los cuatro vientos. Monárquica, eso sí. Y ahí andaba el recelo del Régimen, que no admitía apostasías. A finales de los años cincuenta, cuando el Madrid ya había levantado la gran polvareda, el franquismo se apoyó en la fama del equipo para aumentar el prestigio de una España cercada en Europa. Y no hubo más.

«Don Santiago nos metía una presión enorme. Nos decía que teníamos que defender el nombre y el prestigio del club, el nombre de España, que teníamos que defender a la población que estaba emigrada fuera de Europa, humillada fuera de su país.» Así hablaba Di Stéfano. Y eso significaba el Real Madrid entonces. La única forma que tenía el español de sacar la cabeza. De saciar un ansia que fuera más allá de pagar la letra de fin de mes.

Desencuentros con el Gobierno franquista hubo varios y por ambas partes. Por la de don Santiago, uno de los más sonados fue cuando en 1973, al final de un partido de baloncesto contra el Maccabi de Tel Aviv, Bernabéu, en un arranque espontáneo, se quitó su insignia de oro del Real Madrid y se la colocó en la solapa al general israelí Moshé Dayán, el halcón de la guerra de los Seis días, el más odiado por los árabes. España no tenía relaciones diplomáticas con Israel, y eso se tomó casi como una afrenta en los países árabes y en el Ministerio de Asuntos Exteriores, desde donde llamaron al presidente al orden. El presidente tuvo que enviar al sefardí Raimundo Saporta, quien más había peleado para que el equipo israelí participara en la Copa de Europa de baloncesto, a arreglar el desaguisado.

Por parte del Gobierno, un desaire que le costaría caro al equipo: ese mismo año, el alcalde de Madrid, Carlos Arias Navarro, le negó a Bernabéu la recalificación de los terrenos de Chamartín para sanear económicamente el club y levantar un nuevo estadio en Fuencarral. El viejo estadio estaba obsoleto y así se quedaría hasta muchos años después.

### *Palabra del Señor: sobre fútbol, futbolistas y masas*

En 1960, Bernabéu dijo: «A la gente no le cabe en la cabeza que yo jugase dieciséis temporadas en el Madrid completamente gratis; ni que llevase ocho o nueve años de directivo, antes de la guerra, completamente gratis; ni que lleve ahora diecisiete años de presidente gratis también [...] Y usted dirá: "Bueno, Bernabéu, pero con eso no se come". Bien. Yo le contesto que no necesito que me paguen nada. Tan poco necesito, fíjese usted, que las cuentas en mi casa las tengo hechas. Tenemos equis. El día que se acabe equis, yo le digo a María: "Déjalo, no te preocupes. No tenemos hijos, y con nuestra edad..."».

En la vida de Bernabéu no parece que hubiera grandes dispendios, era de una austeridad magnánima de noble castellano y de estirpe rural. Vivía en el segundo de un bloque en la Colonia Niño Jesús, frente al Retiro, un piso con doncella, chimeneas en las habitaciones, amplia terraza llena de flores y sala de estar atiborrada de recuerdos, desde carracas hasta el galón de cabo del Ejército que obtuvo en la Guerra Civil, pasando por el primer trofeo que ganó como futbolista, y banderines, placas conmemorativas y trofeos de caza. Poseía, además, un chalecito de vacaciones frente a la playa de Santa Pola, en cuya biblioteca: «Se veía una fila de puros a medio fumar, que encendía en la barca de pesca cuando tiraba la caña a las cinco de la mañana».

Como él decía, se encontraba mejor con gente donde latiera la naturalidad de una vida sencilla que en los pocos palacios que había visitado. Algo de la simplicidad de líneas de la Castilla de su nacimiento, algo de esa profundidad de campo, latía dentro de él. «Dicen que el Madrid es el equipo de los ricos, cuando en verdad la base está entre los que construyeron el estadio. De los primeros cuarenta mil socios, aristócratas habrá veinte. El Madrid es un club absolutamente popular. Quizás el más popular del mundo. Son los títulos los que lo han hecho señor. Sin duda, el Real Madrid es el equipo del pueblo».

Conducía él mismo su coche hasta la oficina del estadio, recibía visitas y tenía su tertulia en el Loto de la calle Serrano, donde se encontraba con amigos, empresarios y directivos del club como Raimundo Saporta, su mano derecha, o Antonio Calderón, gerente del club; asistía a los entrenamientos del equipo, viajaba con ellos a los grandes encuentros, se fotografiaba con ellos, por supuesto. De vez en cuando se desplazaba a su casa de Santa Pola, donde pescaba y cuidaba del huerto, y en sus ratos libres leía y aprendía idiomas: alemán, ruso, francés, entre otros.

Y luego estaba su afición a los toros, su pasión declarada por Juan Belmonte. En 1954, el periodista César González-Ruano le preguntó para una entrevista de su libro *Las palabras quedan* si le interesaba más los toros o el fútbol: «Son perfectamente compatibles. Es como el helado, que está hecho para el verano, y el café caliente, para el invierno. Los toros quieren calor. Nosotros necesitamos frío. El fútbol está prohibido en julio y agosto».

Bernabéu tenía opiniones originales sobre todo; originales, reflexionadas y visionarias.

Sobre el público en los grandes estadios: cuando González-Ruano le pregunta cómo va a canalizar la confianza del público, responde: «… un espectáculo cada quince días de ciento veinticinco mil personas reunidas. ¿Seremos capaces de controlarlo? El público está demostrando que el español es capaz de reunirse y que no pase nada, que todo discurra dentro de la perfecta armonía. Pero la masa es enorme».

Sobre las exigencias del público: «Cuando una masa de gente de ciento y pico mil espectadores asiste a un triunfo clamoroso como el del Madrid del otro día [se proclamaron campeones del mundo en 1960], el equipo se relaja después de una temporada tan terrible y hay no sé si doscientos o dos mil espectadores que mantienen  silbidos enconados teniendo el partido ya seguro;  está claro que hay un tumor en la masa, que ese cuerpo colectivo no está bien».

Sobre el papel del fútbol en la sociedad: «La gente quiere que la dejen en paz. No quiere problemas; quiere refugiarse en su casa, con su mujer, con sus hijos, con su familia, con sus amigos. No les importa otra cosa. Es pura tragedia. El fútbol es el recurso para que la masa de gente se olvide de sus problemas, a ratos».

También polémicas, como la que recoge la entrevista de Antonio Montesinos para *Murcia Deportiva* en 1968, que produjo una explosión de indignación en toda Cataluña: «A Vila Reyes [presidente del Espanyol, en aquella época, Español], yo le admiro. Solo por presidir en Cataluña un club que lleve el nombre del Español ya es digno de admiración. Y no están en lo cierto los que dicen que no quiero a Cataluña. La quiero y la admiro, a pesar de los catalanes».

Y sobre sí mismo y el fin de su carrera: «Yo siempre he sabido que voy a terminar mal. ¿A quién quieren los españoles? Recuerdo que Jacinto Benavente entraba en un café y la gente no decía ahí llega este genio, este premio Nobel, sino que decían «Este que entra es un marica». ¿Que por qué aguanto? Porque pienso que la situación es tan difícil que hay que dar la cara. Pero la situación en todo, que conste», dijo en 1977, un año antes de su muerte.

Los gestos de Santiago Bernabéu crearon una mitología. Sus actos tienen valor de ley. Hay cosas irrepetibles como las *santiaguinas*, que se han quedado prendadas en la cabeza de muchos padres de familia honrados y diligentes que vivieron aquellos años. Todavía hoy añoran esas broncas monumentales que sirvieron para aleccionar e impartir bravura. Es el «¡échale cojones!», que se grita desde la banda para quedar uno descansado.

Sin embargo, el Madrid no es exactamente eso, porque eso sería su perversión castiza. Es mucho más.

Bernabéu dotó al club de instalaciones y propiedades, de una estructura interna y un código de actuación mil veces imitado. Es la Ciudad Deportiva y es la obsesión por conseguir cada año al jugador más rutilante, para que sea el Madrid quien abra los telediarios y para mantener la tensión en el vestuario. Es la victoria como destino final, no como posibilidad. Algo sobre lo que también advirtió don Santiago: «El otro día con cuatro goles de ventaja había un sector que se manifestó con silbidos y palmas de tango. No hay verdadera alegría en la masa del Madrid. ¿Qué es esto? ¿Para quién estamos trabajando? Tenemos que garantizar que la actuación de los nuestros no falle ni un minuto. Entonces estamos destinados al fracaso. Estamos revestidos de verdadero sufrimiento».

Otra gran idea suya fue fichar jugadores de todo el mundo para que el Madrid fuera conocido en todos los países, y así le invitaran para los amistosos y las giras. El preludio de las pretemporadas actuales. Algo que recuperó Florentino Pérez.

Hay también un gesto oscuro en Bernabéu: el desprendimiento de Di Stéfano como si fuera carne muerta. Eso también quedará como una profecía. Cada gran jugador saldrá por la puerta de servicio, de mala manera y a menudo vilipendiado.

### Los hijos de Israel te llorarán

Bernabéu anda despacio y lleva ropa vieja encima. Hay algo poderoso en él. El presidente del Madrid debería dormir en un chamizo y llevar pistola al cinto. Eso parecen decir sus imágenes de Santa Pola, su refugio en el mediterráneo. Allá se iban los periodistas en sus últimos años para cazar alguna verdad asilvestrada de las que soltaba el jefe: «Le he tenido siempre mucho cariño al mar, y pensaba que el mar, a mi edad, lentamente, pausadamente, era mi solución. El hombre, para vivir años, tiene que conservar una solución, estoy convencido de que si no voy al mar a descansar y a pensar, yo no existiría».

Lleva el club a golpe de teléfono. Apenas aparece por la capital. «Madrid se ha convertido en un precioso cementerio. La mayoría de mis amigos se han muerto, se han perdido las tertulias y se acabó lo de saludarnos cuando cruzábamos la calle. Ahora las calles de Madrid me dan tristeza.»

En 1977 se le detectan los síntomas de una enfermedad incurable. El 28 de mayo del año siguiente, recibe la extremaunción. «Creo en Dios, lo que no creo es en el dios de las monjas y en los frailes. Creo en mi dios y creo en lo que me ha dado y en lo que me ha dejado ver.»

«Voy a palmar, María. Ya no veré la séptima», le dice a su mujer.

El 2 de junio de 1978 fallece. Los bienes que deja a su esposa son un millón de pesetas, su chalé en Santa Pola, una pequeña casa en Madrid y aquella barca que cambió de nombre.

Raimundo Saporta, el amigo, compañero y ayudante, abandona el Madrid con estas palabras: «Después del mito, viene la nada».

4

# El Mesías: Di Stéfano

*Di Stéfano llegó al Madrid en un parto difícil y
descubrió a Europa una forma diferente, más libre,
estética y luminosa, de jugar al fútbol. Jugador total,
su influencia alcanzaba todos los lugares de la cancha
y consiguió el milagro de elevar un club a la altura
de la leyenda. Todas las mitologías sagradas
madridistas parten de él.*

«Porque nos ha nacido un niño, un hijo nos ha sido dado; que tiene
sobre su hombro la soberanía; y que se llamará maravilloso Consejero, Dios fuerte, Padre sempiterno, Príncipe de la paz.» (Isaías 9:6)

*E*n la primavera de 1952, el diario *Abc* publicaba: «Un futbolista extraordinario sobresale muy por encima de los restantes:
Di Stéfano, fuerte, dinámico, multiplica los esfuerzos sin dar
importancia a su trajín, con tan superior categoría que pronto
el espectador cree estar presenciando los increíbles alardes de
un jugador con dotes de una ubicuidad...».

Era él: el Mesías.

Alfredo di Stéfano tenía veintiséis años. Jugaba en el
Millonarios, un club colombiano, desde hacía tres temporadas. Era rubio, con un hoyuelo en la barbilla, espaldas poderosas y aire de mozo irlandés. Venía de una familia bien, de
comerciantes con tierras, con una casa de hermoso jardín en
el barrio bonaerense de Flores y un rancho en las afueras de

Buenos Aires. Y también tenía el vocabulario y el estilo mal encarado y bronco de un pibe de la calle.

Meses más tarde, y una larga y rocambolesca historia de negociaciones después, la Saeta Rubia jugaba en el Real Madrid. Ahí empezó la historia tal como la cuentan los mayores; los hombres que inician al madridista en el culto.

Marzo de 1952. En Argentina, Perón acaba de ser reelegido y Evita morirá unos meses después. Estados Unidos se encontraba en plena guerra de Corea; en Colombia, Bogotá se estaba convirtiendo en una rica ciudad cosmopolita. ¿Y España? España seguía espléndidamente aislada en su franquismo, era la oveja negra de Europa con la que ningún país quería tener relaciones diplomáticas. Aún no habían llegado los pactos de Madrid con Estados Unidos ni el turismo a la Costa del Sol. Madrid, diría Di Stéfano años después, le parecía una ciudad gris, con un aeropuerto de juguete, en la que todavía se notaban los estragos de la Guerra Civil.

El fútbol, sin embargo, constituía un mundo aparte. Los directivos de los grandes equipos tenían su política exterior y sus relaciones internacionales; hablaban con sus homónimos latinoamericanos, franceses, alemanes y británicos. En el fútbol ya había comenzado el deshielo.

Si había alguien que lo supiera bien, ese era Santiago Bernabéu. El Real Madrid cumplía cincuenta años de vida y él quería celebrarlo con fastos y buen fútbol. Aunque en aquel momento los equipos que dominaban la Liga eran el Atlético de Madrid, con cuatro ligas ganadas después de la guerra y el FC Barcelona con cinco. El Real Madrid era el quinto club de España en número de ligas ganadas, solo dos. Además, llevaba veinte años sin llevarse una. Nadie daba un duro por él.

Excepto Bernabéu, por supuesto, que tenía una ambición: formar el mejor equipo y levantar el estadio más grande. El campo ya lo tenía, su construcción había durado cuatro años, del 44 al 47, y su capacidad, cien mil espectadores, lo había hecho famoso.

Le quedaba el equipo.

Por esa razón, en las bodas de oro del Madrid, Bernabéu

quería demostrar que sus jugadores podían competir con los grandes. Quería lucirlos, y si la Liga no le era propicia, traería un equipo de fuera. ¿Con quién podía medirse el Real Madrid? Invitó a un once extraordinario, el Millonarios, a venir a España y recorrer el país exhibiendo su maestría.

En aquel momento, el Millonarios era el equipo de las estrellas. Un conjunto extraño, eso sí, que había jugado en una liga paralela no reconocida por la Confederación Sudamericana de Fútbol: la Liga Pirata. Eran los mejores, pero hasta entonces no lo habían podido demostrar. Se había formado gracias al tesón de Alfonso Senior Quevedo y otros emprendedores colombianos, y gracias a sus millones, claro. Y ese mismo año, en parte por la influencia de Bernabéu, habían conseguido ser reconocidos por la FIFA. En Colombia, los jugadores del Millonarios, el «ballet azul», vivían como estrellas de cine, se los vitoreaba, se los mimaba, salían continuamente en la prensa. La formación tenía una mezcla de lo mejor de Sudamérica: argentinos, uruguayos, peruanos, paraguayos… y contaban con la Saeta Rubia.

### El código sagrado

«¡Socorro, socorro, ahí viene la Saeta Rubia, con su propulsión a chorro!» Eso se oía en la cancha del River cuando Di Stéfano iba tirando contrarios por el suelo hasta darse de bruces con la portería rival. En un país en el que las palabras son un juego con el que crear de nuevo la realidad, ese no era el primer sobrenombre que le caía encima. Al niño tenaz que se afanaba en los recados, su abuelo, oriundo de Capri, le decía *stopita*. Por el pelo rubio y rizado.

Nació en el barrio de Barracas, que es la boca de la Boca, barrio mayor, orilla del mar, puerta de los emigrantes a Buenos Aires, una ciudad que es un continente entero. Allá es importante ser vivo, espabilado y hacerse respetar. Si la Boca es un país, las calles tienen una constitución con leyes consagradas por el uso, leyes que el pequeño *stopita* aprendió a conocer y llevó dentro de él hasta el final. De su abuelo oyó historias antiguas como parábolas. De gauchos, gente del interior, pobre y dura, que ignoraban muchas de las cosas del mundo, pero se guiaba por un código sagrado.

Fueron semilla buena, y la semilla cuando es planta, planta quiere ser. Así cantaba Mercedes Sosa y Di Stéfano lo recuerda en sus memorias, *Gracias, vieja*, coescritas con Enrique Ortego y Alfredo Relaño (2000, Aguilar).

Los marinos ingleses (siempre ellos) llevaron el fútbol a la Boca, donde convivían Boca y River, dos aficiones tan distantes y tan cercanas la una a la otra. Di Stéfano aprende de los de antes respeto y jerarquía. Lo aprende en casa, de un padre estricto que había jugado en River y se dejaba llevar por la ópera. Y lo aprende en la calle, donde mandan los mayores, y dentro de los mayores, los que se hacen respetar.

No es de barrio *pituco* (de clase alta), es de barrio puro y allá se juega en la calle a todas horas. Su primer equipo se llamaba «Unidos y Venceremos», y ya era una declaración de principios. Muchos años después diría que el jugador sudamericano es imbatible en su dominio de la pelota. Esta le obedece hasta el mínimo gesto. La lleva por la calle domesticada y es el centro de todos sus desvelos. Duerme con ella, sueña con ella y aprende a dominarla con cualquier parte del cuerpo jugando entre los coches, haciéndola rebotar en las esquinas, huyendo por entre la gente cuando la policía irrumpe en esos partidos espontáneos que convierten la calle en un escenario.

Su padre era secretario de la Cámara Gremial de Patatas. No era buena época porque habían llegado mafiosos norteamericanos de ascendencia italiana huyendo de la Ley Seca. La mafia exigía a los descendientes de italianos el pago de un canon. El *pater familias* era un tipo duro; se negó. Iba armado y dormía con la pistola en el cajón de la mesilla de noche, el brazo estirado y la mano dentro agarrando el gatillo. Pero tuvieron varios sustos con los gánsteres y, al final, don Alfredo padre pagó a regañadientes.

Sea por lo que fuere, por lo que aprendía en la calle (viveza criolla) o por las lecciones que la vida le daba a su padre, Di Stéfano, en el campo, siempre se quedó fuera de los líos. Esas broncas monumentales en las que muchos jugadores parece que disfruten más que con el juego no eran lo suyo.

Colgó los libros a los quince años para trabajar en el campo, junto con su progenitor. Fue feliz allí, entre esa gente pura que había oído en las leyendas de su abuelo. Le quedó siempre un evangelio en la cabeza: el *Martín Fierro*, poema en verso de José Hernández escrito en 1872, que es un canto al gaucho, al hombre pacífico, valiente y libre. Está lleno de enseñanzas de las «antiguas», de las que dejan caer los ancianos desde sus poltronas, el hombre trabajador desde su oficio, el campesino mirando fijamente al cielo: «Nunca hables en demasía, ni te calles por completo. El hombre es de más respeto, cuando es menos su falacia». Di Stéfano no soportaba a los intelectuales ni tragaba la doctrina. Él estaba enamorado de enseñanzas más simples, más generales, como un ungüento que se aplica directamente sobre la piel. «Hacete amigo del juez, no le des de qué quejarse, que siempre es bueno tener palenque ande ir a rascarse.»

La familia Di Stéfano se mudó a un nuevo barrio, el barrio de las Flores, lejos de la mafia y las inundaciones constantes del río. Allí Alfredo necesitaba hacer amigos y para eso lo mejor era el fútbol. Toda su vida fue así. Por malhumorado que fuera, nunca se enconó en las discusiones, hizo un arte de la amistad y fueron muchos los que le acompañaron hasta el final.

Un día su madre se tropezó en la calle con un amigo de don Alfredo (padre), con el que había jugado en River. Le comentó que tenía un hijo buen futbolista y quedaron en hacer una prueba. Eran setenta pibes y se quedaron dos: un tal Salvucci y Di Stéfano. Tenía diecisiete años y firmaron para toda la vida. Así, como por azar, ya estaba el camino de la Saeta marcado. Él decía después que todo lo que le pasó fue sin querer. Aparentemente se dejaba llevar por la vida, que en Buenos Aires era una fuerte marejada. No tenía la convicción de ser un mito desde chico, eso que parece anidar en algunos o en las historias que se cuentan de algunos.

«Todo lo que viene, conviene», diría Vicente del Bosque muchos años después, y así se movía la Saeta. Rápido, con finura y sentido, aprovechando el momento y la situación, pero puesto en ella por fuerzas que parecían ajenas a su voluntad. Como el mismo Santiago Bernabéu, con el que más tarde le uniría una relación que hizo definitivamente adulto el juego de la calle, del descampado y de los niños guerreros y artistas. Un lugar del que *stopita* nunca se movió.

## Bautismo

En el momento de los diecisiete años del Rubio, lo que brillaba era «La Máquina» de River. Los llamaban «los caballeros de la angustia» porque tocaban y tocaban, jugaban como nadie, pero les podía una piel de príncipes que perseguían antes su propia diversión y la burla al adversario escondiéndole la pelota que la propia victoria. Y así llegaban a portería contraria y volvían hacia atrás deshaciendo la jugada como si conociesen los secretos del fútbol y les diera fastidio desvelarlos ante el público.

Mientras, Di Stéfano estaba en cuarta división y jugaba por la mañana, con la pelota llena de rocío. Por ahí andaban Renato Cesarini, que traía de Europa una táctica escrita en papeles, y Carlos Peucelle, el técnico que más influyó a Alfredo.

Un día el equipo ganó por 9-0 y el técnico le dijo: «Muy bien, Alfredo, no marcaste, pero has hecho un partido magnífico, fuiste el conductor del equipo».

Alfredo agachó la cabeza y susurró: «Ha sido el peor elogio que he recibido en mi vida».

Su primer partido oficial lo jugó contra Huracán. Debutó de *wing* (extremo) derecho. No le gustaba el puesto. Demasiado simple («cuando veas una camisa blanca con una raya colorada, le das la pelota») para lo que se le iba cociendo dentro. A él le gustaba estar siempre cerca del balón. Se aburría de extremo. Desoía la táctica y se acercaba a ella. Todavía no la mimaba, no entraba en trance como otros jugadores más precisos. Pero ya sabía que era el centro del juego.

Perdieron. En la delantera había gente de La Máquina (Pedernera, Lostau y Labruna), que eran los que mandaban sobre el campo.

Después volvió a las categorías inferiores, algo habitual en el primer año. Al fin y al cabo, el principio rector del juego todavía era el placer. El técnico Peucelle le exige más pausa: «¿Crees que la pelota es el sol, que la devolvés como si te quemara?».

Nunca se le olvidó eso al Rubio: la pausa, el aguante, tiempo, espacio y pelota. La ecuación última del fútbol.

Al año siguiente, el Huracán le hizo una oferta. A Di Stéfano le venía muy bien porque en River tenía dos delanteros por delante y era mucho percal para el joven. Firmó y en el primer partido, a los diez segundos, le hizo a River un gol instantáneo. Corriendo con el balón en los pies como un endemoniado, llegó al borde del área y le metió un zapatazo. Eso se vio muchos años después con el Madrid: no era posible detenerlo.

En ese club, Alfredo se colocó en los entresijos de un equipo de fútbol. Era un club más de barrio que River, pero muy bien organizado. Él observaba la miseria de algunos compañeros, cómo cobrar era una odisea en otros clubes de interior (se sacaba el dinero de taquilla y a menudo no había suficiente). Ahí forjó su carácter luchador por el compañero.

Así veía el fútbol: unidos y venceremos. Como su primer equipo.

Volvió al River ya con otra piel (1947) y salió campeón y máximo goleador. Su radio de acción era corto. Rapidísimo e incontrolable, era un delantero de los que se retrasaban para estar más en contacto con la pelota, pero lejos del jugador omnipresente que fue en el Madrid. Se hizo famoso y filmó una película. Pero no le gustaba el artificio del cine, no le gustaba el artificio en la vida, no le gustaba el teatro ni el cartón piedra.

Desde entonces desconfió de lo que veía en una pantalla. Ni siquiera era muy dado al teatro en el césped. Jugó unos partidos con la selección argentina, el campeonato sudamericano donde las calenturas entre los jugadores llegaban a un punto incontrolable. Todos se agarraban, se perseguían por el campo, se citaban en la calle, en la esquina, para probar su bravura en público. Más tarde, en privado se encontraban y se abrazaban. Salían de vinos, iban a tomar un asado juntos.

Di Stéfano le llamaba «espíritu de raza criolla».

Él, mientras duraba la representación, se alejaba y se sentaba encima de una pelota. Querencias.

Pero había cierta nobleza en algunos aspectos. Por ejemplo, si marcaban un penalti, no lo celebraban. Se pedía disculpas porque era un gol demasiado fácil. Los aquelarres de la actualidad al Rubio le producían urticaria. Para él, el fútbol tenía unas normas de etiqueta, y eso era una pequeña traición.

Se organizó una huelga de futbolistas en Argentina para proteger a los de abajo, porque jugaban cinco y cobraba uno. El club tenía la razón y no se le podía discutir. Los contratos que se firmaban eran leoninos y ataban al jugador de por vida. Perón, el mandamás de la nación, no apoyó la huelga. Los jugadores siguieron con los partidos, pero sin ánimo de lucro; lo hacían en beneficio de un hospital o de una escuela. Se suspendió el campeonato y Di Stéfano fue de los más activos en la reivindicación.

Después de casi una temporada sin jugar, se solucionó el entuerto a medias y el Rubio firmó de nuevo con River, en blanco y a última hora, porque si no estaba desvinculado del fútbol. Pero la confianza estaba rota.

Entonces los llamaron desde Bogotá para un amistoso con el Millonarios y tomaron nota de la enorme afición que había allá. Tras la huelga, todos los jugadores tenían un sueldo máximo, pero, a mitad de temporada (1949), Millonarios le hizo una buena oferta. River se desentendió y les pegó la patada con acritud. A Alfredo y a Pippo Rossi. Millonarios les ofreció en principio un acuerdo por un año. Era un club que jugaba una liga fuera de las aguas de la FIFA. La organización los amenazó, pero pesaba más el sueldo ofrecido y el yugo insufrible que les imponían en River. Se llegó a un acuerdo con la FIFA para permitirles jugar allí hasta 1954.

Colombia se convirtió en la tierra prometida del fútbol durante unos años. Allá afinó Di Stéfano su juego, sobrevolando grandes cordilleras en aviones que eran cajas de cerillas para acabar jugando en estadios que estaban en la falda de una montaña. De ahí le quedó un miedo invencible al avión. Una de las causas que le llevaría a fichar por un equipo europeo.

### «Regaba los campos con su sangre»

Di Stéfano llevaba tres temporadas en el equipo colombiano, tenía veintiséis años, una esposa argentina hija de gallegos, Sara Freites, dos niñas, y veía que su carrera en Colombia se acababa. Seguía siendo el mismo hombre, bronco y reivindicativo, se dejaba la piel en el campo y no entendía que los demás no lo hicieran. Recuerda siempre lo que había escuchado de un viejo jugador: «Antes de que tengan oportunidad de matarte, mátalos».

No era de los que «gastaban la pelota», sino práctico y fulminante. Sin ese toque poético que enloquecía a las masas en Argentina. Estaba lejos de Pedernera o Moreno (de La Máquina, después en Millonarios). Cuando a sus compañeros de la época les tocó definirlo, describieron a un jugador inteligente a la hora de explotar su velocidad, con arrancada potente, fuelle en carrera y muy móvil, pero que destacaba más por su carácter ganador y su amor propio que por su clase («Di Stéfano», David Mata, *Ecosdelbalón.com*).

«Regaba los campos con su sangre», como se decía cuando jugaba en River; pero, a pesar de su movilidad, era de los que corrían mirando al piso. Jugaba para el gol, su único desmarque era el derecho y la pierna izquierda la tenía para apoyarse.

Moreno, Labruna y Pedernera fueron los interiores que le acompañaron en Sudamérica. Talentos superiores a los que no les hacía falta que el delantero comiera en su mesa. Alfredo no organizaba ni repartía las cartas, pero en Millonarios fue ampliando sus facultades. Allá aprendió a usar las dos piernas, así que hizo suyo todo el frente del ataque. Empezó a manejarse bien con la pausa y mejoró en su juego corto sin llegar a ser un regateador ensimismado, de esos genios que, de cuando en cuando, destila el Cono Sur. Fue Pedernera el que más influyó en su juego, y él explicaba que precisamente se convirtió en jugador total, con esa visión en cinemascope, gracias a que no fue un gran *gambeteador*. Había esquivado «la sirena del juego criollo», en precisa definición del periodista David Mata. No jugó nunca para su propio lucimiento, demasiadas veces la tumba cubierta de flores del jugador argentino. Los vicios de Di Stéfano eran la colectividad y la victoria.

Esta era la situación de Di Stéfano en aquella primavera del 52 cuando Bernabéu se interesó por él: pertenecía al Millonarios, pero estaba cedido por el River Plate. Se celebraban las bodas de oro del Real Madrid y el Millonarios fue invitado.

Para complicar aún más el asunto, entró el Barcelona en juego. Su ojeador, Josep Samitier, exjugador y exentrenador del Barça, también se percató del fulgor que había en el argentino. Los dos clubes comenzaron a seguirle la pista. El Millonarios recorrió España jugando con los equipos de primera división: el Atlético, el Valencia, La Unión Deportiva Las Palmas, hasta que llegó el momento de su debut en el estadio Chamartín (que tres años después se llamaría Santiago Bernabéu) contra el Real Madrid.

Llovía y el campo era un barrizal. Las botas de Di Stéfano se hundían en el barro, pero el fútbol brotaba de ellas con una armonía desconocida en España. Un debut heroico. Se saldó con un 2-4 a favor del Millonarios. Y Bernabéu quedó deslumbrado por la Saeta Rubia, bajó a saludarlo y le estrechó la mano.

Alfredo diría después que le impresionó gratamente. «Un hombre serio y que sabía de la vida». Eso le transmitió ese apretón.

Cuando el Millonarios regresó a Colombia, fue el fin de un sueño dorado. Con la incorporación de la «Liga Pirata» a la FIFA, sus jugadores debían volver a sus países de origen. Di Stéfano decidió, con esa capacidad sorpresiva suya, abandonar el fútbol temporalmente, se saltó las giras y los partidos, regresó a Buenos Aires con su mujer y sus hijas, y se instaló en su nueva casa del barrio de Parque Chas a finales de 1952. Tenía veintisiete años y se encontraba en su mejor momento. El Millonarios lo denunció por incumplimiento de contrato. Detestaba los aviones y quería echar raíces, volver al campo, conocer un mismo horizonte para toda la vida.

El Barcelona envió una delegación a visitar a los Di Stéfano. La familia aceptó conocer el Barça y aterrizaron en la Ciudad Condal en mayo de 1953. Se instalaron en un piso que les puso el club. La Saeta entrenó una época con el equipo hasta que le dijeron que no, que esperase. Lo que más odiaba él: esperar.

El Barça negoció con el River Plate su traspaso, pero aún le quedaba lidiar con el Millonarios. En junio aún no se habían resuelto las negociaciones. La situación, después del apaño de la FIFA con los clubes colombianos, era que pertenecía hasta

1954 al Millonarios (que no podía traspasarlo) y al año siguiente sus derechos volverían al River. Kubala había sufrido una tuberculosis que podría acabar con su carrera y en Barcelona le esperaban como a un Mesías.

Pero las negociaciones no avanzaban.

Cuatro equipos, Millonarios, River Plate, Barcelona y Madrid, peleaban por el jugador. El Millonarios pedía cuarenta mil dólares por los meses que le quedaban, una cantidad exorbitada entonces. Por su lado, un jovencísimo Raimundo Saporta, asesor de Bernabéu, fue a visitar a Di Stéfano en secreto. Le dijo que Bernabéu estaba dispuesto a pagar veintisiete mil dólares al Millonarios. Algo que el Madrid hace poco después.

A finales de verano, Samitier, el hombre clave de Di Stéfano en el Barça abandonaba el club. El Rubio estaba cada vez más nervioso: todo se iba al traste. Kubala recuperó la salud y el interés del Barcelona en el argentino ya no era el mismo. Los catalanes intentaron traspasarlo a la Juventus, pero no llegaron a un acuerdo. Entonces la FIFA tuvo una idea salomónica que sonaba a farsa: si el Madrid poseía los derechos del año que le quedaba a Di Stéfano para jugar en el Millonarios, y el Barça le había entregado al River Plate el primer plazo de pago por el jugador, ¿por qué no compartirlo entre los dos clubes? Cada uno lo tendría una temporada.

Di Stéfano diría años después: «¿Cómo iba a marcar goles con uno y al día siguiente con el otro?».

La Federación Española y la FIFA presionaron para que se firmara ese acuerdo tan rocambolesco. Al Gobierno español le preocupaba que el enfrentamiento Barça-Madrid se convirtiera en una cuestión de Estado. El presidente del Barça, Martí Carreto, dimitió inmediatamente después de la firma. Se habló de presiones del Gobierno para que el Barça soltara a Di Stéfano. Se habló de tejemanejes de Bernabéu, al que se le atribuían retrospectivamente poderes taumatúrgicos. Se habló de muchas cosas que jamás se confirmarían porque en torno a ese traspaso todo es niebla.

La solución salomónica no había funcionado o había funcionado demasiado bien para el Madrid. El Barcelona se apartaba de la puja. En otoño, el Barça firmó un acuerdo con el

Real Madrid: le cedía todos los derechos sobre el jugador para las dos siguientes temporadas y recuperaba el dinero que ya había pagado al River y lo invertido en traer y mantener al jugador y a su familia.

Por fin, el Mesías haría su entrada triunfal en Jerusalén.

### Fe, esperanza y poca caridad

Un mito sagrado. En el Real Madrid, Di Stéfano alcanzaría esa categoría.

En cada plaza de España, en cada bar, en cada reunión de vecinos se encuentra un hombre mayor, allá en el fondo, que, cuando la conversación toca la pelota y sus ajuares, habla misteriosamente de aquel jugador de blanco que estaba en todos los lados, robaba todos los balones y marcaba la mayoría de los goles. Arriba y abajo, derecha e izquierda, el campo no tenía zonas de sombras para él. Era el primero que organizaba la defensa y situaba al equipo en el medio campo, comenzaba la jugada y hacía la pausa. Iba por delante de los contrarios anticipándose a sus reacciones. Lanzaba con la mirada los extremos, y el balón le volvía imantado al borde del área donde chutaba con potencia y finura. Era gol. Al lado del poste. El sitio del daño para los porteros. Levantaba los brazos y volvía caminando con la pelota cogida de la mano hasta dejarla en el punto central. Y todos le obedecían, amigos o enemigos.

El hombre mayor se ríe de los jugadores actuales. Da igual su nombre o el dinero que lleve colgado en la camiseta, ninguno iguala al Jefe, a la Saeta Rubia, a quien vieron jugar un día entre miles de cabezas; a partir de entonces, ya nada fue igual.

El Madrid jugaba con uno más, se decía. Y era cierto.

Un jugador más por línea. Algo que no se ha vuelto a repetir. Impulsó el mayor cambio en el fútbol. Hasta la fecha, cada jugador era dueño de su parcela y no se movía de ahí ni a tiros. Después de Di Stéfano, aunque nadie llegó a su omnipresencia, los jugadores fueron ampliando su radio de acción e inmiscuyéndose en sitios que no eran los suyos de partida. Sobre todo, los grandes. Para los pequeños sigue rigiendo una ley esclava que los ata a la táctica y al lugar de partida.

Cuando el aficionado quiere recrearse habla de «los magníficos», de los que están más allá del fútbol. Hasta ahora hay cuatro: Di Stéfano, Cruyff, Maradona y Pelé. Los dos últimos, quizá más artistas y geniales, con un poder de arrastre magnético superior al rubio argento. Pero solo los dos primeros convirtieron el fútbol en algo diferente a lo que se había vivido antes. El holandés era un recogepelotas a pie de campo en la final jugada en Ámsterdam en 1962 por el Madrid. Se quedó fascinado por el juego del argentino. Por la forma de ir por delante de la jugada anticipándose a los rivales. Antes de recibir, ya sabía lo que iba a hacer después. Cruyff tomó buena nota y se convirtió junto con Holanda y el Ajax en el gran intérprete del fútbol contemporáneo. El que saldó cuentas con lo antiguo para ir en busca del futuro.

Cuando la Saeta debutó en un partido amistoso contra el Club de Nancy francés el 23 de septiembre de 1953 (los blancos perdieron, pero él marcó el último gol), se dio de bruces con una España llena de barro y de furia, donde los campos eran de menor nivel que en Argentina.

Los jugadores también.

Admiraba el coraje y el esfuerzo de los futbolistas españoles, pero se burlaba de su pobre técnica. Caían en todos sus engaños, aunque inmediatamente los volvía a tener detrás, sudorosos, resoplando como miuras enfurecidos. En el Madrid se encontró a jugadores estimables y a otros a los que les costaba controlar un balón con el pecho. Di Stéfano, inteligente y muy práctico, se adaptó a la circunstancia y enseñó al equipo a bajar el balón al pasto y a jugar al ras. Aquí apenas se conocía la *gambeta*, ese regate con engaño que causó furor en el público del Bernabéu. Paraba, dejaba pasar el balón, hacía pausas inesperadas y volvía a mirar en dirección a portería con el equipo contrario descolocado. Eso ponía al estadio boca abajo. Tenía un disparo fulminante desde la frontal del área. Era muy luchador, muy duro. De los grandes jugadores, el más áspero y mandón en el campo. El que menos condescendencia tenía ante el rival.

De alguna manera, el Madrid se fue haciendo a su imagen y semejanza: se piden jugadores buenos, con clase y, además, que rieguen la camiseta con su sangre, que luchen hasta el final y que, llegado el caso, tengan la pierna dura y devuelvan los golpes.

La evolución de Di Stéfano del delantero multiusos del Millonarios a esa cosa inabarcable en la que se convirtió en el Madrid fue rápida, pero no inmediata. Fueron las circunstancias (como siempre) las que le obligaron a ser un dios omnipresente. Sus compañeros estaban acostumbrados a reventar la pelota desde su área para alcanzar rápidamente la rival. Di Stéfano se aburría viendo pasar balones volando y bajaba cada vez más a pedir el balón, incluso se la pedía al portero para comenzar él la jugada. Los demás empezaron a confiar en él, defendía como cualquiera y la pelota estaba mejor protegida. Fueron subiendo su nivel técnico y acostumbrándose a esa nueva forma de jugar (el balón al pasto). Los defensas comenzaron a sentirse jugadores de campo y el equipo se cohesionó mucho más. Se volvió más solidario porque había uno, el mejor indiscutible, que pedía siempre la pelota, hacía mejores a sus compañeros, y defendía con el mismo ímpetu que los zagueros. Todos estaban pendientes de todos, no era tan simple como la primitiva defensa de una pequeña parcela.

«Era como si hubiera establecido su propio centro de mando, en el corazón del juego. Era tan fuerte como sutil. La combinación de cualidades resulta hipnótica», diría de él el legendario jugador Bobby Charlton en 1957.

La adaptación a Madrid fue inmediata. No le quedaba otro remedio. Fue el mismo día de su llegada, a las tres de la tarde, cuando jugó ese primer partido contra el Nancy.

No era Bernabéu amigo de la tregua ni de delegar poder. Había fichado a una estrella y quería tenerla en el campo brillando desde la madrugada hasta el anochecer. Se habían encontrado el salmón y la corriente. Y estaban preparados para remontar el fútbol hasta sus orígenes. Hasta las fuentes mismas del mito. Y allí mismo llegaron.

Di Stéfano pensaba como Bernabéu que un equipo era una familia. Para los dos, la convivencia era fundamental. El argentino no contemplaba que un compañero le fallara en el campo porque había estado saliendo hasta medianoche. Y la pequeña sociedad con otro jugador era lo que más valoraba en el equipo.

El Rubio y su mujer, Sara, se instalaron con sus dos hijos en una casa de la colonia El Viso, cerca del estadio. Tenían vecinos famosos, y ellos mismos ascendieron rápidamente a la categoría de celebridades. Alfredo rodó un par de películas, *Once pares de botas* y *La Saeta Rubia*, el escritor Rafael Lorente publicó un libro sobre él, *Di Stéfano cuenta su vida*, disfrutó de las noches de Madrid, se hizo amigo de Lola Flores y de su hermana Carmen, casada con Isidro, compañero en el Real Madrid. Empezó a veranear cerca de Marbella, con la primera *jet-set*. Viajó por todo el mundo con el equipo.

Y cuando años después se le recriminó (suavemente, eso sí, con él todo tenía que ser suave si no el periodista podía meterse en dificultades) que fuera amigo de Franco, él decía: «Que no, hijo, cuando ganábamos un trofeo, te lo daba Franco o la señora de Franco… Y no le iba a decir que no lo queríamos. Nosotros jugamos al fútbol y ganamos campeonatos con Franco, con Adolfo Suárez, Felipe González, Aznar, Zapatero, hay que nombrarlos a todos… Nosotros hicimos mucho en esa época por los inmigrantes, un equipo que fue por todo el mundo enarbolando la bandera del Madrid y la bandera española, nosotros no íbamos por el asunto de Estado».

Aunque Alfredo enseguida se convirtió en un personaje célebre, Bernabéu no le permitía lujos, ni siquiera un coche; no se podía fanfarronear en una España recién salida de la posguerra. El presidente decía que los socios del Madrid eran gente de trabajo, y los jugadores debían demostrar que eran el mismo tipo de gente. Nada de poner los dientes largos al pueblo. Entre la obsesión colectivizadora de Di Stéfano en el campo y la austeridad de Bernabéu, el Real Madrid se asemejaba a un palacio construido por los primeros cristianos.

Fe, esperanza, pero poca caridad, sobre todo con el rival.

Y una solidaridad dura entre todos los que conformaban la entidad. Siempre que no se saliesen del cauce marcado, por supuesto.

Di Stéfano era un hombre de principios que se sustentaban sobre pilares inconmovibles. Creía en el fútbol como en Dios, y era capaz de pasarse horas hablando, teorizando o reflexionando sobre el balompié.

Creía que el mejor equipo de la historia había sido La Máquina, aquel River Plate en el que jugó. Cuando le preguntaban quiénes eran sus favoritos, lo soltaba de carrerilla: Muñoz, Moreno, Pedernera, Labruna y Loustau.

Creía en la familia, cincuenta y cinco años casado con la misma mujer, hasta que falleció en 2005, y con la que tuvo seis hijos.

Creía que se podía ser del River y ver partidos del Boca, una herejía en Buenos Aires, «mi abuelo vivía a treinta metros de la cancha, entonces iba a visitarlo y después me cruzaba a ver las prácticas. Mi padre nació en la Boca y era de River, como yo», quizá por eso fue el único entrenador que logró copas para el Boca (1969) y para el River (1981).

Creía en el equipo, no en las individualidades.

## Multiplicación de los panes y los peces

Cuando Di Stéfano debutó en la Liga con el Real Madrid se encontró un equipo con el argentino Roque Olsen, con Paco Gento o Luis Molowny, bajo el mando de un entrenador uruguayo, Enrique Fernández. Gento era un chaval de diecinueve años, de un pueblo de Cantabria, que no se acababa de hacer en el Madrid. Era tosco en su fútbol, como un perro cazador. Le echabas la pelota larga, corría detrás y centraba. Así de simple. Di Stéfano adivinó su potencial inmediatamente, pero no a todos convencía. Era introvertido, algo pésimo para el fútbol, y más con el argentino en medio, que se pasaba todo el partido hablando, dando charlas motivacionales, gritando e insultando a propios y ajenos. Gento fue ganando en técnica y comprensión del juego, y desinhibiéndose sobre el campo hasta expresarse en él hasta el final. Y no es metáfora. Nadie llegó a su velocidad al fin del césped y nadie paró de esa manera antinatural. Los defensas salían despedidos hasta la siguiente parada de metro. La pausa del argentino y la velocidad sin misericordia de Gento se convirtieron en un espectáculo que amenazaba con salirse del campo.

Martín Fierro decía aquello de: «Yo soy toro en mi rodeo, y torazo en rodeo ajeno». Y esa frase era el lema mayor de Di Stéfano. Nunca se achicaba. Es más, se agrandaba cuando iban a por él. Tuvo problemas con la autoridad y con aficiones y prensa rivales. Era una España donde la violencia sorda estaba permitida, pero no las extrovertidas maneras del criollo porteño. Defendía sin matices la jerarquía que aprendió en la calle. Primero los futbolistas, y en el vestuario y en el campo mandaban ellos. Al periodista que se aventuraba más allá del límite, le podía caer una respuesta como un soplamocos. Alfredo relataba el partido sobre el campo y los árbitros le llamaban continuamente la atención. En la España del «niño, no destaques», el árbitro era la autoridad. Pero la única a la que obedecía el porteño era a la de la pelota.

Y a Bernabéu. A ese, también.

El que no trabajaba no tenía sitio en el equipo. A veces, Gento no se dignaba a bajar y Alfredo le decía «Paquito» para darle un poco de cariño y amor, para ablandarle el corazón y que bajara y los ayudara en defensa. Llegó a jugar partidos enteros pasándose el balón de taco con el cántabro, para delirio de la afición, que veía, en esos momentos de magia, un mundo infantil y majestuoso que se abría repentinamente. El Rubio pensaba el juego desde su posición en el campo y no quería jugadores sumisos y obedientes a su alrededor. Los mandaba, sí, pero ellos debían tener la moral alta para cambiar el aire del partido cuando fuera conveniente. Eso siempre lo buscó, también de entrenador.

Nunca le interesaron los jugadores-río; los que van y no vuelven. Esos no los quería ni ver.

El uruguayo Rial fichó por el Madrid por recomendación de Di Stéfano. Inmediatamente, se convirtió en el lanzador de Gento (era un medio fino). Estaba también Molowny, un canario técnico y trabajador. De los pocos con los que Di Stéfano se sintió bien al combinar desde el principio. Las escuelas del sur. El equipo se había ido formando y educando alrededor del porteño, y en ese momento de no retorno, en que todo comienza a ensamblarse, se abrió la puerta de la Copa de Europa para ya no volver a cerrarse.

## Milagros: las cinco Copas de Europa

La primera eliminatoria de la Copa de Europa fue en Suiza el 8 de septiembre de 1955.

Bernabéu había conseguido ese cruce para ir todos juntos en peregrinación a saludar a don Juan en el exilio. Un gesto que hizo agitarse un milímetro al Régimen. En el descanso, mientras Di Stéfano metía las manos en agua helada para bajar la hinchazón que tenía, un mozo espigado se le acercó por detrás: «Saeta, estás haciendo poco, ¿eh?».

El argentino lo mandó a cagar después de gruñirle como un cancerbero en su perrera. Era el príncipe de España, Juan Carlos, y solo uno de los dos sabía que estaba en presencia de un mito.

Esa eliminatoria se solventó con facilidad, y la siguiente hizo historia: contra el Partizán de Belgrado. Era el Madrid quien ya comenzaba a meter miedo a los rivales, pero allí, tras el ominoso Telón de Acero les esperaba una ventisca y un partido que parecía una metáfora de Siberia. Ganaron por 3-0 y la cosa acabó con la tribuna tirándoles bolas de nieve dentro de las cuales se escondían piedras tan duras como la cabeza de Alfredo. De entrenador, Villalonga, y una de esas casi lo deja fuera de juego.

En la siguiente eliminatoria tocaba el Milan, pero ya nada los podía alejar de la final. Comenzaba a vaciarse un espacio en torno al Real Madrid. Un club que no era como los demás clubes. Había una obsesión, un fanatismo por la victoria. Y había una enorme fuerza moral que surgía de Bernabéu, que los sometía a una presión tremenda para que ganaran por el país, por los emigrantes españoles que poblaban Europa, por todas las penurias pasadas; y de Di Stéfano, que estaba convencido del fútbol superior de su equipo en maña, táctica y sentido colectivo.

Yahvé y su hijo esperado.

Y eso se vio cuando llegó el momento de jugar la final contra el Stade de Reims, con Raymond Kopa como jugador estelar en el estadio de los Príncipes de París. Los franceses comenzaron ganando. Se pusieron 2-0. El Madrid empató el partido y, de una forma atropellada, consiguió la victoria por 3-4. Di Stéfano fue encumbrado por los periodistas franceses. Nadie había visto algo parecido. Y el club blanco llegó a España como si fuera una brecha abierta al pasado: una nave imperial que había doblegado a una potencia extranjera. Por fin, otra vez.

En un país empequeñecido, había una luz en el firmamento.

La Liga ese año la ganaría el Athletic de Bilbao. El Madrid acabó fichando a Kopa, la estrella del Stade Reims.

Fichará a los mejores allá donde nazcan.

La profecía de Bernabéu se hacía realidad. Acabaron dándole el Balón de Oro a Kopa en el 58.

En la temporada, 1956-57, la primera eliminatoria (dura pero superada) fue contra el Rapid de Viena. En la vuelta, el Madrid salió atolondrado y le metieron tres goles en un suspiro. ¿Estaban eliminados? En el descanso bajó Bernabéu al vestuario. Llegó como un profeta, con la gabardina al viento. Se hizo el silencio.

«¡No tenéis cojones!», gritó.

Y fue lo más dulce que salió de su boca.

El estadio tembló durante el tiempo que duró la bronca. ¿Resultado? Consiguieron parar la sangría y meter un gol. Hubo desempate y el Madrid ganó.

El Madrid ganó.

El Madrid ganaba siempre.

Cuanto más dura parecía la sentencia, más se agrandaba Di Stéfano. Era su espíritu y su sangre y su cuerpo y sobre todo su juego. Era la semilla de un equipo invencible.

Y la semilla cuando es planta, planta quiere ser.

Di Stéfano cada vez jugaba con más libertad de acción. En el siguiente partido, contra el Niza, vio que le convenía al equipo jugar más retrasado, y Villalonga no dijo nada. Quien calla otorga. El experimento funcionaba bien y se convirtió en una manera de jugar. A veces se juntaban cinco medios porque Kopa también bajaba. Esa superioridad les daba el mando del partido. Tenían el dominio del balón y el control emocional del partido. Los rivales no se encontraban sobre el campo y acababan persiguiendo sombras. El técnico del Niza era Carniglia, argentino, que la temporada siguiente fichó (como Dios o el Mesías mandaban) por el Madrid.

El Real se enfrentó al Manchester invencible de Matts Busby y ganó; se enfrentó a la Fiorentina en el estadio de Chamartín y volvió a ganar.

Ganar, ganar y ganar.

Y era solo la segunda Copa de Europa.

En la temporada 1957-58, Carniglia renovó el equipo subiendo a Kopa (que le había cogido mucho cariño al mediocampo) al extremo derecho, para aprovechar mejor sus fintas y regates. Jubiló a Miguel Muñoz y puso ahí a Pepe Santamaría, un jugador más cerebral y ordenado. Pepe se convirtió en uno de los grandes socios de Alfredo, dentro y fuera de la cancha.

Esta Copa de Europa tuvo su primer momento culminante contra el Sevilla. El Madrid había perdido recientemente en Liga y los andaluces venían agrandados. Ellos estaban calladitos, como decía el Rubio. En ese partido, el Madrid les metió ocho goles: 8-0. Un resultado humillante y que los sevillistas le hicieron pagar al argentino en la vuelta: «¡Saeta, hijo de puta, *andá* la puta que te parió!».

Así estuvo cantando todo el campo durante la primera parte. Alfredo buscaba con la mirada a sus compañeros, pero todos se desentendían y se iban bien lejos. Ahora era él el que insultaba a los suyos:

«¿Acaso tengo la sarna y los voy a contagiar? Ustedes se van, ¿de qué tienen miedo?»

Entonces Alfredo caminó hacia el centro de la cancha y, sin levantar la cabeza, elevó los brazos como si fuera un director de orquesta y comenzó a dirigir lo insultos de la turba.

La final de ese año fue en Bruselas. Se celebraba la Exposición Universal. El contrincante era el Milan, equipazo con Maldini, Liedholm, Grillo y Schiaffino. Hubo prórroga y remontada, y un Gento iluminado que consiguió dividir en dos la zaga italiana. Otra victoria del Madrid, que estaba un poco más cerca de ser considerado una dinastía solar. La fuerza de arrastre del deseo madridista era ya máxima. Agobiante, incluso.

Llegó Puskás la temporada siguiente, 1958-59, con su barriga a cuestas. Un jugador enorme que se quedó varado en una esquina de la historia. Pancho, como le llamaban, no hablaba español. «Motor, motor», decía cuando quería correr.

Kopa-Rial-Di Stéfano-Puskás-Gento. Esa era la delantera o lo que fuera, porque, excepto el húngaro, los demás se movían constantemente.

La eliminatoria más difícil fue contra el Atlético. Difícil y con prórroga, pero los colchoneros siempre nadan para morir en la orilla. Es su sino y son felices así.

La final vuelve al origen: contra el Stade Reims. Mateos, un secreto en el Madrid, es una de las figuras. Un jugador obsesionado con tirar los penaltis; no se acababa de fiar de su talento y quería dejar esos goles en blanco sobre negro para que Bernabéu le renovara por un buen pico. Tira un penalti y lo falla. En el entreacto, baja Antonio Calderón, directivo del Madrid, a preguntar por qué tiró Mateos. Di Stéfano lo manda a vender entradas con cajas destempladas. Era la ley que aprendió en la calle y que siempre llevó dentro.

El partido se gana y Bernabéu se muestra magnánimo: les suelta un «sois cojonudos».

Iban por la cuarta Copa de Europa y era quizás el primer elogio que les hacía el mandatario. Con esa espuma estaba engrasada la máquina. Austeridad, esfuerzo, sangre, una visión profética de la victoria como un horizonte sin fin y vuelta a empezar.

En la temporada 1959-60, la quinta Copa de Europa era ya la obsesión de la entidad y de los madridistas, fundidos en un solo imaginario. Llegó el brasileño Didí al equipo y fue mal recibido desde el principio. Era exquisito, quizá demasiado. Tenía calidad, quizá demasiada. Y ni a Di Stéfano ni a Puskás les hacía gracia tanta desenvoltura. Di Stéfano diría que necesitaban un jugador rompedor, de quite, con facilidad para el trabajo sucio. Exquisitos ya había suficientes. Didí no logró adaptarse al ritmo del campeonato español, y el equipo no estaba dispuesto a trabajar para él. Le robaban los balones por detrás, en un descuido, y eso al Bernabéu le sacaba de quicio. Fue un fiasco.

La Copa de Europa avanzaba plácida hasta las semifinales contra el Barcelona. Se les ganó 3-1 en cada campo. Sin discusión. El entrenador se rompió el brazo a mitad de temporada, y Miguel Muñoz ocupó su cargo. Llegó Del Sol, interior izquierdo de maneras artísticas.

Y ya la final, en Glasgow, contra el Eintracht de Fráncfort fue la Ascensión triunfal del Madrid de Di Stéfano: 7-3, el resultado en un partido que sigue echándose cada Navidad en la televisión británica por su excelsa calidad. Habían atravesado una época y no se veía nadie alrededor. En las películas, esos son siempre los momentos más peligrosos. Hay una niebla fina que se va filtrando y va desdibujando los perfiles de las cosas. Pero el Madrid era un imperio, y eso tarda en caer.

En 1960-61, llega la primera eliminación de aquel Madrid en Copa de Europa: fue traumática. Contra el Barcelona, en octavos de final, y con decisiones extraordinarias de los árbitros: míster Ellis y míster Leaf. Di Stéfano siempre creyó ver mala fe en sus decisiones. Una forma de cortar una hegemonía que se estaba volviendo eterna para el resto del continente. La Liga se ganó, y el prestigio seguía intacto.

La Copa de Europa siguiente, la del 61-62, esperaba ya no solo como una promesa, también como una amenaza.

Se fueron pasando eliminatorias de la manera acostumbrada. Con brillo, con arte, con susto y con pequeños disgustos que se convierten en grandes alegrías. En la final estaba el Benfica (que había ganado la copa anterior) con Eusebio, un jugador con un disparo que no se había visto nunca. El Madrid comienza ganando, pero son los portugueses los que le dan la vuelta al marcador. Más jóvenes, más impulsivos, con más cosas que gritarle al mundo. Se pierde 5-3.

Di Stéfano se siente impotente por primera vez.

La temporada 1962-63, el Madrid es expulsado en primera ronda por el Anderlecht. Unos hombres que hacen la táctica del fuera de juego como si fueran autómatas. Les dejan clavados, y el Madrid por primera vez parece un equipo viejo, gastado. En los vestuarios, muchos jugadores lloraron. El juego del Madrid a veces era embarullado. Eso es algo que molestaba especialmente a Di Stéfano: «El fútbol es cuestión de organización y de belleza. Una actuación. El hincha lo siente, lo palpita lo mismo que el jugador del campo y lo saborea», decía.

## *Última cena, arresto y juicio*

En esa temporada de 1962-63, Di Stéfano dejó de jugar en bastantes partidos a causa de sus lesiones. Aun así, seguía siendo el rey indiscutible del campo. El Real Madrid se había convertido en un buen negocio, además de la Liga y las copas, estaban las giras de verano, que servían para hacer marca. El equipo se embarcó en un paseo triunfal (y lucrativo) por Sudamérica. Cuando aterrizaron en Caracas, se encontraron una ciudad en ebullición, se celebrarían elecciones en cuatro meses y las calles estaban tomadas por las fuerzas de seguridad. La policía llamó a la habitación de Di Stéfano requiriendo su presencia inmediata en recepción, el jugador bajó... y acabó en un coche maniatado y encapuchado.

El secuestro duró tres días y tuvo en vilo al mundo entero. Eso era, por supuesto, lo que pretendían los secuestradores: publicidad gratuita. Un grupo izquierdista (Fuerzas Armadas de Liberación Nacional, FALN, vinculados con el Partido Comunista) que proclamaba la revolución. Al frente, un chico de veinte años: el comandante Augusto César Ríos, hijo de anarquistas españoles emigrados a Venezuela. Alguien que, por otro lado, admiraba al jugador. Con Di Stéfano siempre había sentimientos encontrados, y el destino nunca elegía las líneas rectas.

«¿Quién está haciendo guardia a quién? ¿Tú a mí o yo a ti?» Esa fue de las frases míticas que soltó a los captores que se dormían cuando lo vigilaban.

El secuestro, que podía haber terminado en tragedia, acabó bien: le regalaron una gorra como la del Che, un dominó para recordar los ratos pasados juntos y lo soltaron cerca de la embajada de España. Todo quedó en un mal sueño. Eso sí, premonitorio del futuro de Venezuela.

¿Qué sucedió después? Que el argentino saltó al césped al día siguiente de su secuestro: Bernabéu decidió que la vida seguía y que el fútbol estaba por encima de todo. Tenía que quedarse hasta el ultimísimo partido de la gira.

Ahí, algo se rompió entre los dos.

El 27 de mayo, final de 1964 de la Copa de Europa, Viena. El Madrid se enfrentaba el Inter de Milán entrenado por Helenio Herrera, que había pasado por el Atlético, el Barça y la selección, y había hecho declaraciones a la prensa internacional jactándose de que tenía una táctica infalible para ganar a su rival. Flotaba la preocupación en el vestuario. Di Stéfano discutió, o más bien, se peleó, con el entrenador, Muñoz, sobre la alineación, y lo hizo delante de Bernabéu. Salió al campo furioso y cada poco volvía al banquillo a recriminarle al entrenador la alineación hasta que se mandaron mutuamente al Infierno. Regresó al vestuario hecho un huracán. Iban 3-1.

Al día siguiente, de vuelta en Madrid, no lo llamaron a entrenar ni lo convocaron para el siguiente partido. Su contrato expiraba al cabo de un mes y el entrenador no le dio ninguna explicación. Cuando fue a hablar con Bernabéu, este le dijo que le gustaría que se quedara en el club haciendo lo que quisiera, ya pensarían qué, pero como jugador no.

Como jugador no.

Como jugador: NO.

Esas palabras debieron de resonar en la cabeza de Di Stéfano igual que la sentencia del juicio final.

El 24 de junio de 1964, el Real Madrid anunció su baja como jugador.

Hubo reuniones con Bernabéu y Saporta. Cartas cruzadas.

Bernabéu: «Nuestros éxitos han sido colectivos y se lograron gracias a la lealtad de todos, y con disciplina, imprescindible en cualquier grupo, porque sin ella no se puede conseguir nada, y si todo el mundo solo hiciera lo que quisiera individualmente, causaría un gran caos».

En agosto, ficha por el Español. El primer partido pierde contra el Madrid 2-1. Aguanta dos temporadas y abandona el fútbol en 1966. Está a punto de cumplir cuarenta años y no hay más ofertas del Real Madrid.

Decide volver a Buenos Aires a repensar su futuro. Pero antes se despide de Bernabéu con el famoso telegrama que ya citamos: «En estos años se habló mucho de nosotros. Yo llevé siempre la peor parte [...]. Si no me acerqué más a usted, fue porque no quería que creyera que buscaba un puesto regalado [...]. Observé que para estar bien con usted había que ser falso. Tuve muchas desilusiones y nadie me dio moral. Usted como padre me falló. Ahí se ve que nunca tuvo hijos, porque los padres siempre perdonan».

Ahí estaba su verdad. Bernabéu le había fallado. La severidad tiene un límite y a veces se convierte en crueldad. Y así lo sintió Di Stéfano. Tenía un sentido de la justicia muy alto para los otros y para sí mismo. Y había sido expulsado del Paraíso de forma arbitraria.

La promesa entre Yahvé y su Hijo Dios se había roto.

Y se extendieron las tinieblas sobre la Tierra.

### Resurrección y ascensión a los cielos

Febrero de 2008. Homenaje mundial del fútbol a Alfredo di Stéfano. La UEFA y la FIFA, con Sepp Blatter y Michel Platini a la cabeza, lo nombran «presidente UEFA». Platini, con esa media sonrisa suya, hace su discurso en un español de acento francés: «Un grande entre los grandes… Querido Alfredo, usted fue el primer entrenador español que quiso tenerme en su equipo. Este premio es el primero que otorgo como presidente».

Di Stéfano lo recrimina, «mi querido amigo, se ha pasado con el castellano», risas y aplausos de la audiencia, que está preparada para reír y aplaudir a ese ídolo en que se ha convertido el jugador. Se arma un lío con las hojas de su discurso, «no estoy acostumbrado», suelta una carcajada, «me río por no llorar», espeta al público. Cerrada ovación.

Después el club lo homenajea con una estatua de dos metros de su mítico salto tras un gol al Vasas húngaro en la Copa de Campeones el 2 de abril de 1958. Más discursos, gran frase de Di Stéfano (no sabemos quién se la escribió): «Mis brazos aparecen en alto y abiertos, símbolo de abrazo y gratitud».

Y más aplausos. Flashes, palmadas en la espalda, corte de cintas conmemorativas, fotos con todos y cada uno de los gerifaltes.

Las imágenes dan la vuelta al mundo. Uno se imagina la tele encendida frente a una familia en Buenos Aires, en una favela de Sao Paolo, en el salón de un apartamento de Bogotá. Di Stéfano es portada de todos los periódicos deportivos españoles e internacionales, sale en todos los informativos, se publican especiales sobre su vida. De pronto el argentino lo ocupa todo. Es DON ALFREDO.

Pero detrás del brillo y los homenajes, prevalece la sensación de que a Di Stéfano en el fondo todo eso le da la risa, le importa un carajo: «Me han hecho una estatua. El otro día fui a verla. Están los escultores, los arquitectos… ¡Es como el obelisco! Fui con mi hija. Se quedó mirándolo: "Papá, ¡tiene la boca abierta!", me dice. "¿Y qué *querés*? ¡Si estoy gritando un gol!"».

Eso le cuenta a Diego Torres para *El País* el 17 de febrero de 2008 sobre la famosa estatua del Real Madrid.

«Me han hecho una estatua…, qué carajo.»

Pero ¿quién es don Alfredo? Don Alfredo lleva bastón y boina, y una faja para la espalda. Todos los días se dirige en taxi a su despacho de la Asociación de Exfutbolistas del Madrid, que preside y por donde pasan a saludarlo Raúl, Casillas o Michel Salgado; dejó de fumar en 2000, tuvo un ataque al corazón con cuádruple *by pass* en la Nochebuena de 2005, vive con su hija Nannette, «con doble ene y doble te», que es viuda; la gente lo para por la calle y a los niños les da insignias del club, que lleva siempre en el bolsillo. Y jamás jamás baja al campo: «Da mala suerte eso. La cancha está para los que llevan zapatos de fútbol, no está para llevar zapatos normales».

Di Stéfano solo volvió al club una vez que don Santiago había fallecido. Lo llamaron en la época de Luis de Carlos en 1982 y consiguió de entrenador lo que más rabia le daba: en todas las competiciones quedó «subcampeón», su palabra prohibida. Subió la Quinta del Buitre a la primera división y acabó estrellado contra un club que llevaba en coma inducido desde la muerte de Bernabéu.

«En todo el año no dije nada […] Me las tragué todas. Pero ya me harté de aguantar […] Con esta gente que manda en el club actualmente no se puede ir ni a heredar. O te arrastras y eres un servil, o sales del club», dijo en *El País* en mayo de 1984, cuando el Madrid decidió no renovarle.

Luego hubo otra venida fantasmal en la temporada 1990-91. Lo volvieron a llamar y él acudió, pero nada salió bien y decidió colgar los hábitos. El final de la historia del argentino en el Madrid tuvo algo de bíblico, y los desencuentros del club con otros jugadores enormes, Hierro, Raúl o Casillas, siguieron esa hoja de ruta. Hasta en eso dejó huella.

En 2000, Florentino Pérez fue elegido presidente del Real Madrid. Su primera decisión: hacer a Alfredo di Stéfano presidente de honor. Tantos años después de que Bernabéu ofreciera a su hijo amado en sacrificio, don Alfredo volvía al club que lo había convertido en memoria de la mano de un presidente que quería renovar el contrato del Madrid con la eternidad. Florentino conocía al dedillo la obra de Bernabéu y quería que ese espíritu lo guiara. Y necesitaba, primero, restañar aquella herida.

A partir de entonces, para el Real Madrid don Alfredo se convierte en una especie de tesoro vivo. Un amuleto. Una reliquia. Les gustaría cubrirlo de oro y colocarlo en el museo del Bernabéu junto a otros trofeos. Agasajado por Florentino, que lo sienta a su diestra en las presentaciones, ya había saldado cualquier deuda que tuviera con el pasado. Estaba en Lisboa, en 2014, cuando el Madrid, cincuenta años después, ganó su décima Copa de Europa. ¡La Décima! Cinco años le habían bastado a él para ganar las cinco primeras.

«Toco y me voy, no era para tanto», eran las enseñanzas que traía del Río de la Plata.

«Toco y me voy.»

Di Stéfano falleció en Madrid el 7 de julio de 2014.

## 5

# El templo de Salomón

*El estadio Santiago Bernabéu no solo es la casa de la
sabiduría, sino el lugar de oración donde se celebra
la consagración del madridismo. Se hará un recuento
de los sucesivos templos y, sobre todo, se hablará
del estadio actual, sus ritos, tribus y misterios, la
iconografía religiosa, los vestuarios y los veinte
escalones que los separan del césped.*

«*B*ernabéu me ofrece que vayamos al estadio de Chamartín.
Hace un calor insoportable, y yo le propongo tímidamente dejarlo
para otra ocasión, pero la vehemencia de Santiago Bernabéu es tal
que no se pueden dilatar mucho estas cosas. Quedamos citados
nuevamente para esta tarde a las seis.

[...] Hacía mucho tiempo que yo no había estado en el estadio,
la única vez que fui a conocerlo. No sé si será más impresionante
abarrotado de público, pero así, desierto, tiene una grandeza que
yo no calculaba. Bernabéu, ágil e incansable, me pegó una paliza
física de hora y pico escalando las gradas, viendo el campo desde
todos los puntos de vista posibles, visitando el gimnasio y las distintas instalaciones del campo. [...] Un viento caliente barría
sobre las gradas algunos papeles abandonados. Parecían los papeles en que hubieran envuelto unas hipotéticas tortillas Nerón y
sus amigos la tarde antes.

En medio del campo, el campo verde, cuidado como un tapiz, en
medio de aquella soledad enorme y augusta, le pregunto a Bernabéu cuál ha sido el principal nervio del éxito del estadio.

—El nervio del estadio ha sido, simplemente, un éxito de confianza. No nos hemos guardado el dinero. El público ha visto que aquí está ahora, en realidad, su dinero.

—¿Cómo va usted a canalizar esa confianza?

—Nos encontramos con muchas papeletas difíciles de resolver. La primera de todas, un espectáculo cada quince días de ciento veinticinco mil personas reunidas. ¿Seremos capaces de controlarlo? El público está demostrando que el español es capaz de reunirse y que no pase nada, que todo discurra dentro de una perfecta armonía. Pero la masa es enorme. Fíjese en que los toros habían llegado a reunir veinticuatro mil espectadores. Tengo, sin embargo, la seguridad de que todo lo lograremos. Y con esa voluntad vamos.[2]

«La primera vez que pisé el Bernabéu fue a principios de los sesenta. Yo debía de tener unos siete años. Mi padre me llevó a un partido de copa con el Betis, en junio. Era de noche, y veía las camisetas blancas, el césped que brillaba, el balón también blanco…, brutal. Jugaban Di Stéfano y Puskás, que metió tres goles al Betis. Mi padre era socio y muy forofo, y nos hizo a mí y a mis hermanos. Fíjate en que compró obligaciones del club para pagar la construcción del estadio, y no nos sobraba el dinero. ¡Yo he aprendido a leer con el boletín de socios del Real Madrid!

»A los diez años ya iba solo con mis hermanos y con los amigos del barrio. Vivíamos en la plaza del Perú, cerca del estadio, y bajábamos en pandilla por el paseo de la Habana. Comprábamos entradas de diez pesetas, que eran para niños y militares sin graduación, en el tercer anfiteatro de pie, había muy pocas localidades sentadas. Y nada más abrir las puertas, echábamos a correr escaleras arriba para pillar sitio.»

Son palabras de Manuel Matamoros, abogado reputado, madridista irredento, uno de los fundadores de la peña Primavera Blanca y el responsable de relaciones institucionales; es decir, el que trata con el club; es decir, el que tiene línea directa con Florentino Pérez. Matamoros, cabeza poderosa, físico

---

2. Fragmento de la entrevista a Santiago Bernabéu publicada en *Las palabras quedan: conversaciones*, César González-Ruano (Afrodisio Aguado, 1954).

expansivo, verbo vehemente, dado a las fintas dialécticas, cuenta en un parque vigilado por la mole del Bernabéu, la fundación de la peña más famosa del Madrid. La peña que desde 2013 coordina la grada de animación del club, sita en el fondo sur, lugar desde donde se expande el vocerío al resto del estadio.

## *A las puertas del tabernáculo*

Subiendo por la Castellana, la arteria que vertebra lo esencial de la nación, del museo del Prado al Bernabéu, va apareciendo el macizo gigante iluminado. Pareciera un resto de la Guerra Fría. Silencioso, como el mismo hormigón que lo conforma, su severidad guarda un secreto. Quizás el de la victoria. Quizás el del odio que concita.

Hemos llegado con más de dos horas de antelación, como la mayoría de los aficionados de la grada. Nos encontramos con Matamoros en un parque cercano. Puro hiperrealismo. Tan de barrio como todo en Madrid. Las luces del estadio se vislumbran entre las copas de los altos pinos y es una presencia casi dolorosa. Ahí está el palacio. Entraremos con cautela, seremos cacheados. Somos espectadores, pero nunca actores principales. Y quizá contra eso se rebela el aficionado madridista. Quiere que se le haga caso. Quiere que su voz pese más que ninguna. Quiere mandar tanto como el presidente y saber más que el entrenador. Y así no se consigue una voz única. Así se consigue una cacofonía. Un grito deshilachado que solo desde muy lejos parece homogéneo.

Cervezas compradas en el chino, humo de cigarros, corrillos. Discusiones a gritos. Nadie está conforme. Ese jugador no vale para el Madrid, el otro no tiene gol. Sale a relucir el nombre de un periodista, ahora sí hay unanimidad en el insulto. Pocas mujeres, una por grupo. Humo rojo de bengalas. Un caballo de la policía se adentra hasta el interior de la plaza, con dulzura, sin violencia. Todos nos quedamos petrificados. «¡Así debería entrar Ramos en el Bernis, a caballo!», grita alguien. Hay risas. Se apagan las bengalas y la figura fantasmagórica desaparece. Se corean cánticos y alguien dicta la alineación.

Las calles cercanas al Bernabéu, cortadas, doble o triple control de seguridad, multitudes con camisetas y bufandas de su equipo. En las horas previas a un partido, la ciudad alrededor del Bernabéu se colapsa. Se desplazan más de dos mil efectivos entre vigilantes de seguridad privada, policía municipal, Unidad de Intervención Especial de Policía, Unidades Especiales de Caballería, guías caninos, Samur y Cruz Roja, y hasta efectivos del subsuelo. En partidos como los derbis o un Madrid-Barça, «un clásico de alto riesgo» en argot policial, se alcanza el nivel de alerta cuatro. Se diría que nos encontramos ante los prolegómenos de una cruenta batalla campal y no ante un juego en el que veintidós jóvenes uniformados persiguen una pelota.

### El altar del sacrificio

Accedemos al templo donde habita el mito y allí recibe el culto que su pueblo le tributa. Y esa sensación de maravilla que vivió Matamoros en los años sesenta aún pervive. Es una escenografía sencilla, pero impactante; el rectángulo verde, de un verde pasmoso, perfecto; y los anillos a su alrededor que van ascendiendo hacia el cielo. Es un acantilado. ¿Se despeñará desde arriba a los impíos? Podría ser un anfiteatro romano o podría ser el Globe Theatre circular de Shakespeare. Aquí se representa la vida y la lucha por la supervivencia, hay vencedores y vencidos. Y no hay sangre: ¿qué puede haber más primitivo y a la vez más civilizado?

Acompañamos a Matamoros hasta la grada de animación. Es fácil distinguirla: todos llevan camisetas blancas y bufandas con el morado del escudo del Real Madrid. La gente canta, salta, mueve los brazos. Hay un tipo que toca el bombo y un *speaker* que dirige las coreografías y, micrófono en mano, anima: «¡Vamos, hostia, que no se siente nadie! ¡Arriba las manos! ¡Ahora, al suelo, y cuando nos levantamos, que el estadio se caiga!». Los anteriores dueños de esta parcela, los Ultras Sur, se quejan ahora de infantilismo y blandura. La hinchada radical debería poseer una masculinidad exacerbada donde se cultive el odio al rival, la brutalidad ambiental y simbólica, los cánticos violentos. Dicen que la nueva grada ha perdido su alma, y se supone que el alma del hincha es la cólera.

Pero no es así.

Hay una energía limpia que emana de la grada, más ruidosa que colérica, más alegre que energúmena. Una estética minimalista y eficaz. Y un coro que va afinándose con canciones que nunca acaban de prender del todo en el estadio:

> Real Madrid, te quiero.
> Siempre te animaré.
> El alma yo me dejo
> cuando te vengo a ver
>
> No importa lo que pase.
> Contigo yo estaré.
> En los buenos momentos.
> En los malos también.
>
> Tenía cuatro años.
> Mi padre me llevó.
> A ver al Bernabéu.
> A ver al campeón.
> El día que yo muera.
> Quiero ver mi cajón.
> *Pinta'o* de blanco entero,
> como mi corazón
> LOLOLOLOLOLO

Seguir un partido desde la grada de animación no es sencillo. La colocación es buena, cerca del césped y detrás de la portería, pero hay que hacerlo entre los brazos que palmean y la marea humana que se mueve rítmicamente de derecha a izquierda.

Mil ochocientas personas, ochenta y cinco por ciento de hombres, con camisetas blancas y bufandas bicolores.

Aquí existen unas leyes claras: se debe ir vestido con la camiseta del Madrid o de blanco, no se puede beber alcohol (en ningún lugar del estadio se puede, excepto en los palcos vip), ni comer pipas (los «piperos» son un clase despreciable), ni sentarse hasta que no lo ordene el *speaker* (sucede en raras ocasiones) ni comer hasta que llegue el descanso (y pocos lo hacen incluso entonces). Y hay que llegar antes de que salten al campo los futbolistas y quedarse hasta que el último lo haya abandonado.

Es una grada de trabajo y sacrificio. Diríase que la gobiernan los mismos valores que impulsó Di Stéfano.

«Yo le dedico mucho tiempo al fútbol porque llevo una parte de la web de Primavera Blanca, tres o cuatro horas al día. Solo a hablar del Madrid, una hora al día. ¿Cuánto dinero invierto en el Madrid? Trescientos cincuenta euros el abono; ciento cincuenta el carné de socio; más unos cuatro desplazamientos por España a cien euros cada uno; otros dos al extranjero, otros seiscientos; y en una final quinientos; o sea, un mínimo de dos mil euros al año. Más lo que me gasto en *merchandising*, chándal, camisetas, etc.», explica Alfons Valera con precisión matemática.

Delgado, bléiser oscuro y camiseta blanca, gafitas pequeñas. Rompe todos los estereotipos del fan del Madrid: reflexivo, moderno, ingeniero con experiencia en el extranjero (en Edimburgo) y catalán de Badalona. Y es una de las cabezas pensantes de Primavera Blanca.

—¿Por qué te hiciste del Real Madrid siendo catalán?

—Me crie en Badalona, trabajo en Madrid y mi padre nació en Murcia. Mis primos eran todos del Barça; cuando empecé a interesarme por el fútbol, me llevaron a un bautismo culé. Era la final 94, en casa de mis tíos, mi tía pegaba con la plancha los números en las camisetas. Perdió el Barça 4-0 contra el Milán. Y pensé: no quiero ser del equipo perdedor. Debía de tener unos siete años, que es la edad en la que se fija tu equipo y te haces del ganador. Y veía a un Madrid victorioso con Valdano.

—¿A cuántos partidos vienes al Bernabéu?

—A todos.

—¿No es agotador?

—[Se encoge de hombros] Hay partidos mejores que otros.

—¿Y por qué no vienes solo a los partidos buenos?

—Porque si no vienes a todos, no consigues entradas para los buenos. Hay que apoyar al equipo en lo bueno y en lo malo. Si no acudes, por ejemplo, a Zaragoza, luego no podrás ir a una final en Mánchester. Vamos en autobús, días enteros ahí dentro. Unos roncan, otros vociferan. Y luego está «el taladro»: un tío que no para de hablar ni un segundo. Parece que le paguen por palabra. No pegas ojo. Cuando llegas a la ciudad, hay cordones de policía y a veces te tienes que bajar del bus e ir andando al estadio por calles y calles. Cerca de Pamplona, nos sacó la policía a un descampado y nos tuvieron una hora, en la noche, helándonos de frío. Nos trataron como a terroristas. Para luego saludarnos a la entrada del estadio, desde megafonía, con el *Sarri-sarri*, de Kortatu.

¿Masoquismo? ¿pasión?

Ana González del Arco, cincuenta y tres años, madrileña de Santa Eugenia, cabello largo color caoba, energía atlética. Dicen que lo tiene todo bajo control en la grada. «Al final funciona como una empresa», dice. Coordina la organización de Primavera en la grada, que no se les cuele nadie no deseado. Es una estructura casi militar: cada grupo tiene un responsable que se llama jefe de columna. Responsable de que su gente funcione, de que animen, participen y se comporten.

Ana trabaja en recursos humanos en Telefónica y quizá por eso está acostumbrada a manejar gente. Es una de las mujeres del fútbol, que, como toda religión monoteísta y patriarcal, sigue siendo un mundo eminentemente masculino.

—No vengo de una familia futbolera, salí por generación espontánea, soy la mayor de tres hermanos. En esa época casi no había mujeres interesadas en el fútbol, en mi familia me tenían como un caso raro, pensaban: «Ya se le pasará». Pero no, ha ido *in crescendo*. Mi primer partido en el Bernabéu fue por mi cumpleaños; me llevó mi padre. Real Madrid - Estrella Roja de Belgrado. Allí estaba Breitner, Netzer… Debía de tener diez años, a mediados de los setenta. Quería ser la primera en saber cómo le iba al Madrid, bajaba a los kioscos o ponía la radio. Amigas que les gustara el fútbol nunca he tenido. Siempre he sido un ave solitaria, pero jamás me ha afectado. Siempre me he buscado la vida, cuando no tenía dinero, colándome en el estadio con carnés de otros, hasta que en el 86 me hice socia. No he estado separada del Madrid ni un minuto de mi vida.

—¿Qué aportan las mujeres al fútbol?

—Tenemos un punto de vista distinto: cuando hay mucha tensión, ponemos un poco de tranquilidad en el histerismo masculino, que es muy irracional. Y optimismo, ellos son más derrotistas; nosotras vemos el vaso medio lleno. En otras peñas también hay chicas que tienen peso.

Ana es de las que viene el día anterior a «preparar el partido», igual que Alfons Valera.

Porque el partido no solo se juega en el campo, también se juega en la grada. A las ocho del día antes, se citan en el estadio. Colocan cartulinas en cada asiento para hacer los mosaicos. Los tifos que se despliegan en el fondo sur requieren unas pruebas, un proceso de diseño y la aprobación por parte del club. Sergio Ramos siempre se acerca a saludarlos y les echa un discurso de ánimo.

¿Y quiénes son los sacrificados que pertenecen a la grada? En la grada hay varias peñas: entre ellas Veteranos, La Clásica y Primavera Blanca, que es la aglutinadora. Perfil del socio de Primavera: entre veinticinco y cincuenta y cinco años, más cerca de los treinta; mujeres, todavía pocas, un quince por ciento. ¿Clase social? Difícil averiguarla, porque si algo hay que distinga a la grada de animación es la igualdad democrática: puesto que todos visten igual, se exhiben pocos símbolos de estatus. ¿Quizás el corte de pelo? Unos metros por delante de nosotros hay tres tipos de aspecto y maneras toscas, pero, justo al lado, dos veinteañeros con melenas bien cuidadas. Podrías decir: «Estos son del extrarradio y los otros de la calle Serrano». O al revés. Ellos mismos lo explican en su web: filólogos, arquitectos, economistas, ingenieros, policías, enfermeros, pilotos, médicos, estudiantes universitarios, profesionales de oficio, padres de familia… Además, por si no queda claro, abren la página con una enorme fotografía de niñas futbolistas.

«La grada es un experimento social: apolítico, cívico… Ningún otro equipo lo ha logrado», afirma Alfons Valera.

Un experimento que ha funcionado.

El lema de Primavera Blanca, «Hacemos realidad las ideas de un madridismo transversal, moderno y positivo», es el lema que le faltaba al Real Madrid. En los cuatro años desde su fundación han conseguido acabar con los más radicales Ultras Sur (si crees en los valores del Real, únete a nosotros y sigue nuestras normas; si no, fuera), con la violencia en la grada de animación y convertirse con sus más de cinco mil miembros en la asociación madridista más grande del mundo.

Ahora la grada es un lugar limpio, blanco, un coro celeste y enérgico que entona sus melodías para insuflar emoción a los partidos.

### El arca de la alianza

Pero no siempre fue así.

«La peor época fue la Transición y los primeros años ochenta, hubo mucha violencia, recuerdo alguna historia; el loco de Chamartín, salió y le pegó al árbitro y al delantero del Bayern en la temporada del 75-76. Luego tuvieron que poner las verjas altas a todo el fondo sur, fosos alrededor del campo», dice Matamoros.

Esa fue la época en la que se fundaron los Ultras Sur: 1980. Una asociación que reunía a gente de todo pelaje, desde chicos de barriadas deprimidas hasta mocetones de zonas rurales cercanas a Madrid, pasando por niños bien descarriados del barrio de Salamanca. Venían de la peña Las Banderas y poco a poco fueron radicalizándose, haciéndose fuertes en el fondo sur. Al tiempo que los aficionados del Bernabéu se tranquilizaban, ellos hacían cada vez más ruido. Alardeaban de su buena relación con los jugadores (se habló incluso de un impuesto revolucionario que les pagarían para que animaran) y con el presidente del club, tanto con Ramón Mendoza como con Lorenzo Sanz y Ramón Calderón. Con Florentino Pérez la cosa se enfrió: los toleraba sin más.

Al frente estaba Álvaro Cadenas, un abogado ultraderechista e interlocutor con el club; a su alrededor, un líder carismático y violento, José Luis Ochaíta.

Célebre es la foto del Ocha rodeado de policías que lo sacan a rastras del Palacio de los Deportes en la final de la liga de baloncesto Madrid-Barcelona en 1997. El Ocha es un personaje del Antiguo Testamento que utiliza su fe como un mazo castigador. El Ocha militó en los Ultras Sur casi desde su fundación: el tipo macizo de pelo rojizo y ojos claros que venía todos los días de partido desde su pueblo en la Alcarria, Sacedón, y regresaba con la adrenalina echando fuego por la noche.

«De niño escuchaba *"el madrí, madrí"*, en la escuela, lo oía por todas partes, estaba en el aire. Mi padre era más de toros, no entendía de fútbol. Cuando tenía cinco años, me llevó a comprarme una camiseta de fútbol. Yo quería la del Madrid y él dijo: "Esa no que es blanca y se ensucia mucho, la de rayas". ¡Era la del Barça! Y yo: ¡eso no me lo pongo! Socio me hice cuando cumplí los dieciocho. Vivía en Sacedón, cogía el coche, iba al partido y volvía a mi trajín. Entré en los Ultras Sur casi desde el principio. Muchos que venían al fútbol lo hacían para rodearse de masas y armar jaleo. En los Ultra Sur ha habido gente muy buena, que vive los colores, pero otros iban a delinquir aprovechando la masa. Yo entonces era un crío, me gustaba el jaleíllo, ya sabes», dice Ochaíta, que resopla.

Con su camiseta del Madrid y junto a su mujer y sus hijas, parece un padre modélico robusto y cincuentón, un autónomo con su empresa de mantenimiento que se toma sus cañas en el José Luis después de un partido y que, aunque pontifica con vehemencia sobre fútbol, acaba yéndose a su casa pacíficamente.

Pero el *jaleíllo* de los Ultras Sur le trajo muchos problemas al Bernabéu y al Madrid.

El 1 de abril de 1998, en el partido de semifinales de la Liga de Campeones contra el Borussia Dortmund, un grupo de ultras se subió a la verja del fondo sur y la derribó haciendo que se cayera también la portería. Toda Europa lo vio. El madridismo no perdona las exhibiciones que ponen al club en ridículo. Su imaginario es parecido al de los *westerns* antiguos. Se intuye la sangre, pero debe estar fuera de plano. La violencia expresionista en el campo o en la grada, la payasada y el gamberrismo son tachados como algo más propio del otro club de la ciudad que del Real. Hasta ese momento había cierta simpatía en la afición por los ultras. No era una cuestión política. «Son los únicos que animan», se decía sin darle importancia. Chavales descarriados con alguna ocurrencia disparatada.

A partir de ese día, algo cambió. El encuentro empezó con

más de una hora de retraso y le costó una sanción al club. El aire se enrareció en torno a los ultras. Florentino Pérez, que sustituyó a Lorenzo Sanz en la presidencia dos años después, aisló a los ultras y mermó su influencia; se convirtieron en un ruido de fondo tolerado, sin auténtico poder. No más entradas para desplazamientos. No más cuarto donde tener sus banderas. Prohibición de consignas políticas. Un bombo que nunca calla, el minuto 7, el canto a Juanito y los tifos gigantescos con lemas vikingos. Eran los nuevos tiempos. Pero Florentino se fue en 2006 y los ultras, como animales disecados, seguían allí con Ramón Calderón.

El de la portería fue solo uno de los muchos incidentes. Peleas a navajazos fuera del estadio, simbología neonazi y xenófoba en las gradas. De una pandilla de chicos ruidosos, que, según algunos, «al menos animaban la grada y al equipo», empezaron a convertirse en una pandilla de delincuentes, contemplada con recelo por el resto del estadio (que a menudo les silbaba) y con escepticismo por la tribuna. Cuando venía el Bilbao o la Real, cantaban «cámara de gas»; cuando era el Barça, «puta Barça, puta Cataluña»; ahorcaron un muñeco que representaba al periodista radiofónico José María García y, en cualquier momento, se atrevían a sacar banderas neonazis. Pululaban por allí tipos como Antonio Menéndez el Niño, el cabecilla de los nuevos Ultras Sur, condenado por una sarta de delitos, entre ellos, estafa y robo con violencia, o Javier Oviedo González, el Bombero, bombero y portero de discoteca, con una tentativa de homicidio en su historial.

La tensión llegó al paroxismo la noche de noviembre de 2013 en que las dos facciones de los ultras se enfrentaron en una batalla campal en las inmediaciones del estadio antes de un partido contra la Real Sociedad. Los jóvenes, muchos integrantes de la organización neonazi Outlaw, impusieron su poder a golpes, querían quedarse con el negocio: el trapicheo de entradas (la mitad de las que les tocaba por abono a los Ultras Sur, las revendían), el *merchandising* o el bar Drakkar de la calle Marceliano Santa María, sede oficiosa del fondo ultra.

Ochaíta y Álvaro Cadenas perdieron la partida.

Y Florentino dijo basta.

A partir de entonces, el Madrid empezó a pedir el DNI junto con el abono en la entrada del estadio para acabar con la reventa. Y a finales de diciembre el club sacó nuevas normas para la grada. Ese fue el momento de Primavera Blanca.

«Fundamos Primavera en 2012 contactando a la gente por redes sociales. En 2013 organizamos una campaña de firmas, hartos de que la prensa se metiera en las decisiones del Mourinho: "Las manos de la prensa fuera del Madrid". Y fuimos al Bernabéu con una charanga, bajo una lluvia inclemente, a explicarnos a la afición. Así adquirimos un conocimiento del estadio y decidimos crear un grupo de animación de gente civilizada. Fue un año bastante duro en la grada, la mitad eran ultras. En Valencia, en la final de Copa, el club les dio doscientas entradas, pusieron una bandera nazi, y salió Florentino decidido a que les echaran», explica Matamoros.

Siguieron años de amenazas a directivos del club y ataques a miembros de Primavera Blanca. Ataques verbales, en redes y medios, y ataques físicos. «Me han agredido dos veces. Pero no fans del otro equipo, sino madridistas», dice Manuel Matamoros.

Al mismo tiempo, Ochaíta fundó la peña Veteranos, y allí se integraron los ultras menos radicales: un oxímoron que funcionó.

—¡Lo que ahora hace la grada blanca en la vida se ha visto! Ni que estén todo el día cantando y animando. Es un ambiente sano. Me traigo a la mujer y a las niñas. Antes no se me hubiera ocurrido. Lo noto hasta cuando me voy de viaje con el equipo. He estado en todos los campos de España, y donde mejor nos tratan es en Euskadi. Cuando íbamos con los ultras, teníamos que ir con la *poli* y apedreaban los autobuses; ahora me hablan con simpatía y hasta me ofrecen tortilla.

—¿Y qué opinan tus excompañeros de Ultras Sur?

—Todavía hay gente que sigue pensando como en los años veinte, se quedan ahí; pero muchos se han dado cuenta de que hay que progresar.

Sus compañeros Ultra Sur: algunos están en la cárcel de Soto del Real y otros se han quedado fuera del Bernabéu para siempre, porque, en mayo de 2017, la justicia le dio la razón al club: los Ultras Sur no podrían volver a entrar en el Bernabéu.

## Los feligreses

¿Y qué sucede fuera de la grada?

Está el palco vip, donde Florentino y su amigo el empresario Fernando Fernández Tapias, vicepresidente del club, invitan a lo más granado del mundo financiero, de la política, del alto periodismo, de la judicatura y de la *jet set* española. Por ahí han pasado desde don Juan Carlos hasta Mariano Rajoy y José María Aznar, desde Alfredo Pérez Rubalcaba hasta Cristina Cifuentes, desde Paolo Vasile (Tele 5) hasta Luis María Anson, Josep Crehueras (presidente del Grupo Planeta) o el periodista Casimiro García Abadillo, y también presidentes del Tribunal Supremo, fiscales generales y ministros de todos los Gobiernos. La lista es interminable. Pero como en una misa católica, los que están más cerca de la consagración lo hacen sin verdadera fe. Por aparentar, por dejarse ver. Todo el que es o ha sido algo (para bien o para mal) en España ha visitado ese palco. Hasta Luis Bárcenas, extesorero del PP, lo ha mentado en su declaración en la Audiencia Nacional por el juicio de la trama Gürtel. Se dice que ahí se dirimen causas, se hacen negocios y se gestan lobbies. En realidad, el poder que emana de ese palco no es más que el reflejo hacia las altas esferas del poder de atracción del Real Madrid.

«El Real Madrid es y ha sido político. Ha sido siempre tan poderoso por estar al servicio de la columna vertebral del Estado». Así hablaba, con conocimiento de causa, Raimundo Saporta. El Bernabéu es el centro desde donde todo irradia.

O eso pretenden creer los que lo odian.

También los mismos madridistas, fascinados por el poder inmenso (quizá no tanto) del club del que forman parte. Ser del Madrid es como pasear a caballo por las aceras de la vida. Los demás están por debajo y uno les puede sonreír con condescendencia. Y eso lo saben los niños y los mendigos. Sobre todo, ellos.

Está la tribuna de la prensa, donde se apiñan más de doscientos periodistas nacionales e internacionales. Está el segundo anfiteatro, donde se juntan los árabes con sus mujeres con velo. Están los otros palcos vip, con ascensores privados, cáterin y azafatos. Chicos y chicas impolutos y hermosos que, en las afueras del palco, en las escaleras de hormigón desnudo, devoran los restos de los canapés y del jamón pata negra que acaban de servir al orondo empresario con puro, marca España, o al moderno ejecutivo.

Están los extranjeros, que constituyen ya un sesenta por ciento de los visitantes. Y está el resto del graderío, la base sobre la que se sustenta el club, los feligreses que acuden a su servicio religioso con regularidad, y donde reina la calma y la tranquilidad. Es una división estamental. Y arriba del todo, el gallinero. Es muchas veces desde donde se mira el fútbol con la pasión más auténtica. Poblado de gente de provincias que amenazan con tirarse sobre su objeto de deseo. Son los aficionados más lejanos al césped, los más puros. Están lejos del dinero, pero cerca de Dios. Si es que esa es la palabra para definir las zonas más confusas de la imaginación, donde reinan la enormidad y la nada. Muy muy en lo alto. Donde no se perciben los aspavientos de Cristiano, pero sus goles se cantan con más fuerza.

### Lamento sobre Jerusalén

> «¡Jerusalén, Jerusalén, que matas a los profetas y apedreas a los que Dios te envía!» (Lucas 13:34)

Los jugadores aún no han saltado al campo. No ha irrumpido la megafonía en el estadio, eufórica, atronadora. «Somos los más ricos», parece gritar. Todavía hay calma. Solo está el público contemplando el césped y soñando con un Madrid perfecto. De vez en cuando, se da eso: un Madrid perfecto. Pero, en el fondo, no es eso lo que busca la gente. El aficionado del Bernabéu al mínimo despiste del equipo se hace con el dominio de la función. Da palmas de tango con ironía. Mastica en una sordina de conversaciones deshilachadas (el run, run) su descontento con un jugador al que nada le salvará. Se vuelve silencioso, enigmático. Antes de que la grada le diera armonía rítmica al estadio, en el Bernabéu había momentos en los que se podía oír al mediocentro pensar. Y el jugador no sabe lo que el silencio del estadio significa. ¿Estará contenta la gente y por eso calla y otorga? ¿Está el público mirando con respeto la función, como en la ópera? ¿Será el silencio previo al estallido? ¿Está el hincha agraviado por algún fleco en el juego del equipo?

Ese silencio, de cine mudo, es una prueba para el jugador porque sus errores, su técnica o su falta de clase, están desamparados ante ochenta y una mil personas que callan y escrutan hasta el más mínimo gesto. O se convierte en un jugador del Real Madrid, con el peso y la trascendencia que eso debe tener en cada gesto, en cada lance del juego; o el estadio se vuelve contra él y lo aplasta bajo el peso de la cháchara inmisericorde, de los pitos cuando sea cambiado o, lo que es peor: del aplauso condescendiente hacia el hijo bobo al que sabemos inválido para la vida.

Sin embargo, volvamos al principio, a la perfección. El aficionado cree buscarla en el juego del equipo, pero lo que adora es el drama. Las subidas y bajadas. Que el partido le permita entrar en él y dominarlo con sus emociones expresadas a voces, con pitos, con palmas, con rechifla o con cánticos desafinados.

«Antes la afición era muy bullanguera; a pesar de que todo en España tenía la grisura del cemento, el público era apasionado. Cambió a mitad de los noventa, cuando hicieron las localidades sentadas», dice Matamoros.

«¡Benzemaaa, hijo de puta, Benzemaaa!», así se expresa durante todo el partido una señora sentada en el tercer anfiteatro. Su marido, vuelto hacia dentro por el frío, no dice una palabra durante ochenta y nueve minutos. Al final, el árbitro pita una falta intrascendente y el hombre se levanta y lo insulta. Su mujer lo reprende con un dulce acento canario: «No te hagas el macho, que estamos entre gente civilizada y eso es de mal tono». La grada estalla en carcajadas. Ya desde hace unos minutos, una riada de personas abandona el estadio. Quiere llegar antes que nadie al aparcamiento, para llegar antes que nadie a la Castellana, para llegar antes que nadie a su hogar, para llegar antes que nadie a la noche, y luego a su trabajo donde un Atlético los humillará convenientemente. Son esclavos de la rutina y el capital. Una nación está hecha de personas así. Gente ordenada alfabéticamente para los que el Madrid es parte del orden supremo, el de sus vidas y el de su país. Son la estampa más triste del estadio, y muchas veces se han quedado sin cantar el éxtasis final.

Hay en el aire del estadio una lucha soterrada de clases. Arriba y abajo. Cerca o lejos del sagrado corazón. Dentro o fuera de los palcos. El animal bello de sonrisa petrificada que sirve *gin-tonics* al hombre feo y rico al que la empresa le ha puesto una querida y un palco en el Bernabéu. La clase media que habla con orgullo del colegio de sus hijos y hace una pausa para insultar al colegiado. El hombre mayor del barrio de Sala-manca, embalsamado en su Loden y que parece que no atina con lo que pasa en el césped hasta que despierta y hace un comentario fúnebre sobre la nueva estrella del equipo: él, que vio correr a Felipe II por la banda, no se conforma con cual-quier cosa. Los de provincias, que arrasan la grada en la Copa del Rey, un público jovial y aplaudidor incapaz de la crueldad y la venganza. El chulo de Madrid, mismo talle que el sabio de las Ventas, que aplaude con racanería, como si costara dinero. Y llega el hachazo en contra del equipo, y el estadio comienza a subir el tono, y se masca el gol y la tragedia en la portería propia y en la ajena. Cristiano marca con la coronilla, empuja-do por su voluntad, que es la del estadio, que por fin irrumpe con un único grito y corta el partido por la mitad.

Y, a partir de ahí, todos juntos con los puños cerrados, como si fueran una afición de verdad.

«Me da asco que el Bernabéu coree el nombre de Iniesta.» Eso lo dice Antonio Valderrama, joven elegante de Cádiz, que se pasa el partido haciendo un análisis finísimo sobre los por-qués de los jugadores. Solo le saca de quicio la gente que de vez en cuando pita algún despiste de Ramos.

No es fácil entender esa sobreactuación del estadio. Se aplaude sin reservas a un rival (jugador dulce, estético y de la selección). Y se trata de forma ruin al mayor príncipe de los que están sobre el césped. Pero así es la rosa. El Bernabéu es condescendiente y cruel, vanidoso cuando no tiene otra cosa que hacer; aplaude sus propios aplausos y se mira de reojo en el espejo de la historia. Solo se afina y se simplifica, se sincera y se convierte en un rugido, cuando las cosas van mal y el equipo lo necesita. El resto del tiempo, flota sobre el partido; atrabiliario a veces y desinteresado otras. Unas, «mujer caprichosa», como dijo Ronaldo; otras, crítico de cine, despiadado y esnob.

Los socios, la masa que sustenta al club.

Los socios están esparcidos entre el público. Muchos llevan tanto tiempo yendo al Bernabéu que, si se convirtieran en zombis, pasarían la eternidad dando vueltas alrededor del estadio. Los rasgos apuntados ya sobre la afición son más intensos en ellos. El Bernabéu, como Castilla, es un sitio donde la gente se muere de vieja. Sobre todo, en su parte central.

Pero si hacemos un *travelling* hacia abajo, hacia el césped, vemos cómo cambia el público y se hace más joven y también más familiar. Más foráneo y más desacomplejado, como si estuvieran ya preparados para salir en la televisión. No sienten vergüenza por vestir la camiseta y la muestran felices, como un abalorio. Se abrazan en los goles y chillan y hacen fotos. Son una afición moderna, aparentemente sin los rasgos severos de la otra; pero, cuando con los años vayan subiendo hacia tribuna, se convertirán en algo muy parecido a los que ahora los miran desde arriba. Se convertirán en estatuas rumiantes que llevan una cajita dentro con las instrucciones del Real Madrid Club de Fútbol.

### Historia sagrada del templo

Pero ¿qué sería de las estatuas sin un templo donde guarecerse?

Desde el primer descampado junto a la plaza de Las Ventas o el campo de O'Donnell de 1912 (financiado y construido por los propios socios y jugadores como Pedro Parages o Santiago Bernabéu) al estadio del Viejo Chamartín de 1924 con capacidad para quince mil espectadores, la historia del templo y las hechuras de su recinto van creciendo y aumenta el grosor de sus muros. La medida del estadio tiene que ver con la medida de los sueños del equipo, más que con sus realidades. Si la posguerra fue una travesía del desierto en cuanto a títulos, no lo fue en cuanto a sueños: Santiago Bernabéu pudo haber dicho «I *have a dream*», como Luther King. No lo hizo porque era mucho más práctico que dado a los discursos. Pero lo pensó.

Y el sueño era: levantemos el estadio más grande y moderno del mundo.

Poco después de ser elegido presidente del club, en 1943, proclamó en su primera junta directiva: «Señores, necesitamos un campo mayor y vamos a hacerlo».

A partir de ahí todo fueron problemas, pero Bernabéu los fue sorteando sin arredrarse. Se compraron los terrenos colindantes por tres millones de pesetas; se convocó un concurso que ganó el proyecto de Manuel Muñoz Monasterio y Luis Alemany Soler; se adjudicaron las obras a Huarte y Cía. (empresa que estaba construyendo el Valle de los Caídos), y el 27 de octubre se bendijo la obra y Bernabéu dio el primer golpe de pico. La financiación fue complicada, los bancos no se fiaban de ese proyecto bíblico, el cemento escaseaba, ni siquiera había semillas para el césped (tuvieron que importarse de Londres). La obra avanzaba a trompicones y la ciudad crecía a su alrededor, la Castellana pasó de camino de tierra a asfalto.

Ese es el eje del fútbol español.

Estadios hechos en terrenos baratos, en el extrarradio. La ciudad que se expande, y aquello que se compró por cuatro perras cobra un valor inaudito. Políticos que acuden a los palcos del equipo, joya de la provincia o de la ciudad (nadie osará criticarlo), y que recalifican suavemente los terrenos que interesan al gran club. Así es en todos los campos de España y echando un vistazo a la Castellana no se puede decir que el Madrid sea diferente. Y lo que es bueno para el club, es bueno para la afición. Y lo que es bueno para la afición es mejor aún para la ciudad, la provincia, la región, el país y el mundo, que está lleno de niños ávidos de comprar la camiseta de su club favorito. Todos ganan. La diferencia es que, en ese primer momento, Bernabéu no recibió ayuda del Estado y se fue abriendo camino por un terreno que no estaba explorado. Fue el pionero. Sin recalificaciones ni concejalías de urbanismo. Los socios y su ilimitada fe como motor de su voluntad fueron los que construyeron el templo.

Por eso le llovían las críticas al club, sobre todo desde la prensa catalana, que tachaba el proyecto de megalómano. Mientras tanto, el Madrid jugaba, oh, herejía, en el Metropolitano del Atlético.

El estadio se inauguró el 14 de diciembre de 1947, con un encuentro con Os Belenenses, campeones de Portugal, con 3-1 a favor del Madrid. Esa primera temporada que el equipo jugó en casa fue la peor de su historia. En los periódicos, los titulares decían: «Un equipo de segunda juega en un estadio de primera».

Sin embargo, Bernabéu quería más.

Siguió con una segunda fase de obras. El 19 de julio de 1954 logró un campo con capacidad para ciento veinticinco espectadores. Esta vez la financiación había sido más sencilla: la fe en el Madrid y en Bernabéu se había extendido y había fructificado. Los cuarenta y tres mil socios del club adquirieron las obligaciones, que llegaban a doce millones de pesetas.

Bernabéu ya tenía el estadio más grande y moderno de Europa.

En 1955, la asamblea general de socios compromisarios decidió por unanimidad ponerle el nombre de Santiago Bernabéu, denominación a la que el presidente se opuso siempre.

«Si hubiéramos tenido apoyo oficial, ahora tendríamos un gran estadio. Lo que han hecho los Gobiernos de Franco es explotarnos y nunca nos han dado ni cinco céntimos. El estadio tal como está ahora costó sesenta y ocho millones de pesetas, y todo a base de obligaciones. Aquello fue una auténtica avalancha popular. Yo suscribí una de cinco mil pesetas para el estadio y otra de veinte mil pesetas para la Ciudad Deportiva», declaró Bernabéu.[3]

### El nuevo templo

«Un estadio es un ente vivo. Le sucede como a las catedrales del siglo XII al XVII, que iban ampliándose y superponiendo estilos. Los estadios se construyeron para diez mil espectadores y fueron creciendo por donde podían, empotrados en las ciudades»,

---

3. *Conversaciones con Santiago Bernabéu*, Marino Gómez Santos, Renacimiento, 1960.

explica el arquitecto Carlos Lamela, uno de los autores de la última y definitiva remodelación del estadio en 1988.

Como ente vivo que era, Santiago Bernabéu se planteó sacrificarlo y sustituirlo por uno nuevo en 1973. El estadio estaba cargado de achaques, tenía más de veinte años, y el presidente intentó un cambalache con el Ayuntamiento para levantar otro nuevo al norte de la ciudad. Pero se topó con la oposición del alcalde, por aquel entonces Arias Navarro. Cinco años más tarde, Santiago Bernabéu. falleció y el estadio se quedó huérfano.

Hasta 1980, para el Mundial del 82, que se celebraría en España, no se modernizó el Bernabéu. La modernización corrió a cargo de los hijos de Luis Alemany (Luis y Rafael Alemany Indarte) junto con Manuel Aracil. Aquello fue un lavado de cara, pero no una remodelación a fondo.

En los años noventa, con Ramón Mendoza al frente del club, se vio que el Bernabéu se había quedado obsoleto y había que levantarlo desde cero. El estudio Lamela, formado por los hermanos Antonio y Amador Lamela, junto con Carlos Lamela, hijo del primero, fue el encargado de darle el aspecto que tiene hoy en día: una fortaleza en medio de la Castellana. Como los montes, las mareas o los acantilados, el Bernabéu parece anterior a la Constitución. Ese es su poder.

«Es una obra muy consistente con una estética muy fresca y desnuda. Lo incluiría dentro de la corriente arquitectónica del brutalismo: apariencia desnuda de las piezas de arquitectura, que se relaciona con el uso de hormigón armado», explica Carlos Lamela.

En su despacho con vistas a la avenida de América, Carlos Lamela, ataviado con una camisa Oxford rosa impecablemente planchada, nos muestra maquetas y planos del estadio. En este edificio modernísimo, en forma de proa de barco, el rediseño del estadio ocupa un lugar de honor. «Fue un proyecto muy especial», dice Lamela, y explica cómo resolvieron un complicado problema técnico: primero cómo sentar a veinte mil nuevos espectadores y después cómo hacerlo de la forma más rápida para que no interfiriera con la actividad del club. En un estadio con capacidad para más de cien mil espectadores, más del cincuenta por ciento de las localidades eran de pie. Pero tras la tragedia de Heysel en Bruselas y para evitar las mortales avalanchas, la FIFA presionaba para sustituirlas por asientos.

«La ampliación tenía una singularidad muy compleja por la ubicación de la grada, encorsetada entre las aceras. La única forma de resolverlo era construir un tercer anfiteatro en vertical, con una gran inclinación.» No existía normativa al respecto en España, así que el Ayuntamiento de Madrid les puso una condición salomónica: estaría dispuesto a aceptar la máxima inclinación que hubiese en un estadio español. El equipo investigó por toda España hasta que descubrieron que El Sadar de Pamplona tenía cuarenta y un grados de inclinación. Esa sería la inclinación del Bernabéu.

Tuvieron que poner barandillas como protección y levantar cuatro torres para facilitar la evacuación. La altura del estadio se elevó de veintidós a cuarenta y cinco metros. Y lograron el objetivo de que la visibilidad del campo fuera perfecta desde cualquier punto del graderío.

El renovado estadio se inauguró en 1994.

En este punto, es bueno tener en cuenta lo que nos dice Carlos Lamela: «Llevo 50 años de socio. Mi padre lo fue desde la década de los cuarenta, y mi abuelo desde antes de la guerra. Cuando mi padre falleció, en abril de 2017, tenía el número cincuenta, y en el Bernabéu le dedicaron un minuto de silencio. De niño iba con mis padres y aparcábamos directamente frente a la puerta siete, que era por la que entrábamos. En la zona de pie, cuando no había mucha gente, los aficionados hacían hogueras en la grada para calentarse. Pasaba un tipo vendiendo coñac Soberano, se tomaban carajillos, se fumaba. Yo iba con mi novia y, en alguna avalancha, perdió los zapatos. Era troglodítico, pero ¡cuánto he disfrutado!».

### Las entrañas del templo: de la sacristía al pasto

Cuatro tramos de escaleras y un recorrido de menos de un minuto separan los vestuarios del estadio Santiago Bernabéu del césped. Antes de un partido, el Real Madrid y el equipo visitante descienden ese túnel en paralelo, aislados por una reja.

Esos vestuarios multicolores son posteriores a la época de Lamela. Las fotos de cada uno de los jugadores en la puerta de las taquillas, el yacusi y la bañera de agua fría, los azulejos azul klein. Muy estilo 2000 y muy estilo barrio de Chamartín. Como el resto del interior del estadio, que desprende un brillo entre clásico y minimalista. Las oficinas que dan a Padre Damián están forradas de arriba abajo con paneles de madera e iluminadas por halógenos, luz dorada y mobiliario impersonal, monocromía y superficies brillantes. Una sala con colores neutros y vagamente decorada con motivos madridistas, donde el visitante espera como si estuviera en ninguna parte. No es nada personal, parece decir el club. Usted no está capacitado para entrar en las estancias secretas, aquellas desde donde se domina el mundo, parece susurrar el club. Allí va la gente importante, y usted solo rozará la piel de la entidad.

Educación, moqueta, paneles de aglomerado y maneras vaticanas en los funcionarios (es una institución) del Madrid. Es la neutralidad del poder. Algo incrustado en las sociedades modernas, en el Estado y en las grandes corporaciones. Únicamente para la televisión se teatraliza la fuerza y autoridad del Real Madrid en ese palco inaccesible y en todo el oro que está sobre la cancha.

Año 2002. Cuando llegó Florentino Pérez puso en marcha algo que sonaba al mundo empresarial del que venía: «Plan director del Estadio Santiago Bernabéu». La idea era mejorar la calidad y la comodidad del estadio y, por supuesto, aumentar los ingresos. Invirtió más de cien millones de euros entre 2001 y 2006: nuevos vestuarios, nuevos videomarcadores, bares, macrotienda del Real Madrid, oficinas del club, el museo y el *tour* del Bernabéu… Un largo etcétera de mejoras que lograron que el estadio fuera nombrado por la UEFA en 2007 «estadio de élite». Y que el museo del Bernabéu se convirtiera con más de un millón de visitantes (en 2016) en el más rentable de Madrid. Un museo sorprendente, que no es posible ver sin una sonrisa en los labios. Hay maravillas como el trofeo Carranza: preciosidad barroca gaditana llena de plata e historia, o zapatillas y guantes de oro. Y está la cámara nupcial, con las Copas de Europa iluminadas por la ilusión de los madridistas, donde un Florentino de maneras ceremoniosas posa para cada nuevo trofeo. Y al hacerlo se le transparenta su espina dorsal: la de un niño que ha sido capaz de cumplir con sus deseos.

Todo eso desaparecerá en breve, cuando comience la nueva y definitiva reforma. La Reforma con mayúsculas.

Pero si hay una cosa que ha permanecido y permanecerá siempre inmutable es el césped.

¿O no?

El césped del Bernabéu es el órgano vital del estadio. Si el ultramoderno museo del Bernabéu es la sacristía donde se exhiben los triunfos, las copas, las reliquias de los jugadores, el césped es el altar del sacrificio. Un altar pulido, deslumbrante y que sí ha cambiado, pero lo ha hecho de forma silenciosa. En 2009, el club importó del Arsenal a su jardinero. Paul Burgess es un tipo calmado y perfeccionista que en los nueve años que lleva en el Madrid ha conseguido el mejor césped del mundo. Laureado varias veces como mejor jardinero del año de la Premier, es asesor de la UEFA y ha conseguido el milagro de que la hierba crezca con tecnología de laboratorio: mezcla briznas artificiales con briznas vegetales, lo asolea con rayos UVA, lo drena, lo cambia cada año e intenta que se convierta en un colchón blando para evitar las lesiones de los jugadores. Es el gurú y el médico del césped.

Y lo será aún más en el futuro estadio.

El futuro estadio que no sabemos si será el estadio del futuro. No tiene espacio para serlo, encajonado entre la Castellana y la avenida de Concha Espina, no puede crecer y expandirse.

«Siempre hemos defendido un estadio nuevo, más grande y moderno. Pero yo, que no soy de aquí, cuando veo la inmensidad de la Castellana con las torres al fondo, siento que transmite poder», concluye Alfons Valera.

Así que el Bernabéu ahí se va a quedar, en esa Castellana poderosa. Después de años de tira y afloja con el Ayuntamiento de Madrid, por fin en mayo de 2017 el pleno del consistorio aprobó el plan de remodelación. Al estadio le pondrán una funda nueva: una envoltura traslúcida que emitirá luces de colores cambiantes. Se elevará doce metros y tendrá cubierta retráctil; además, la parte que da a la Castellana, ahora utilizada como aparcamiento, se convertirá en plaza pública, se construirá un hotel de lujo y se cederá la esquina del Bernabéu para área ajardinada. Todo esto costará más de cuatrocientos millones de euros. Y las obras empezarán en 2018.

Carlos Lamela camina por sus oficinas como por la cubierta de un barco. A través de la fachada acristalada entra a raudales el sol invernal de Madrid. La maqueta del estadio, hecha en 1988, cuando aún no se trabajaba con ordenadores en los estudios de arquitectura, parece un prodigio de madera y filigrana. Tiene un punto artesanal y sólido, un punto muy don Santiago Bernabéu.

«Para comprobar la visibilidad desde todos los ángulos, hacíamos un agujero en la madera y pasábamos un hilo —dice Lamela, que sonríe—. Aquellos tiempos. Es una pena que con la remodelación se vaya a perder la belleza de la fachada. Pero ya sabemos que en este país no nos gusta conservar nada».

«Así terminó Salomón todo lo que había determinado hacer para la casa de Yahvé.» (2 Par 5:1)

# NUEVO TESTAMENTO

6

# Las doce tribus de Israel

*El Real Madrid desde fuera parece un club homogéneo*
*con una afición entregada. Nada más falso. La afición*
*solo se comporta como una única voz en los momentos*
*estelares. El resto del tiempo está dividida en capillas*
*y tribus que dirimen sus enfrentamientos dialécticos*
*en cualquier lugar. Capellistas, mourinhistas,*
*casillistas, raulistas...*

«Ved: yo os he distribuido por suerte en heredad para vuestras tribus [...]. No os mezcléis con esas gentes que han quedado en medio de vosotros, no invoquéis el nombre de sus dioses ni juréis por ellos ni les sirváis, ni os postréis ante ellos, sino adheríos a Yahvé, vuestro dios, como hasta ahora lo habéis hecho. Yahvé ha arrojado de delante de vosotros naciones grandes y poderosas, y ninguna ha podido resistiros hasta hoy.» (Josué 23:4, 7-8)

### Castizos

«*D*e las glorias deportivas que campean por España, va el Madrid con su bandera limpia y blanca que no empaña, club castizo y generoso, todo nervio y corazón, veteranos y noveles, veteranos y noveles miran siempre tus laureles con respeto y emoción.»

Así reza el himno del Madrid, club castizo y generoso, con esa palabra semiderruida, en trance de olvidarse, en el corazón de todo.

El castizo madridista cree estar en el centro del universo y desprecia con grandes ademanes (si es de provincias) o con sonrisa sarcástica (si es de capital) al resto de los clubes, de las aficiones y de los jugadores que andan esparcidos por el más allá. Al madridista que no es así, esa chulería inefable le causa gran vergüenza y se pasa la mitad de su vida intentando ser perdonado. De alguna forma, ese carácter chulesco y abierto (el Madrid como verdad grandiosa de la que todo el mundo puede comer) es un eco de aquellas conquistas castellanas que convirtieron la mitad del mundo en la sala de estar de España.

«La Cibeles es, en esta ciudad, un símbolo; un símbolo de qué no se sabe muy bien, y, por lo tanto, un símbolo máximo», afirmaba Josep Pla.

Y allí en la Cibeles, símbolo de no se sabe muy bien qué, el madridista celebra sus triunfos conseguidos no se sabe muy bien cómo. El castizo adora lo intuitivo y arrebatado, y detesta lo excesivamente estructurado. «Pero ¿qué me estás contando?» El madridista castizo no quiere explicaciones sobre las victorias de su club, eso sucede y ya. Como suceden los imperios o los cataclismos.

Para el castizo, el Madrid es la demostración palpable de la inexistencia de cualquier sentido de las cosas. Esa es una inteligencia del español desde tiempos remotos. Así los conquistadores colonizaron un nuevo mundo sin causa ni razón, y, de este modo, el Madrid se alimenta de la victoria y del mundo del fútbol, que solo existe como nutriente del único equipo real.

Al castizo le salva su realismo y su crueldad. Tiene momentos de lucidez y de abandono que no se dan en ningún otro hincha. Si se pierde, no hay máscaras suficientes para sobrellevar la derrota. No hay dignidad ni romanticismo ni dobles sentidos ni víctimas inocentes en las derrotas de su equipo. El mundo está roto, como en un drama amoroso, y el castizo, digno y consciente de su lugar en la creación, nunca exterioriza esa herida. Entiende que el camino de vuelta del dominio apabullante es el estoicismo: aguantar con las manos en los bolsillos el que los otros (los antimadridistas) desprecien alegremente su camiseta impoluta. El castizo es un altanero intratable, y también, un corazón pisoteado.

El castizo solo restituye su mundo con la siguiente victoria del Madrid. Hasta entonces es un animal acorralado, repentinamente desinteresado en las cuitas del fútbol. Difícilmente está conforme con lo que ve en el campo y siempre tiene un jugador oculto en su memoria, al que saca en procesión para hacer una crítica despiadada de lo acontecido en el partido. El castizo viene de un pasado imperial, perfecto y puro, y le exige al presente que esté a la altura.

El castizo, dueño y señor del Bernabéu, cree venir de una verdad antigua, previa al fútbol; una verdad plagada de iconos y símbolos en la que se desprecia la razón mientras se aplaude todo un rosario de cualidades indefinibles y algo confusas: la clase, el carácter, lo mágico, la casta, lo terrible, el espíritu por encima de todo. Parece que, en su frialdad aparente, los madridistas buscaran un algo por debajo de la máscara del deportista que les haga comulgar con él. Como si la profesionalidad fuera un hecho convencional y sórdido, europeo y aburrido. Nada quiere saber esta gente de cánticos orquestados, y la sola idea de animar a los suyos les parece vulgar. Chamartín es un teatro donde se escudriña al jugador hasta comprender el peso mismo de su sangre.

Entre sus héroes, Van Nisteelrooy, saludado como un madridista instantáneo. Llegaba con la memoria hecha, pero su efectividad y su emoción, sobria y feroz, lo convirtieron en estandarte. El castizo lo aupó al momento, y el holandés fue consciente del rugir de la hinchada. Cuando años después jugaba con el Málaga y se enfrentó a un Real Madrid necesitado del triunfo para ganar la Liga, se le vio desolado cuando su equipo marcó un gol. Fue un gesto pequeño de abatimiento en un partido donde todos lucharon duro por ganar. El castizo sintió como suya esa aflicción tan honesta y contenida, y ahí quedó, en su memoria. Años después, se sigue hablando de ello.

### El pesimista a ultranza

Nada le cuadra a este madridista que siente que algo se rompió en el Madrid en un tiempo pasado y cósmico. Los jugadores españoles se dedican a manipular la entidad, son estrellitas sobrevaloradas y aupadas por la prensa.

¿Los extranjeros? Vienen a una pasarela y ni sienten la camiseta ni se dejan la piel en el campo, ni cuestan lo que dice en la etiqueta.

¿El entrenador? A ese lo puso a dedo el presidente, que está ahí para hacer sus tejemanejes desde el palco.

¿La hinchada del Bernabéu? Básicamente idiota, aplaude al enemigo, aplaude las carreras demagógicas de la estrella decadente, silba al único que sabe jugar, que tiende puentes en ese erial que es el equipo blanco, está silenciosa cuando es necesario su ánimo y destroza carreras prometedoras masticando odio en ese run-run absurdo.

No hay plan en el club, parasitado por una oligarquía oligofrénica. No hay plan sobre el campo, con un equipo de estilo indefinible y melancólico.

El tren de la modernidad ha pasado, y el cetro del fútbol ya no es patrimonio nuestro.

Cuando ve a alguien con una camiseta madridista, cambia de acera: tienen cara de paletos, son provincianos y casposamente españoles; son ultras, son fachas o son barriobajeros atolondrados llenos de tatuajes.

Y en eso Cristiano Ronaldo marca de un trallazo desde mediocampo y el pesimista pega un alarido y le da una hostia a la barra del bar: «Claro que sí, joder, si no es tan difícil». Y, un poco avergonzado de su propia pasión, le pega un sorbo a la cerveza y sigue criticando el juego atrabiliario del Real Madrid. Su Real Madrid.

### El madridista acomplejado

Sabe del origen culpable del Madrid (y de España) porque es un hombre culto y progresista. Esto le hace querer ser disculpado por los ámbitos donde detecta la pureza del fútbol y por los damnificados por el irredento centralismo de que el Madrid hace gala. Tiene su propio código.

Está muy por encima de una afición que cree retrógrada y casposa.

Odia a los jugadores violentos y a los entrenadores que imponen una disciplina férrea.

Todo lo que no es de su gusto lo retrotrae al franquismo.

El Madrid hace tiempo que compró los bancos, y experimenta una enorme vergüenza cuando su equipo gana por un gol en fuera de juego.

Hace suyos todos los estereotipos antimadridistas, para así ser absuelto en la plaza pública.

Detesta al madridista que defiende a su club, ya que el poderoso no tiene derecho a la defensa.

Adora exhibir cariño y respeto por los jugadores del otro bando, y nunca se diría a sí mismo «hincha», porque el hincha es fundamentalista en sus pasiones, mientras que él, sobre todo y ante todo, es del fútbol con mayúsculas.

Critica en alto y de forma fúnebre la deriva de la entidad, dándole la razón al enemigo que le tiene por un madridista razonable (si todos fueran como tú…).

Venera por encima de todas las cosas al jugador suave, estético, fino y que provoca sarpullidos en un madridismo que él cree paramilitar.

Idolatra a Del Bosque y a Iker Casillas porque detecta en ellos algo limpio y alejado de las cuitas del mundo, y porque fueron atacados por lo más vil que anida en el club de Chamartín.

Detesta a Mourinho por las razones inversas y, Guardiola es, desde la primera vez que rozó un balón, el representante de Dios en la Tierra.

Cristiano no le dice nada, es bueno y eficaz como un electrodoméstico, pero como ser humano es un fiasco: un producto adulterado propio de estos tiempos neoliberales.

El fútbol cada vez le interesa menos porque se ha alejado de lo auténtico y no tiene mucho sentido pasarlo mal por los destinos de una multinacional.

Su jugador favorito es Zidane, un señor, aunque en el escalafón del fútbol, lo pondría algo por detrás de Xavi e Iniesta, los mejores centrocampistas que nunca vio.


## Capellistas

Fabio Capello, italiano de setenta y un años, fue un futbolista del que queda una imagen por encima de todas: plantado en el campo, cuadrándose al estilo militar delante del árbitro, dispuesto con la mirada erguida a encajar el castigo del colegiado. Estuvo dos veces en el Real Madrid como entrenador: 1996-1997 y 2006-2007. En ambas ganó la Liga y en ambas tuvo partidarios y detractores de extraña violencia verbal.

¿Por qué?

Con una cara tallada al estilo romano, sus ademanes son los de Alberto Sordi haciendo de Mussolini en una comedia de Vittorio de Sica. Ganó 4-0 al Barcelona de Cruyff en una final en la que hubo niños y hombres; él dirigía a los hombres. Inmediatamente, el madridismo fijó su vista en él. Cuando desembarcó en Chamartín, los relatores oficiales del Madrid ya le habían tildado de «fascista».

Su estilo era el de un general de división. Disciplinaba hasta el límite a sus jugadores, aunque les permitía sonreír (no como el legendario entrenador del Milan Arrigo Sacchi) y cierta libertad en el césped mientras se dejaran la piel. Creía en las jerarquías (Hierro era su voz en el campo); dominaba con una maza las emociones del partido, exigía compromiso absoluto y convertía al equipo en un acto de fe, con la victoria en Liga como objetivo supremo. El jugador con talento no estaba para expresarse en el pasto, estaba para dar el pespunte, para imaginar la jugada de gol y dinamitar el encuentro. Era fútbol italiano puro. Ese calcio inventado por el Duce tuvo en Fabio su emblema más intransigente.

La primera época, 1996-97, llegó a un Madrid devastado tras la experiencia con Jorge Valdano. El argentino era su némesis (o más bien al contrario). Tras una primera temporada excelente donde ganó la Liga, en la segunda el equipo se fue agujereando de forma lamentable hasta quedar fuera de los puestos europeos. Valdano decidió dimitir («dar un paso a un lado» en su lenguaje) y Arsenio Iglesias cogió el testigo hasta el final de temporada. El Real se encontraba en una de esas encrucijadas que son como los grandes cataclismos históricos: la Quinta del Buitre se había agotado, los recambios eran jugadores sin masa atómica reconocible, no había estilo ni dinero, y el Barcelona había fichado al monstruo del fin de los tiempos: Ronaldo.

Fabio Capello llegó como un salvador y echó a la mitad de

la plantilla (trece jugadores). Fichó a Suker, Mijatovic, Seedorf, Panucci, Bodo Ilgner y Roberto Carlos. Con esos jugadores más Hierro, Raúl, Sanchís y Fernando Redondo, que ya estaban en plantilla, el Madrid ganó (un año más tarde y con Heynckes en el banquillo) su séptima Copa de Europa, la que devolvía al club blanco mar adentro, otra vez con los grandes escualos, de los que llevaba treinta y dos años alejados.

Entre esos fichajes estaba Roberto Carlos, el mejor lateral de la historia, un jugador difícil de imaginar para alguien que no lo haya visto. Capello conocía el fútbol europeo al dedillo, sabía lo que era ganar la Copa de Europa y cuáles eran los mimbres necesarios. Le devolvió al Madrid el ritmo y el físico, la fiereza de sus momentos culmen. Sin embargo, a su fútbol le faltaba espectáculo; su alegría era salvaje, pero agónica, y su estética, rudimentaria. A pesar de sus victorias, tuvo desencuentros con Lorenzo Sanz a cuenta de lo aburrido del juego. Los comentaristas de más peso: Alfredo Relaño y Santiago Segurola lo detestaron desde el principio. Los rigores defensivos en el Madrid se consideran obra del mal, como si un trozo del invierno se colara dentro del club del pueblo para amargarnos el fin de semana.

Al final de la temporada volvió al Milan. No se hablaba con Lorenzo Sanz y a una parte del Bernabéu le rugían las tripas. Muchos de los que vivieron esa temporada dicen no haber visto a un entrenador mejor. Un fútbol sólido y de una pieza. Unos jugadores en su punto justo de físico y estado de ánimo, que poco después se convirtieron en jerarcas del fútbol europeo. Un entrenador justo, parco en palabras, pero con gestos de suficiente calado como para galvanizar una hinchada. Alguien que imprimía carácter, que trazaba líneas bien visibles que el jugador no podía pisar, que se amoldaba al club y tensaba su superficie. Buena parte de la hinchada le pide eso al entrenador del Madrid. Esa estructura y esa fuerza telúrica. Son los *capellistas*.

«¿Cómo es España en síntesis?», le pregunta el periodista del diario *La Repubblica* en febrero de 2006 a Fabio Capello. «Tiene el calor y la creatividad latina bajo un orden riguroso. El orden que dejó Franco.» Entonces le recuerda que Franco fue un dictador, a lo que Capello responde: «Sí, pero dejó como herencia el orden. En España funciona todo y funciona bien. Hay educación, limpieza, respeto y poca burocracia. Deberíamos tomar ejemplo».

En síntesis, esa sería la idea de un club que tiene Fabio.

No tan alejada de la que tenía en el pasado Santiago Bernabéu. Sus partidarios no ponían ningún hincapié especial en su ideología reaccionaria, buscaban ese Madrid de pedernal, impío y enérgico que vieron con el italiano.

Sus detractores, sin embargo, volvían al relato clásico argentino: menottistas (izquierdas, fútbol alegre sin corsés tácticos) contra bilardistas (derechas, fútbol conservador y cicatero, lleno de trampas), para explicar a Capello y para explicar sus triunfos sin gracia y sin espectáculo.

En la segunda etapa en el Madrid, se encontró con un club en bancarrota moral, con un presidente interino, y otra vez, fuera del ritmo físico y táctico del fútbol de altos vuelos que en ese momento se daba en la Premier League inglesa. Fichó a Van Nisteelrooy, prescindió de Ronaldo, y le ganó una Liga jugada a pedrada limpia al Barcelona de Ronaldinho, Eto'o, Xavi y Messi. Un milagro. Como regalo, la prensa lo puso en la frontera con un letrero: «Llévenselo, este hombre incendia lo más hermoso de nuestros campos».

Y ya no volvió.

## *Madridistas de provincias*

En el interior de España, el hombre mira a lo alto y lo primero que aparece es el Madrid, muy por encima de cualquier idea, ley o régimen político. Eso tomó forma en los años sesenta, después del mito iniciático de las cinco Copas de Europa, que dejaron al mundo pasmado, y a España predispuesta a una revisión del catolicismo, igualmente universal, pero menos piadoso. Cuanto menos rango tenga la provincia dentro del entramado sentimental español, mayor será el índice de madridistas, y con más ahínco buscarán estos el fundirse con la camiseta blanca para poder tener una vida mejor. Así funciona el Madrid. Como un horizonte. Una dinastía de soles que iluminaron lo que antes era miserable.

El madridista de provincias es el menos esnob de los madridistas. Ama al jugador español y, especialmente, al andaluz, síntesis de la garra y el arte, creado en los descampados del sur para acabar reinando en la capital. Es un público más bullicioso, sin rencores ni amarguras, que inunda los partidos de Copa del Bernabéu y muchos de los de Champions, donde el estadio se transforma en un tendido eléctrico que levita con los arrebatos del Real.

Este público adora los famosos arreones, que vienen a ser como un dulce de provincias que el club blanco regala a sus seguidores. A veces recrean los vicios de la selección, cantan «¡Isco, Isco!», y eso es la respiración del hincha que quiere verse a sí mismo dando vueltas sobre el césped. El público de provincias no es silencioso. Dialoga con el jugador y corrige al entrenador a grandes voces. Adora el dramatismo y los finales felices. Nunca ceja, es tenaz y optimista. Desprecia la estructura, y en eso se funde con el castizo de la capital. Muge como una res en el establo al entrar en el estadio y lleva el nombre de su pueblo escrito con tachones en la bandera de España. Es quien decanta el momento cumbre del partido, con su pasión sin teatro y su alarido tremendo que parece avisar del fin del mundo.

### Españolistas

Madridistas inerciales que son del equipo por un discreto sentimiento patriótico y que solo están interesados en los jugadores españoles que militan en la selección.

Este madridismo se gestó cuando la selección española era un equipo triste y ruin, incapaz de generar fascinación. Al aficionado sin camiseta y que detestaba al Barcelona por su filiación nacionalista no le quedaba más remedio que ser del Madrid, equipo que se le hacía simpático, no más. Es un tipo de madridista mimado por la prensa, a pesar de su suave xenofobia. «Me gustaba más el Madrid de antes, ahora tiene demasiados extranjeros y ha perdido el carácter, la casta», es la frase que en sus diferentes variaciones más representa a este tipo del madridista. Su mutación posmoderna es el casillismo, culto a la figura del portero defenestrado por Mourinho, cuyos partidarios se sintieron traicionados por el club cuando este lo dejó inerme ante las iras del público. Cuando la selección se convirtió en un apéndice del Barcelona y comenzó a ganar, fue utilizada por cierta prensa para atacar al Madrid. Se intentó la demolición del club merengue con un caballo de Troya: los madridistas cuya primera pasión es su patria, su selección, y que desde entonces han sido discretamente desalojados del club.

### Madridistas universales

Madridista allende las fronteras de España. En principio, solo en Latinoamérica había hinchas del Real Madrid. Era México el país con más seguidores, Hugo Sánchez y un carácter común cosido por la historia eran las razones. Ahora el mundo está inundado con camisetas blancas; es difícil discernir el peso que tienen en cada país los pequeños altares en los que el madridismo está dividido.

El madridismo universal suele tener un estilo parecido al de provincias. Más optimista y fresco, nada rácano en el aplauso y cariñoso hasta la asfixia. Fascinado por la luz que emana del Bernabéu, la dialéctica con el Barcelona reincide en cada rincón del orbe. Se repiten con pequeñas alteraciones los odios y las afinidades. Pero no existe la figura del cenizo, del amargado ni el complejo de culpa. Son las mocitas madrileñas alegres y risueñas que atraviesan los continentes y los océanos siguiendo a su Madrid.

### Madridista de ida y vuelta

Un madridista sentido, que piensa que, en alguna revuelta del camino, el club le abandonó. Hay gente que se va del amor al Madrid y vuelve (o no) de una forma muy crítica, exigiéndole unos valores extraordinarios al futbolista, a la entidad y a los directivos. Quizá tanto el club como la ciudad no tienen unos cimientos fuertes. Son espumosos, volátiles.

Madrid es una ciudad lejana incluso para los madrileños. No hay un pozo de donde sacar el agua, algo intrínseco a la ciudad, algo reconocible más allá de su capitalidad administrativa.

Ese madridista es reconocible en los sitios de tránsito, trajeado, con la maleta, viniendo de alguna parte y con pocos minutos para coger el vuelo a otro lugar. Se alegra con pudor con un equipo que a veces no siente como suyo porque no sabe qué es exactamente lo suyo. Pero es suficiente una gran victoria o un desastre magnífico para activar de nuevo la pasión.

### Mourinhistas

Quizá de todas las tribus la única que se hizo carne y se irguió orgullosa de su nombre.

José Mourinho (Setúbal, Portugal, 1963) arribó al Madrid en 2010 tras vencer al Barça de Pep Guardiola en las semifinales de la Champions. El portugués era y es chulo, guapo y se pone a sí mismo por encima del club en el que trabaja. Sus métodos eran futuristas y su fútbol desprendía una agresividad magnética. El club necesitaba estar otra vez en la senda del ritmo y la precisión, necesitaba darle a Cristiano Ronaldo el mejor entorno para afilar su cabalgada hacia el gol. Y fichó a José.

Alrededor de Mourinho se levantó un enjambre de seguidores que amenazaban con echar por tierra todos los estereotipos del Real. Eran a la vez fieles hasta lo enajenado con el nuevo entrenador y absolutamente iconoclastas con los viejos santos y mártires. El mourinhismo fue un estado alterado del madridismo que nació de una búsqueda desesperada de la realidad. Y la realidad había sido borrada del espacio público por cierta prensa deportiva que construía verdades absolutas, dogmas a rajatabla que amenazaban cualquier proyecto madridista y la misma existencia del club.

La selección española ganó el Mundial de 2010, y España se convirtió en un delirio. El Barcelona navegaba plácidamente por un país que le rendía pleitesía, ya que eran su estilo y sus jugadores los que habían ganado el premio máximo. Al Madrid se le empezaron a pasar cuentas antiguas; ser del equipo blanco se convirtió en un oficio peligroso. Llegó Mourinho, el único hombre sobre la Tierra que pudo con el príncipe azulgrana, y el Real se convirtió en el reducto de infelicidad del mundo del fútbol, que viene a ser la única alegría permitida al ciudadano de a pie. De alguna forma, el club pasó a ser la crisis misma, y la amargura que sentía el español medio la desplazó al equipo que antaño amaba y que ahora le desconcertaba por sus derrotas y por apartarse del recto camino del tiki-taka.

¿Qué se encontró Mourinho? Un estadio que le miraba de reojo y una afición hostil.

Así que trazó una raya en la arena y enunció con claridad cuáles eran los acantilados que debía superar el Madrid:

- La intromisión del periodista en las alienaciones a través de la manipulación sentimental de la hinchada.
- La conquista de un espacio donde ser madridistas sin más, donde gritar hechizado como hacen el resto de las aficiones.
- La vuelta hacia sí mismo del club, provocando a los contrarios hasta conseguir un equipo tan afilado como un diamante.
- La denuncia de las falsedades del discurso azulgrana, que se insinuaba al madridismo como un hilo musical de buenas intenciones.

Y, en general, enunciar lo obvio, poner luz en todo el mecanismo de sombras que era el ambiente por donde se movía el club blanco.

¿Qué consiguió?

Galvanizar a una parte de la hinchada y concitar los odios de los demás. El mourinhismo (que no hubiera existido sin redes sociales, que crean capillas y las transforman en movimientos) le gritaba al mundo: «¡Dejadnos ser fanáticos, queremos ser los dueños de nuestro odio!».

Esa era la cuestión. A nadie se le había ocurrido que el Real Madrid pudiera tener una hinchada más allá de su enormidad fofa y manipulable. Pero existía. Y Mourinho le dio un altavoz a quien quisiera usarlo para que tomara la calle.

El mourinhismo es sarcástico y recela de todo aquello que salga en prensa. Conoció la lucidez en los años del raulismo, cuando el 7 del Madrid gobernaba en la trastienda los destinos del equipo. El mourinhismo era un dulce verano de cadáveres y dichas. Todo encajaba: la velocidad del equipo, la crueldad de

Ronaldo, el mohín perpetuo de Mourinho y el desprecio de los demás. Una violencia que nunca pasó a la calle, que nunca cruzó el vado de la realidad. Una pancarta en el Bernabéu rezaba: «Mou, tu dedo nos señala el camino».

Hacía referencia a una tangana en agosto de 2011 en un partido de la Supercopa de España contra el Barcelona, cuando el entrenador portugués le metió el dedo en el ojo al segundo del Barça, Tito Vilanova. Esa pancarta se tomó como la medida de la maldad del mourinhismo, de la increíble violencia del ambiente que algún día acabaría con sangre en las aceras.

Nada pasó.

Los hinchas se comportaban como tales, y hacían una guasa sobre un episodio que tuvo más que ver con *Benny Hill* que con *La matanza de Texas*, tal y como clamaban los periodistas.

El mourinhismo, de tan iconoclasta, desdibujó los límites del Madrid. Los jugadores españoles aclamados por la plebe pasaron a ser despreciados por el movimiento, que pedía futbolistas sordomudos y de países ignotos para no caer en los cantos de sirena del cuarto poder. El arrojo del club blanco, (ese desprecio por las cuitas defensivas) no fue una cualidad respetada por el portugués, que firmó su sentencia en la Champions de 2012 por acular demasiado al equipo contra el Bayern de Múnich.

Cuando el Madrid, en la tercera temporada del luso (2012-2013), desbarrancó por exceso de velocidad, los mourinhistas se soliviantaban con cualquier crítica al padrecito que escupía desde la sala de prensa. Mourinho no se equivocaba jamás, era el primer entrenador que estaba por encima del club. No era posible cumplir con el rito madridista de escarnio público. Algo que de vez en cuando resulta catártico. El mourinhismo se quedó en un fanatismo pobre, hijo de la posmodernidad, tan lejos de la historia madridista como aquellos señores de la españolidad recalcitrante. Un cambiarlo todo, un purificarlo todo que al final consistió en permutar unos espantajos por otros de peor calibre.

Dijo René Freire (madridista ateo) que el mourinhismo fue el 15-M del madridismo. La toma de palacio por los excluidos del relato oficial. Cuando el mourinhismo destrozó las jerarquías del periodismo deportivo, los madridistas pudieron entenderse entre ellos y contemplar lo que pasaba. No necesitaban notarios que interpretasen la realidad a favor de sus intereses. Y ese es el principio de la libertad en el fútbol.

## Valdanistas/segurolistas

Cuando Jorge Valdano (Las Parejas, Argentina, 1955) comenzó a hablar, la narración del fútbol español cambió por completo. No era el grito, la cacofonía, el insulto o la gracia burra. Tampoco era la circunspección poética ni la seriedad glacial. Había equilibrio en su lenguaje: una profundidad insultante en el uso del idioma y una eficacia que hacía que cada palabra encajara en la realidad como si fuera una sombra. Y un sutil sentido del humor, algo cínico, de quien habla conociendo el envés de la baraja.

El fútbol es un estado de ánimo, dijo, y era una verdad en la que nadie había caído.

A finales de los años ochenta, cuando la izquierda española andaba buscando una forma de redención para su pasión futbolera, apareció Valdano, hablando tranquilo y pausado de fútbol de izquierdas y fútbol de derechas. Muchos se colapsaron. Esa forma de ideologizar el terreno de juego viene de Menotti y sus feroces luchas culturales contra Bilardo (ambos entrenadores argentinos y filósofos sin cátedra del fútbol), pero hasta Jorge Valdano no se tomó demasiado en cuenta entre la intelectualidad ibérica. Fue el periodista Santiago Segurola el que más hizo por extender el subtexto que encierra esa frase.

O sea...

Un fútbol de izquierdas como una utopía donde respirar. Un lugar libre y feliz trufado de líneas de pase. Algo así como el Brasil del 82 o mejor; el cruyffismo, más europeo y geométrico, menos voluble y genial, pero, aun así, un sitio para ser dichoso.

Un fútbol de derechas áspero y excesivamente estructurado, donde solo vale ganar por el camino más corto, de la forma defensiva que rompe el corazón a los niños y espanta a sus mamás. Un fútbol que contiene lo peor de la masculinidad: la violencia como fin, la disciplina como método, el desprecio de lo sutil, del placer y de lo que el fútbol tiene de juego, el matonismo como razón y el destierro de la nobleza con el oponente.

Valdano puso en marcha su forma de entender el juego en el Tenerife, donde le quitó dos Ligas al Madrid y se convirtió en un icono satánico para los que no le soportaban. Una parte del club blanco, que está a disgusto con las explicaciones excesivas, siempre desconfió de Valdano. Y otra parte, más castiza que xenófoba, no aguantaba sus peroratas de «charlatán argentino».

«No se conforman con llevarse a nuestras mujeres, ahora nos explican el fútbol», se escuchaba en los bares.

Para Valdano, la Quinta del Buitre era la forma más alta del juego. El sitio donde los futbolistas pisoteaban alegremente las líneas sobre el césped para asociarse en pos del gol. Poco después, Valdano dijo que era «intelectualmente del Barça», una frase que hacía equilibrios entre la pasión y la razón. Eso mismo pensaron muchos madridistas, admirados por un club que por fin había despertado y amenazaba con quitarle el testigo del fútbol al Real. Los valdanistas no solo buscan la estética y el placer en el juego, también están corroídos por el fantasma de la ideología y detestan todo lo que les suene a rancio, conservador o que esté contaminado por el imaginario de la derecha.

Santiago Segurola (1957, Baracaldo) fue el relator del Madrid durante más de veinte años en el diario *El País*. La voz de una verdad oficial. Segurola adoctrinaba. Era duro, dogmático y sin resquicios. Un crítico de los de antes que contenía la verdad y reducía a escombros a los infelices. Muchos madridistas ni siquiera veían el encuentro, leían a Segurola y se acostaban satisfechos del partido del club blanco. Había algo en la forma de contar del periodista, en su impasibilidad, en la pureza de sus batallas, que remitía al gran Madrid, al que confunde por lo majestuoso. Y estaba también un fondo moral, que convierte muchas crónicas suyas en catecismos, algo que adora el lector, que necesita un guía para moverse por ese mar de símbolos que es el fútbol.

Segurola, como Valdano, separa los buenos de los malos:

Bielsa, Guardiola, Cruyff a un lado. Capello, Mourinho, Bilardo, al otro. Con Del Bosque había dudas, demasiado ortodoxo en su discurso, fue su ejecución del tiki-taka en la selección y sus roces con Mourinho y Florentino lo que le pusieron definitivamente del lado bueno de la ley.

Hay una parte del madridismo que ha asumido ese monólogo de Valdano como su propio diálogo interno. La voz narcotizante del argentino nos acompaña en las retransmisiones, en los bares. Es una continuidad circular. Un discurso más articulado e irónico, menos roto que lo acostumbrado en España. Y que nunca parará de sonar.

### Raulistas

Cuando Jorge Valdano puso a Raúl con diecisiete años («si usted quiere ganar, me pone») sobre el césped del Bernabéu, acababa de fundar una religión.

El culto a Raúl fue automático. La Quinta daba sus últimas bocanadas y el estadio necesitaba un mito al que agarrarse. De la nada, surge un chaval escuálido y con una determinación nunca vista en sus gestos, en su mirada y en sus declaraciones. No era un genio voluptuoso, era un chico listo y veloz con el que cualquiera podía identificarse. No era hijo del hambre ni de la prosperidad. Sus cualidades eran las admiradas en la España central: inteligencia, listura, astucia, imaginación sin barroquismo y arte sobrio y escueto; determinación sin violencia, y palabras, las justas. Valor sin ostentación y personalidad a raudales.

Desde su eclosión hasta su marcha, en los momentos más tétricos, el madridismo se acogió bajo el manto de Raúl como bajo un sudario. Su gesto mandando callar al barcelonismo fue considerado definitivo. Cuando Florentino comenzó a traer a lo más granado del fútbol, muchos consideraron que el puesto de Raúl peligraba y vivieron con zozobra esos años. Los *raulistas* nunca tragaron con la corte de Florentino, con esos excesos grandilocuentes. Su ídolo se movía sigiloso y cazaba las piezas cuando nadie miraba. Y así fue en el primer gol de la novena Copa de Europa, donde Raúl aprovechó un saque de banda de Roberto Carlos para cruzar el balón que pasó botando lastimosamente ante la cara de pasmo del portero.

El raulista desconfiaba de Zidane, desconfiaba de Florentino, desconfiaba de Ronaldo, y solo se rindió ante la monumentalidad de Cristiano. Pero aún ansía volver a ver a un jugador que no se imponga por el físico o por la técnica, cualidades terrenales, sino por el espíritu y la inteligencia.

«¡Raúl es el Madrid!»

Ese era el grito, y no es cierto, pero sería bonito que lo fuera.

## Gutistas (y exquisitos)

José María Gutiérrez, Guti (1976), nació en Torrejón de Ardoz, lugar que, según la enciclopedia de las cosas del mundo, es la ciudad más fea que existe. Es un hombre rubio, con el pelo lacio y unas mechas que denotan su origen barrial. Habla como un chulo madrileño, ¿lo es? ¿Qué es un chulo madrileño? Un tipo *sobrao*, pasota, algo distante, que da la impresión de estar de vuelta de todo. Con quince años nadie le puede enseñar nada. Mira la vida con un ademán burlón. Cuando va a las playas de la periferia, cree ser el rey que manda sobre los palurdos; es inconsciente del odio que provoca. Hay una herencia de aquel «el castellano desprecia lo que ignora», y algo más, un aire del sur en su silabeo, en su desinterés por lo práctico, en una discreta violencia que se condensa en torno a él cuando responde de forma insolente.

«¡Guti, Guti, Guti maricóóóón!» es el cántico de guerra que le tenían preparado a nuestro héroe en todas las plazas de la España provincial. Guti caía gordo. Miraba a la grada y se encogía de hombros; le llegaba el balón al pie y se inventaba un pase que se iba por el desagüe. Rechifla en el campo, groserías en los bares madridistas. Tenía uno de sus días en los que le cegaba el sol y cada pase suyo necesitaba descubrir El Dorado. Así se perdía el juego del Madrid, entre los vericuetos de la arrogancia del chico de Torrejón. Ningún pase suyo era normal, ninguno llevaba el poso de la táctica, esas enseñanzas aburridísimas que Xavi Hernández dictaba desde su lado de la ley, el catecismo:

- El primer pase es el de seguridad.
- El mediocampista debe madurar la jugada.
- La pausa en el pasador descubre el desmarque del delantero.
- En el círculo central, no se perdonan las pérdidas de balón.
- Lo primero es asegurar la posesión.
- No se la des a un compañero que está de espaldas.

Ese catecismo le sobraba a Guti.

Él era un genio y un chulo indomable. Así se desenvolvía en el campo. Le llegaba el balón y tenía una necesidad física de inventar, de dejar su impronta, de levantar a la gente de los asientos.

Y Guti dibujaba repentinamente una línea sobre el césped que nunca existió antes ni después de ese momento. Descubría un mundo nuevo detrás de la defensa. Allá estaba Raúl, o Higuaín, o quizás Ronaldo. Era gol y «los palurdos» de la provincia (el madrileño tenía razón: lo eran) se quedaban contrariados mascando su frustración. Volvía a arreciar el cántico, pero una parte del estadio saludaba con un silencio admirado cuando el balón le llegaba al genio de las mechas.

Era un heterodoxo y también un maldito. Guti vivió grandes tiempos en el Madrid. Tuvo a Raúl y Redondo de compañeros, le entrenó Del Bosque, fue un arma clave en los Galácticos y sacó la cabeza en el desierto que hubo después. Pero nunca pisó una final de Champions, nunca fue llamado a la selección (es un jugador de cámara, dijo Aragonés con cierto desdén) y su mejor temporada, la 2003-04, donde comía en la misma mesa que los dioses (Zidane, Ronaldo, Roberto Carlos y Raúl) acabó sin títulos, con un naufragio que tuvo eco en todas las tertulias del mundo. Ese era su destino: vivir en el club que respira a través de los títulos y alejarse de ellos cuanto más cerca estuviera de la pelota. Conservar aquel brillo de la niñez, el juego desinteresado y mágico como un camino de ida a la felicidad. Y la resaca. La vuelta pedregosa desde los palacios infantiles hasta la realidad. Páramo con los bordes coronados de botellas rotas.

Guti era un tipo honesto. Se mantuvo puro desde sus comienzos. No varió su juego, no aprendió a disimular ni a masticar la jugada. Nunca conspiró en la sombra ni traicionó a los suyos. Era rebelde con los entrenadores que quisieron domarle, se ponía farruco con el público y no le bailaba el agua a la prensa. Salía de noche y sus gamberradas (inocentes, como todo en él) eran retransmitidas como un escarnio. La parte más áspera del madridismo se lo echaba en cara. Eso y sus ataques de furia sobre el campo, siempre a destiempo, calores adolescentes que dejaban al Madrid con diez jugadores y provocaban motines en el Bernabéu. Esa zona circunspecta del estadio lo miraba con recelo y desconfiaba de su rendimiento en los momentos que separan a los niños de los hombres.

Guti no crecía y acabó siendo adoptado como al chico disparate de la familia bien, al que conviene sacar poco en procesión.

Se ha muerto Panero, pero nos queda Guti.

Guti era amor y los gutistas lo intuían. Amor por el fútbol y amor por la camiseta blanca por encima de todo. Su rebeldía se tornaba docilidad en su relación con el club. Nunca protestó por estar en el banquillo (su íntima arrogancia de genio no se lo permitía). No se supo que pusiera pegas a un contrato. Defendió al Madrid en las malas, y las hubo muy malas. Hacía ostentación de antibarcelonismo, aunque secretamente adorara el juego de sus mediocampistas.

Los gutistas (y exquisitos) están hartos de la prosopopeya victoriosa del Madrid. Solo les llena el talento puro, esa entelequia que se hace carne en las Ventas. Curro Romero se quedaba delante del toro y le ofrecía la muleta con lentitud y una finura de andaluz enamorado. Los señores se acordaban de ese lance años después, en su lecho de muerte, cuando ya los nombres de sus hijos se habían borrado de su memoria.

No hay madridista que no pueda describir con exactitud media docena de jugadas de Guti. La del tacón, el pase de primeras de setenta metros, otra en la que se caía y la puso entre las piernas de un defensa, el gol por la escuadra cuando repentinamente levitó y se hizo ángel…

Los *gutistas* se alimentaban de esa crisálida. Estar pendientes del resultado final les parecía de una grosería inmunda. Son esos exquisitos que pululan por el Madrid y que antes adoraron a Velázquez (Madrid, 1943), aquella isla sufí en el tremendismo de los años setenta. Los mismos que se santiguaban con el juego parsimonioso y exacto de Martín Vázquez (Madrid, 1965). Ambos eran un poco ausentes y un poco despreciados por el público o por la ley (Bernabéu detestaba a Velázquez y se lo hacía saber). El jugador que solo rinde cuentas ante el fútbol acaba siendo un maldito en el Real. El propio club lo expulsa hacia los márgenes y siempre hay un ogro que no le deja traspasar las puertas de la leyenda. O eso se quiere creer.

Guti acabó comentando los partidos en la tele. Estaba siempre a favor de la libertad. Libertad para los mediapuntas. Libertad para los centrocampistas. Libertad para las ballenas. Libertad para Isco, que juegue donde se sienta mejor. Libertad para las divorciadas. Libertad para Karim, otro hermano suyo amagando en el salón. Libertad para todos. Pero cuando Guti rindió como un hombre fue con Capello y Del Bosque, que lo ataron a un árbol y lo condujeron como a un niño.

Tenía un corpachón grande y aires de mediocentro, pero su espíritu libertario era el de un mediapunta. Había una contradicción entre sus condiciones y su carácter. Ahora está en la cantera enseñándole música a los chavales.

Y la gente sigue por ahí, hablando de aquel control que hizo en un partido contra el Málaga.

Después del Madrid, cuando todo esté en ruinas, quedará ese reflejo en las paredes del templo.

Lo que no se puede borrar.

# 7

# El libro de los reyes

*Los reyes del vestuario a través de la historia.*
*De Di Stéfano a Sergio Ramos, de Amancio a Raúl,*
*de Camacho a Hierro, y Stielike y Juanito y*
*Butragueño... Los capitanes y aquellos jugadores*
*que consiguieron imponer su voz y doblegaron*
*al resto para obtener lo único que trasciende:*
*la victoria.*

«Les dijo: Esto es lo que yo os decía estando aún con vosotros, que era preciso que se cumpliera todo lo que está escrito en la Ley de Moisés y en los Profetas y en los Salmos de mí.» (Lucas 24:44)

## Alfredo di Stéfano: rey de reyes

En su libro autobiográfico, *Puskás sobre Puskás*, Ferenc contó que en su primera temporada en el Madrid llegó al partido de la última fecha, ante el Granada, igualado en goles con Di Stéfano, veintiuno cada uno. Cerca del final, regateó al portero y quedó con la portería libre, pero no tiró. «Pensé para mí: "Si marco aquí, Di Stéfano nunca me volverá a hablar". Lo mejor era que él fuese el máximo goleador, y yo, el segundo. Así que lo esperé y le di el pase para que lo metiera él».

Pocas bromas con Alfredo di Stéfano. Rey de reyes, esculpió sobre piedra las cualidades que debe tener un jugador madridista. Y lo que debe ser el jefe del vestuario, lo que tiene que pesar en el equipo, cuáles son sus tareas en el campo, cómo merodea su espíritu flotando sobre el club y lo afilado de su colmillo al adivinar la carne del rival.

En un partido cualquiera, un jugador madridista falló un pase de forma lamentable: Di Stéfano se le encaró y le dijo con acritud: «La pelota me la das a mí, no a Bernabéu». El argentino con sus ademanes orquestaba el juego del equipo, fulminaba con una patada o un insulto destemplado al rival que se le subiese a las barbas y se encaraba con la afición rival, ante la que nunca pedía perdón por la victoria.

En la temporada 1957-58, en un partido de vuelta de la Copa de Europa, el Madrid visitaba el Sánchez Pizjuán sevillista. El equipo blanco había goleado sin piedad a los andaluces 8-0. Di Stéfano cuenta en sus memorias lo que allí pasó: «Durante el partido nos dijeron de todo, y en particular a mí. La gente, al terminar el encuentro, comenzó a corear: "¡Saeta Rubia, hijo de puta, andá a la puta que te parió!". Yo estaba en el centro del campo. Ante la situación, bajé la cabeza y, mirando al suelo, me fui al vestuario, y con los brazos, siempre sin levantar la cara, comencé a hacer ademanes de dirigir a una banda».

Gestos.

Años más tarde, en 1990 se jugaba la Supercopa de España entre el Madrid y el F. C. Barcelona. Fue un partido tenso, lleno de incidentes y que los merengues ganaron 1-0. Hugo Sánchez recibió insultos durante todo el encuentro. Al irse al vestuario, se acomodó sus partes mirando a la grada del Camp Nou. La misma grada que Raúl mandó callar con un dedo en la boca después de meter un gol que empataba el partido contra los azulgranas. Son gestos del que gusta del odio del rival, del que se cree predestinado a la victoria, impulsado por un espíritu que descansa en su camiseta.

Eusebio, jugador mozambiqueño, estrella del Benfica victorioso sobre el Madrid en la final de Copa de Europa de 1962, una vez acabado el encuentro partió como un rayo hacia un Alfredo di Stéfano desolado. Quería la camiseta blanca de don Alfredo, una camiseta que en su imaginación era más importante que la Copa de Europa. Una vez conseguida la reliquia, corrió hacia los vestuarios para que nadie le arrebatase el objeto mágico. ¿Tenía esa camiseta blanca un poder sobrenatural?

Era el argentino el que la había convertido en eso. En un amuleto que servía para la causa mayor: la victoria. En 1978, un reportero se acerca a hablar con José Antonio Camacho, defensa del Real Madrid que se encontraba convaleciente de una lesión. Se extraña al encontrarse con un hombre mucho más pequeño de lo que había imaginado. «¿Le parezco más grande en el campo?», dijo Camacho. «Sí, debe de ser una impresión», contestó el periodista. «No es una impresión. Es la verdad. Todos somos más grandes vestidos del Real Madrid.»[4]

«Regaba los campos con su sangre», dijeron de Di Stéfano, y ese era el ejemplo que debía dar un capitán del Madrid. Ese sudar la camiseta hasta que el escudo se convirtiera en una parte más de la piel del jugador. Una entrega absoluta que le hacía ser una autoridad moral en el vestuario y en el campo. Sus ademanes eran los de un autócrata: para los suyos, para los otros y para el árbitro, que pocas veces osaba llevarle la contraria. Mucho tiempo después, en los años noventa, Fernando Hierro también le dictaba al árbitro lo que debía pitar. Era más fácil para el colegiado que ni siquiera tenía que consultar con el juez de línea.

La colectividad por encima del individuo. Di Stéfano quería jugadores que supiesen devolverle la pelota, principio y fin del fútbol, y convertía el juego en una pedagogía en movimiento. De una mirada descubrió en Puskás (con una barriga tal que parecía que iba a engendrar un balón) a un genio con un pincel en el empeine y se lo hizo saber a Bernabéu. Protegió a Gento desde sus comienzos, pero le hizo la vida imposible a Didí, la estrella brasileña que nunca quiso ocuparse de las tareas oscuras del fútbol. Y eso no se lo perdonó el argentino. Como en el Real contemporáneo, Zidane, conectado con aquel mito primigenio, no le perdonó a James el que no mirara para atrás, el que solo quisiera hacer el lujo que ocupara las portadas. Y también fue expulsado del Madrid.

Di Stéfano en el campo y Bernabéu allá en lo alto. Entremedias está el entrenador, convidado de piedra que debe adaptarse a los elementos de que dispone. El capitán del Madrid

4. David Mata. «Historia de la camiseta mágica», en Ecosdelbalón.com.

tiene esos privilegios porque él es la imagen del club. Y son los futbolistas los que toman las decisiones y se van llenando de poder hasta hacerse inexpugnables a cualquier razón. Incluso a la que viene de la directiva.

Cuando Puskás le dio un cabezazo a un jugador del Viena Sports en la ida de una eliminatoria europea, Bernabéu lo castigó. Mandó al húngaro a Barajas con un ramo de flores a recibir a la expedición vienesa. Di Stéfano podía ser el rey del vestuario, el que mandaba hasta las últimas consecuencias y el que contagiaba al club con su ansiedad psicótica por la victoria, pero el dios omnipotente era don Santiago Bernabéu, y así se lo hacía saber a los jugadores cuando excedían los límites de la ley que imperaba en el Madrid.

En la final con el Inter de Helenio Herrera que significó la caída del primer imperio madridista, pasó algo ya contado. Di Stéfano abroncó a Miguel Muñoz, el entrenador, por no hacer caso a sus indicaciones tácticas. Era inevitable. El rey no toleraba que sus ademanes fueran en vano. Y la derrota la regurgitaba en forma de ira. Bernabéu le quiso llamar al orden, pero Di Stéfano lo sintió como una humillación. Las jerarquías estaban rotas. Al argentino solo le quedaba partir. El Real Madrid devoraba a sus hijos, que habían volado tan alto que querían planear cerca del padre. Con Fernando Hierro, con Redondo y con Raúl se siguió el mismo patrón. No hay otro destino que el destierro para el que se ha convertido en un jugador indistinguible de la entidad: en un jugador-nación.

Estos jugadores-nación mandan hasta más allá del reglamento y se dan al equipo para que el equipo abreve en ellos. A veces eso hacen. A veces eso cuentan. Son jugadores que se embadurnaron de mito; ya sea por su pureza de sangre (Raúl), por su españolidad recalcitrante (Ramos) o por un estado indefinible entre la tiranía y la belleza (Redondo, Hierro, Roberto Carlos). No es fácil discernir entre su juego y el relato sobre su juego. Cuando el arco de sus carreras desciende, se cobran la deuda. Y ahí el mito los embrea como si fueran cormoranes bañados de petróleo. Todavía hermosos desde lejos. Feos y pesados de cerca, con sus funciones atrofiadas; impermeables a la luz.

Xabi Alonso, mariscal en el campo, pero no en el vestuario, no quiso que las viejas del Bernabéu murmurasen en su ocaso y se fue unos segundos antes de que esto le sucediera. Pero la decadencia forma parte de la fábula. Si es demasiado larga, demasiado obvia, se convierte en esperpento. Si el jugador se va cuando todavía rige en plenitud, eso parece una huida.

### Madrid yeyé de los antiguos y los modernos

«Pero los que confían en el Señor renovarán sus fuerzas; volarán como las águilas: correrán y no se fatigarán, caminarán y no se cansarán.» (Isaías 40:31)

Di Stéfano se fue en el 64. Todas sus cualidades se habían ido integrando en el club hasta convertirse en un lenguaje. No tuvo un sustituto. No era posible. Fueron unos pocos los jugadores que estaban tocados por la historia, y así se desenvolvían en el campo. De repente, algo cristalizaba alrededor de un futbolista, y sus palabras, sus gestos, su mirada se llenaba de peso. En el denominado Madrid yeyé estaban los antiguos: Santamaría y Paco Gento y, los nuevos, Sanchís, Pachín, Zoco, Grosso, Amancio y Pirri. Estos dos últimos fueron los que penetraron en la cámara secreta. Cada uno a su manera, desglosándose en dos lo que en Di Stéfano fue una única sustancia.

En Pirri (José Martínez Sánchez, Ceuta, 1945), todo, desde su nombre hasta su aspecto amenazante, le hizo ser depositario de los valores raciales que exigía la España de la época. Y el club blanco desde la consecución de las cinco Copas de Europa se había fundido con España o con cierta idea castiza de España más de lo aconsejable. De esto sin duda sacó rédito (surge el nacional-madridismo y los rivales del Real parece que no tuvieran derecho a existir), pero también fue un límite: el Madrid va resbalándose hacia lo furioso y lo temperamental, y lo bello y lo sutil va siendo desplazado hasta la llegada de la Quinta del Buitre.

En realidad, Pirri era un *todocampista* formidable, no solo por temperamento y agresividad, sino también por técnica y lectura de juego. Un jugador que tenía aquello de Di Stéfano:

la cualidad de lo indesmayable, de la lucha más allá de la razón, la ausencia de miedo y la fiereza en la idea: el Madrid estaba predestinado a la victoria y cualquier otra consideración era borrada a machetazos.

En 1968 juega una final contra el Barcelona con fiebre y con la clavícula rota desde un encontronazo en el minuto diez. Días después, Santiago Bernabéu entra en el vestuario y le ofrece como premio «la laureada»: una insignia misteriosa que se entregaba por primera vez. Pirri era también omnipresente y llegaba con cierta facilidad al área contraria, allí donde vivía Amancio Amaro (La Coruña, 1939), jugador gallego que garabateó sobre el césped de los campos ibéricos los quiebros, regates y recortes más espléndidos que se habían visto hasta entonces. Ganó la Copa de Europa de 1966 con un equipo en el que todos eran españoles y dominó el fútbol español hasta la llegada de Cruyff en 1973. Amancio era la temeridad al enfrentarse a los defensas; era la astucia y el talento para burlarlos; era el estallido del gol.

José Antonio Camacho (Cieza, Murcia, 1955) entró en la historia madridista muy pronto. Era la temporada 1974-1975 y el Barça visitaba el Bernabéu. El año anterior, los azulgranas habían meneado al Madrid por 0-5, y había miedo en el ambiente.

Camacho tenía diecinueve años, era un jugador casi niño, pero no imberbe. Nunca lo fue. Había debutado el año anterior, y el entrenador, Miljanic, lo puso a secar a Cruyff, el mejor jugador del mundo. Así lo cuenta Alfredo Relaño: «Camacho se empareja con Cruyff y parece unido a él por una cuerda invisible de no más de un metro. Andando, parados, esprintando, saltando… A ratos resulta casi cómico. El crac mundial y el principiante con melenilla de doncel, el uno de azulgrana, el otro de blanco, juntos, juntos, juntos… Dos extraños siameses».

El holandés no es capaz de quitarse su sombra, se desespera, abronca a sus compañeros y vaga por el campo sin rumbo con su nuevo amigo siguiéndole de cerca. El Barça perdería ese partido por un gol y la Liga por trece puntos. Había nacido otro símbolo madridista parido por Pirri, por Di Stéfano y por el Bernabéu: un hijo de la tenacidad, de la fiereza y del arrojo.

Esas cualidades fueron siempre la bandera de Camacho, y esas cualidades (o defectos, si se ahogan en sí mismas) adornaron al club hasta que Emilio Butragueño se quedó un día muy quieto en medio el área, escuchando los sonidos del fútbol. Ahí comenzó otra era: la Quinta del Buitre.

### El Madrid de los García: entreguerras

«Porque Dios no nos ha dado espíritu de cobardía, sino de poder, de amor y de dominio propio.» (2 Timoteo 1:7)

Antes de que amaneciera la Quinta del Buitre, el Real volvió a una final de la Copa de Europa. Fue en 1981, contra el Liverpool, el gran depredador de la época. Perdieron, pero plantaron cara. O eso se dice, ya que el equipo no podía aspirar a más. El Real Madrid, como España, estaba fuera de Europa, muy lejos en capacidad de influencia, en ritmo, en físico y en estilo de vida. Y no existía un Di Stéfano que obrara el milagro ni un Bernabéu que orquestara el club alrededor de su oronda figura.

Ese equipo de entreguerras tomó el nombre del Madrid de los García. En un momento de crisis económica de la entidad, se echa mano de la cantera y de ahí salen jugadores como García Remón, Vicente del Bosque o Ricardo Gallego. Pero es Ulie Stielike (1954, RFA), el último fichaje que hizo el jerarca madridista, el que lleva al paroxismo los ideales oscuros en los que había caído el equipo blanco. Con Stielike, granito en movimiento, la cólera que aguarda en el Madrid se convirtió en un fin en sí mismo.

«Quiero al del bigote, al que tiene tan mala leche», dijo Bernabéu sobre el alemán un año antes de morir.

Desgajado de la clase, se decía de él que no era vistoso, pero sí efectivo. Centrocampista con voluntad de poder para adueñarse de anchas parcelas del campo (omnipresente, otra vez), también jugó de líbero; destacaba su colocación, entrega y poderío físico. Tenía llegada y un chut demoledor, como suele darse en los naturales de la Gran Alemania. Ganó tres Ligas consecutivas (1978-80) en tiempos difíciles para el Madrid, en los que se le acusaba de todos los defectos de origen de la naciente democracia. Estuvo rodeado de hombres esculpidos en el tiempo por las tensiones de la época, que hicieron del carácter un estilo de juego. Santillana, Del Bosque, Camacho, Valdano y Juanito, entre otros, fueron sus compañeros. Con este último mantuvo un tenso melodrama, crudo y violento, despojado de las adherencias infantiloides de las pendencias de vestuario de hoy en día.

Los madridistas son prusianos sin disciplina, pero con más corazón. Solo la falta de arrojo no se perdona en el Bernabéu, y el carácter intratable (como redención última, mas allá de la inteligencia y la moral) unía a Stielike (orden y eficacia) y Juanito (el caos, el talento sin domeñar) en una íntima enemistad.

En 1981, el Real caía en la final de la Recopa ante el Aberdeen por un gol en prórroga. Juanito pierde la pelota al intentar hacer un túnel a un rival en el centro del campo, y en el contraataque siguiente el Madrid encaja el gol fatal. Stielike rompe los códigos del vestuario atacando en la prensa al andaluz y culpándole de la derrota. En Europa no se perdonan las pérdidas en el centro del campo, y un caño es un gesto retórico innecesario y peligroso (e impropio del Madrid: un equipo serio) en cualquier lugar que no sea el área rival. Stielike, como jugador-símbolo, se muestra despiadado con Juanito (que devino en mito al morir, no antes), como el mismo estadio madridista en muchas ocasiones. Un estadio que devora a sus hijos, pero también los perdona si muestran arrepentimiento y se transubstancian en la camiseta.

Con la llegada de Ramón Mendoza a la presidencia en 1985, el alemán pierde su sitio y emigra al Neuchâtel suizo. Tendría desde allí un último enfrentamiento con Juanito en un partido de la UEFA en el que, después de una serie de escaramuzas, el malagueño escupe a Stielike, que se venga con una patada alta en la frontera con el crimen. Una portada del *Marca* con el salivazo sería el broche de oro del centrocampista en el imaginario madridista: «¿Qué le digo a mi hijo cuando vea en una foto cómo escupían a su padre?».

Pero ¿cómo llegó al club ese jugador —Juanito— tan fuera del estándar madridista? A mediados de los setenta, Amancio se retiraba y Bernabéu andaba preocupado. Necesitaba un jugador que levantase a los espectadores de los asientos. Y no lo encontraba. Le hablaron de Juan Gómez, *Juanito* (Fuengirola, 1954), un futbolista pequeño, regateador y muy veloz, con ocasionales arrebatos de locura. Juanito había salido de mala manera del Atleti, pero se levantó sobre su sanguíneo carácter y llevó al Burgos hasta primera división. A Bernabéu le pareció una estupidez: era un chico ingobernable. Pero, por una vez, hizo caso de los técnicos y lo fichó por treinta y un millones de pesetas. Y Juanito se convirtió en una divisa del Madrid. En un demonio, un jugador de una personalidad extrema donde el público identificaba sus pulsiones más elementales.

Juanito nunca dejaba de regatear, de encarar, de burlar al contrario, que era rival y enemigo. Era un futbolista enfebrecido que fue adoptado por el madridismo hasta sus últimas consecuencias. Reformulaba un arquetipo, el de pícaro español, genial y golfo, capaz en un arrebato de desbaratar todo lo construido en una vida. Nunca distante, siempre generoso con sus emociones y con su juego, leal con los suyos y terrible con los rivales. Y después de su furia llegaban los remordimientos y el perdón a la afición. Juanito se comportaba como una folklórica: «pido disculpas al madridismo…», y el madridismo le perdonaba porque no había teatro ni simulación. Llevaba un diablo dentro y no lo ocultaba.

Una parte de la afición, la más circunspecta y exquisita, no soportaba los accesos de violencia de Juanito, que muchas veces dejaban al equipo con diez. Lo veían como un macarra más propio del Atleti de Madrid que del Real. Piensan que el Madrid es un palacio donde la violencia debe ser subterránea; debe ocultarse con una elipsis, como en las películas antiguas, donde se intuía la sangre, pero no se veía. «¿Qué dirían de nosotros si tuviéramos un jugador que anda embarazando mujeres por las esquinas?». Así hablaba Núñez, presidente del Barcelona, poco amigo del Madrid. Juanito se había convertido en un lugar común. El español irredento y sinvergüenza que proclama su chulería con el altavoz del equipo del Régimen (en este caso, del 78). Y esa parte del madridismo que necesita ser perdonada sentía vergüenza.

El resto del estadio, y casi toda la afición, adoraba a Juanito quizá porque su humanidad quedaba patente en cada gesto suyo. Algo que tenía el fútbol de aquella época y que se perdió irremisiblemente en los años noventa. Lo más difícil es acceder al corazón del futbolista. Juanito desplegaba sus entrañas por el campo a sabiendas de que podía ser herido. Y lo era. Pero le daba igual. Así fue esa generación. La que ha tenido una relación más cercana con la hinchada.

«¡Illa, illa, illa, Juanito maravilla!»

Tantos años después, el fondo sur del Bernabéu sigue cantando en el minuto siete al que fue su ídolo y que parecía marcado por un destino fatal. En 1992, murió en un accidente de carretera mientras venía de ver una eliminatoria europea de su Real Madrid. La transustanciación con la camiseta blanca había llegado a su extremo.

«El espíritu de Juanito» se decía cuando el Madrid necesitaba de algo extra para remontar un resultado imposible. En 1987, en una eliminatoria contra el Bayern de Múnich, Juanito recibe una entrada muy dura de Matthaus, el alemán odioso de aquellos años; el frío, técnico y áspero germano del que hablan los mayores. Juanito se fue a por él, que estaba en el suelo: saltó sobre su cuerpo, saltó sobre su cabeza y le pisó la cara con desprecio. Todo el madridismo saltó con él. Pidió perdón desolado, pero eso fue su canto de cisne en Europa. Poco después, dejaba el Madrid.

### La Quinta del Buitre, el cielo ganado sin esfuerzo

«Regocijaos y alegraos, porque grande será en los Cielos vuestra recompensa, pues así persiguieron a los profetas que hubo antes que vosotros.» (Mateo 5:12)

La alegría de Juanito también era disparatada. Se recuerdan sus saltos de júbilo al ser cambiado tras el cuarto gol al Borussia que certificaba una remontada de aquellas. En 1987, en un partido contra el Cádiz, Juanito sube sobre sus hombros a un jugador rubio que acababa de inventarse un gol de dibujos animados. El demonio aupaba al ángel. Le daba la alternativa y le cedía su dorsal: el 7. Ese ángel rubio era Emilio Butragueño (Madrid, 1963), un mito instantáneo desde que el Bernabéu lo vio pararse en el medio del área como si hubiera escuchado a su madre llamándole para cenar.

En el fútbol, las revoluciones siempre comienzan desde abajo. Esta vez fueron los niños. En el Mundial de España de 1982, hubo un conjunto, Brasil, que fascinó a una generación de chavales. En los futbolines todos querían ser Eder, con su disparo tremebundo. En el descampado, los altos soñaban con Sócrates; y el guapo que regateaba se llamaba a sí mismo Zico, y después de marcar un gol corría por la banda para que las chicas lo llenaran de flores. La selección española, un caos antipático hecho a brochazos de raza sin genio ni finura, no contentaba a nadie. Los chicos les tiraban piedras. Los adultos apartaban la mirada. Del Madrid se salvaban los cabezazos inverosímiles de Santillana y las paranoias de Juanito, muy imitadas en los barrios, pero el estilo de juego era algo muy lejano a lo que se había visto por la tele en el Mundial de Naranjito.

Desde la milagrosa final de Copa del Rey entre el Real Madrid y su filial, el Castilla, en 1980, el madridismo se había vuelto hacia su cantera. Se decía que los chavales de allí trataban el balón de otra forma, con otro gusto más propio de países lejanos. Se decía que jugaban con orden y con genio. El periodista Julio César Iglesias escribe un artículo a finales de 1983: «Amancio y la Quinta del Buitre». Amancio era el entrenador del Castilla y el *Buitre* era el apodo que se había inventado para Butragueño. Un jugador tan especial que necesitaba un apodo antes de ser bautizado en el Bernabéu. Eran todos de la misma edad, y el Buitre tenía una velocidad más que los demás; la quinta, una marcha extra que en aquella España no todos los coches tenían.

El Madrid como reflejo de lo español o de su contrario.

Es lo que más se parece al país en sus contradicciones, miedos y esperanzas. En su melodrama. Y en su origen oscuro para los que están al otro lado del río y ladran. Comparten defectos, obsesiones, quizá destino. Pero, a diferencia de la nación, en el madridismo, la alegría y el optimismo respecto al futuro siempre someten al sentido trágico y los malos augurios. En 1984 sigue latiendo algo fiero y autoritario en el fútbol del Madrid.

En realidad, en todo el fútbol español y europeo se andaba a ciegas por la senda del esfuerzo sin límites, la disciplina, el castigo y la inhibición de la belleza. Brasil 82 reverberaba al fondo. El Madrid de Di Stéfano quedaba lejos. Cruyff y aquella Holanda de los setenta representaban lo mejor de Europa. La geometría y la estructura al servicio de la felicidad. Pero Europa seguía lejos en la imaginación (que es donde sobrevive el fútbol), aunque estaba a la puerta de casa en la realidad. España se desgajaba de su inmovilidad y su dureza; surgía la Movida y un Partido Socialista que gobernaba entre sonrisas e ironías. En la provincia, Camacho y todo lo antiguo seguía siendo el estandarte, pero en el Bernabéu hacía tiempo que se pedía otra cosa, algo inexpresable, el tipo de espíritu o estética que se hace carne en las películas o en los libros de historia cuando se analiza retrospectivamente una época.

Se pedía algo así como la Quinta del Buitre.

De momento, ese *zeitgeist* tenía un nombre. Y la palabra es lo primero. Después surgió el niño. Fue parido en mitad del césped, el 12 de diciembre de 1984 en la vuelta de un partido contra el Anderlecht. En el torbellino de una remontada imposible (allí se había perdido 3-0), Butragueño metió tres goles. Fue un encuentro jugado por el Madrid entre temblores de agonía. La hinchada se había hecho carne con los futbolistas blancos y no hubo razón ni orden ni concierto sobre el campo. Solo un viento muy fuerte que surgía de la grada y un niño vestido de blanco que aprovechaba ese caos para traspasar mágicamente la portería.

«¡Buitre, Buitre, Buitre!», clamó el Bernabéu.

Era como si el esfuerzo tremendo hubiera parido un santo. El Madrid solo casta y sudor, excepto su punta de lanza: un chaval impoluto que nunca perdió la media sonrisa. Su puesta en escena no era de este mundo. Y el estadio de Chamartín, siempre dispuesto al milagro, lo apadrinó y lo protegió hasta que, muchos años después, Butragueño se quedó pasmado y de su cuerpo dejaron de caer los goles. Eso fue en 1995. Jorge Valdano, amigo y confesor, le abrió la puerta de salida. «Un jugador puede tener un lugar en la historia, pero no en la alineación titular», dijo.

Entremedias participó de una generación que cambió para siempre el fútbol español.

El día de la remontada, a las dos de la mañana, sonó el teléfono de Julio César Iglesias: «Soy Emilio —dijo una voz—. ¿Has visto lo que ha dicho la gente después de que metiera el segundo gol?».

En realidad, Butragueño había debutado en el primer equipo unos meses antes con Alfredo di Stéfano de entrenador. «Nene, calentá», le dijo un febrero de 1984. Era contra el Cádiz y se perdía por 2-0. Entró el Buitre y el equipo ganó 2-3. El chico tenía música dentro, no había duda.

«Butragueño era ese hijo futbolista que querían tener todas las madres del Estado de las autonomías.» Eso decía Manuel Vázquez Montalbán de la fiebre que despertó el genio rubiales.

En el vestuario, los veteranos llevados por el mismo instinto maternal que el Bernabéu le mimaban. El Buitre era parco en sus emociones, pero no tenía nada de frágil. Aprendió desde dentro lo que es el Madrid, y al final de la década era el principal actor en la trastienda del equipo. Negociaba las primas, imponía su visión en los fichajes y hablaba directamente con el presidente, Ramón Mendoza, ese socialista desenfadado y castizo que saltaba en los aeropuertos con los Ultras Sur. Cuando (como él) surgió de la nada el siguiente mito en el ciclo geológico madridista, el Buitre lo llevó a su casa para hacer oficial el traspaso de poderes: poco después, los últimos minutos del niño rubio fueron los primeros de Raúl. El nuevo 7 del Madrid.

Butragueño se tomaba muy en serio fuera del campo su condición de símbolo madridista. Dentro, solo jugaba. Le movía una intuición superior para saber por dónde se iba a decantar la jugada, una capacidad inhumana para la pared milimétrica y el gol, que, en sus primeros tiempos, lograba de cualquier forma y sin eco previo. Sucedía y ya. El jugador cumplía con la palabra de Bernabéu: «Hay que ser muy hombre fuera del campo y muy niño dentro de él». Y encontró los mejores socios para convertir el fútbol del Madrid en una pequeña utopía. Las posiciones eran móviles (como aquel Brasil 82), los centrocampistas acababan en zona de remate y los delanteros asistían en la zona de mediapunta. La estructura era fluida y mutaba al compás del talento. Gallego, Martín Vázquez y Míchel solían formar en el medio campo, y el Buitre, Gordillo y Hugo Sánchez andaban zascandileando por arriba.

Hugo Sánchez era el final de la rima madridista. Quizás el mejor delantero que el Real había tenido desde Puskás. Un rematador letal a un solo toque (treinta y ocho goles así consiguió en la Liga del 89). Concreto hasta lo absurdo, finalizaba de un plumazo los elaborados párrafos de ese equipo. Su asociación con el Buitre era similar a la que se vio años después entre Benzema y Cristiano. Butragueño ponía la pausa y hacía de frontón a la acometida de Hugo, que ejecutaba en una centésima con un disparo raso, siempre lamiendo el poste, el sitio del odio para los porteros.

Toda la banda diestra era la obra que levantaba Míchel y su apoteósica pierna derecha. Míchel (Madrid, 1963) era el chulo de la función, pero de una chulería aceptable, un poco rebelde, un poco melancólica, nada violenta, quizás infantil. Míchel se rebelaba contra algo que al final se supo qué era. El destino de la Quinta era abismarse y destruirse contra la Copa de Europa. Nunca ganarla. Trajeron la felicidad al Madrid, pero acabaron con un desierto por dentro. Y así finalizó la historia de esa generación en el esperpento de Tenerife, donde dos partidos absurdos perdidos contra un equipo entrenado por Jorge Valdano les privaron en los años 1991 y 1992 de dos Ligas que auparon definitivamente al Barcelona de Cruyff.

En el fútbol de la Quinta, las ocasiones nunca paraban de brotar. Los diez años anteriores de rugir de tripas y mascar de cráneos se habían volatilizado en cuanto el Buitre rozó su primer balón que fue para dentro de la portería. Ya no se hablaba de la casta o el coraje, ni la fiereza y los dientes apretados eran la bandera del club. El talento puro era el nuevo objeto de culto, y quizá también eso fuera la tierra sobre la que se levantó la lápida de esa generación. El físico era demasiado liviano, la táctica inconclusa y el coraje se había quedado en las noches europeas de la UEFA, años atrás. Tampoco Brasil ganó el Mundial 82, pero, como la Quinta, fue lo más recordado, lo más querido y lo que acabó cambiando el orden de las cosas desde la memoria.

Para muchos madridistas, especialmente los valdanistas, que defienden una forma moral de jugador de fútbol, la Quinta fue el Paraíso en la Tierra; que no lograran la Copa de Europa, es un accidente sin importancia. No fue así. La Quinta del Buitre era el Cielo ganado sin esfuerzo, tal era la distancia sideral que había con otros clubes en España. La técnica, que años después se impuso como religión, solo asomaba por Chamartín. En el resto del ruedo ibérico, los jugadores seguían corriendo, chocando y chutando como si no se hubiera terminado la posguerra. El Madrid ganó cinco Ligas seguidas con ese fútbol que iba del talento hacia el talento sin que el esfuerzo se cobrara ninguna deuda. Leo Beenhacker fue el entrenador venido del Ajax que debía traer la Copa de Europa a Chamartín.

En Europa, el límite del Madrid fueron las semifinales. Se cayó contra el Bayern de Múnich y el PSV holandés. Eran equipos inferiores en lo técnico, rácanos incluso, pero con una disciplina y una velocidad que los convertía en trituradoras. El Madrid interpretaba su juego con enorme libertad, las posiciones eran intercambiables, y bastó con que el PSV encadenara a los atacantes madridistas para que el juego blanco dejara de amenazar. La semifinal contra el PSV fue en 1988. Todos los jugadores de esa generación lamentan esa eliminatoria como la más triste de sus carreras. Los holandeses opusieron marcajes férreos y cierta violencia contra la desaforada ansia atacante del Madrid. Y ganaron. La Quinta comenzaba a impregnarse de cierta fatalidad.

Masacres.

El fútbol estaba cerca de cambiar. Al año siguiente, el Madrid volvió a las semifinales con un patrón de juego siempre voluble y siempre similar. Por el centro del campo asomaban Schuster, Míchel y Martín Vázquez. Una de las medias más poéticas que han existido. Enfrente estaba el Milan de Arrigo Sacchi. Un equipo dominado por un negro gigantesco, Ruud Gullit, y por un delantero tan cruel como exquisito, Marco van Basten. En la ida, el Madrid empató a un gol en el

Bernabéu. En la vuelta, en Milán, el Madrid salió con toda su caballería desde el principio: fue una masacre. La caballería contra los tanques. Unas mandíbulas de acero muy abiertas engulleron al equipo. El Milan, con una táctica asfixiante, presionaba la salida del balón de los blancos, que no daba dos pases a derechas. El 5-0 final certificó la muerte del espíritu europeo de la Quinta. Lo que quedó detrás fue un grupo genial de jugadores que hilvanaban un fútbol primoroso, pero antiguo, y ya todos lo sabían, comenzando por ellos mismos, que volvieron a caer al año siguiente contra el mismo adversario.

«No solo Maldini era más técnico, más rápido y sabía más de táctica; además era más guapo. Soy el presidente de los damnificados por Maldini», resumía Míchel su relación con el lateral derecho milanista Paolo Maldini.

Antes del partido, Ruud Gullit había notado el miedo en los jugadores madridistas. Se puso a la salida del túnel del vestuario y los miró uno por uno a los ojos. Solo Hugo Sánchez le aguantó la mirada. La Quinta había surgido de las cenizas del Madrid corajudo y castizo, y fueron esas virtudes suyas, la dulzura y el genio, las que la condenaron. La táctica llega donde no llega el talento, y los jugadores blancos estaban tan absortos en su propia capacidad que despreciaron cualquier rigidez que apuntalara su maravillosa forma de entender el juego.

Y después de Arrigo Sacchi vinieron Cruyff y Capello. El Madrid se fue quedando atrás fuera de las estructuras modernas que habían nacido en ese cambio de década.

El Buitre se iba quedando sin gol, pero no sin fútbol. Era un niño que no llegó a envejecer sobre el césped. Lo retiró Valdano a los treinta y un años sin que ningún público se volviera contra él. Nunca tuvo un gesto de prepotencia ni simuló una falta. Cuando se caía en el área, era penalti. No concitaba odio, sino respeto. Saltaba sobre las pocas patadas que los contrarios se atrevían a lanzarle. Tantos años después, Iniesta, provocó los mismos sentimientos por todo lo ancho y largo de España. Pero no existe el madridista ganador de la Copa de Europa que no se alimente del odio ajeno. Quizá eso construya su dureza, que utiliza como una gema cegadora en los momentos dramáticos donde todo se vuelve irremediable. Eso lo tuvo desde el principio el siguiente jefe del vestuario. Gran capitán temido en Europa entera.

### Fernando Hierro y los años pedregosos

«Rescatará su vida de la opresión y de la violencia, y su sangre será preciosa ante sus ojos.» (Salmos 72:14)

20 de mayo de 1998. Final de Champions entre el Real Madrid y la Juventus. Los italianos tienen la estructura y el talento. Los madridistas, la fe. Y a un central nacido en Málaga al que la historia reciente del Madrid se le quedaba pequeña: Fernando Hierro (Vélez-Málaga, 1968).

Lo más difícil de ganar es ser un campeón. Porque para ser un campeón hace falta haber ganado. Esa memoria es la que aúpa a un gran jugador a una esfera superior. Los futbolistas que se enfrentaban a la Juventus (reciente campeona de Europa) estaban entre los mejores del mundo, pero no habían ganado. Y sentían como suya la ansiedad gigantesca de un club para el que la victoria en la Champions es la diferencia entre la vida y el fracaso. Pero tenían a Fernando Hierro.

20 de mayo de 1998, treinta y dos años después de la última Copa de Europa ganada. Zidane (*bianconero* en aquel entonces) se descolgaba detrás de Fernando Redondo y de Seedorf para conectar con Del Piero e Inzaghi, los delanteros juventinos. Y lo conseguía con continuidad y precisión, pero no pasaba nada. ¿Por qué? Ocurría que del fondo de la cueva surgía Fernando Hierro y rompía con elegancia el encantamiento del juego de la Juve. Trataba a los delanteros italianos como un padre trata a sus hijos: quitándoles la pelota sin miramientos y echándoles de su lugar de trabajo, que estorbaban. En un momento indeterminado de la primera parte, Del Piero estuvo cerca de irse en un requiebro. Hierro se echó al suelo y se hizo un silencio en el estadio. El italiano se retorció de dolor y el árbitro le sacó al malagueño la tarjeta amarilla. El malagueño abrió sus fauces y estuvo cerca de tragárselo. Ese ruido seco de la patada sonó como el final de la Juve. Ni del Piero ni los italianos volvieron a atacar con la confianza del principio.

«El central andaluz protagonizó un partido como para presentar oposición no a mejor central del momento, sino a mejor futbolista del planeta. Ver ese encuentro hoy en día, cuando estamos inmersos en tiempos de nada menos que Sergio Ramos y Gerard Piqué, borra de la mente posibles debates sobre el defensor más imperial de la historia del país. El grado de dominio esgrimido por Hierro ante la entonces traumatizante pareja formada por Del Piero e Inzaghi supera lo lógico y no existen palabras para describirlo», explica Abel Rojas en *La séptima*.[5]

Hierro aterrizó en el Madrid en el verano del 89. Radomir Antic, el entrenador blanco, lo emplazó como mediocentro desde el principio. No tuvo problemas de adaptación al Bernabéu. Zancada amplia, elegante. Gestos subrayados, algo dramáticos. Mirada seria que se iba volviendo torva si la situación lo requería. Llegada tremenda desde atrás que recordaba a la de Stielike. No miraba hacia el pasado al subir, ni pedía disculpas al defender. Había un rastro de la ley vieja dentro de sí, y el estadio lo advirtió desde el principio. Aun así, no fue un ídolo instantáneo. Se vivía todavía bajo otro régimen, el de la Quinta del Buitre, que, en cierto sentido, era opuesto a las cualidades que Hierro desplegaba con altanería sobre el campo. Hasta su crepúsculo, nunca hubo dudas sobre él.

El Buitre y Hierro, principio y fin de la raza. Si Butragueño siempre pareció niño, Hierro desde el principio se comportó como un hombre mayor. Y, en su ocaso, se movía como un anciano irritado por tener que desplazar su carrocería. Compartía vestuario con un central con el que a veces formó pareja: Manolo Sanchís (Madrid, 1965), un capitán silencioso del que no es posible saber cuál era su peso real en las decisiones del equipo. Todo lo hacía en ausencia de luz. Defendía por anticipación, pegaba poco y con sordina, salía desde atrás con una suavidad desconcertante. Pero el que fue asumiendo poder hasta convertirse en un auténtico jefe tribal fue su compañero, Hierro. Capitán solo cuando Sanchís se retiró en 2001.

Hierro se forjó en lo más triste y pedregoso de la historia

5. Ecosdelbalón.com.

moderna del Madrid. Los años que van de la catástrofe de Tenerife al renacimiento y caída con Jorge Valdano. En esos cuatro años (1990-94), el Madrid se quedó sin dinero, sin aura y sin estructura sobre el campo. Hierro marcaba goles y sostenía el equipo; en muchas ocasiones parecía el representante de Dios en la Tierra. Pero todo ese esfuerzo era baldío. No tenía la recompensa de los títulos y su carácter se fue haciendo más áspero si cabe.

Valdano lo puso de central: esa decisión cambió su carrera. El malagueño no se consideraba defensor. Tenía alma de delantero, como dijo en ocasiones. Era feliz en el gol, en las llegadas con disparo tremebundo, elevándose como una sombra tras los defensas para ejecutar al portero. Pero, a pesar de su clase evidente, su circulación de balón dejaba que desear y tendía a precipitar los ataques con su majestuoso pase en largo. Cuando arribó a la final de Ámsterdam, Hierro ya era un defensor absoluto. Hacía tiempo que había descubierto su poder; había llenado su máscara, que tenía una gravedad extraordinaria por la cantidad de velos que había tenido que descorrer.

Quizás esa final le llegó demasiado tarde. Su momento álgido fue la montaña desde que visualizó su declive. Era un hombre grande y aparatoso, y poco a poco fue perdiendo piezas por el camino hasta que en otro partido con la Juventus, semifinales de la Champions, abril de 2003, pareció un montón de chatarra amontonada en el área, incapaz de girarse, seco de cintura, roto por los delanteros que lo veían como un gran barco varado en una playa.

Hierro abroncaba a sus compañeros, al árbitro y a los delanteros rivales que osaban sobrepasarle. Era expansivo y terminal en su vocabulario y en sus gestos. «¡Nos tienes que joder siempre!», le gritaba al colegiado del Tenerife - Real Madrid en 1993 con una mueca desencajada en el rostro, los ojos enrojecidos y el ademán furibundo.

Como a Di Stéfano, perder le sacaba lo que sea que tuviera dentro aletargado. Y es algo que conviene no enseñárselo a los niños. Y, como Di Stéfano, se aupaba en los peores momentos sobre el equipo, daba una patada al campo y todo temblaba. Sucedía un instante en que sacudía el césped como los gigantes en los cuentos. En sus compañeros estaba el seguirle o no por la senda que había abierto entre los enemigos.

Hierro tenía jerarquía. Llegaba al corte con la puntualidad de un tren de cercanías. Convertía a los árbitros en estatuas de sal cuando los miraba lentamente. Sacaba el balón con la cabeza alta y, cuando rompía hacia el campo contrario con la pelota controlada, era como Moisés dividiendo las aguas. En su etapa crepuscular, más allá de 2000, sus patadas a destiempo infundían pavor entre los rivales. Era la figura del Padre tal y como la cuentan en el Antiguo Testamento. Guardaba a los suyos, que corrían a refugiarse en sus dominios. Imponía una ley en el campo, en las salas de prensa y en el vestuario. Nunca contempló su reflejo en los medios, nunca dulcificó su imagen. Decretaba el silencio del vestuario cuando el Real estaba cercado. A veces parecía fuera del tiempo, en un fútbol que ya no era severo y que se estaba convirtiendo en algo más ligero, más banal. En la prensa se le dibujaba como un ogro y él asumía el papel con gusto.

Cuando el Madrid anunció la contratación de Beckham y oficializó su forma de ser galáctica antes que humana, Hierro dijo lacónicamente: «No me apetece dar una opinión sobre Beckham».

En la consecución del título liguero de 2003, Hierro no permite al equipo dar una vuelta de honor al campo. Le ampara su instinto de clan, la traición que cree que el club cometió el año anterior con Morientes (traspasado a última hora) y la negativa de la alcaldía de la ciudad a que los jugadores se subieran a la Cibeles. Hierro desafía a Florentino Pérez y convierte la celebración en un funeral. Es su último acto en el Madrid. Después de eso, cae el telón. No se le renueva, y él y Vicente del Bosque se pierden en la niebla de los expatriados del Madrid.

El equipo blanco no vuelve a ganar la Champions hasta once años después; está siete años sin volver a pisar semifinales. Eso era Hierro. Un torrente de sangre antigua corriendo por las venas del Bernabéu. Y eso le condenó. El Madrid quedaba huérfano del padre, pero tenía un paño sagrado al que agarrarse: Raúl.

## Un amuleto: Raúl, el raulismo y la fuerza que no brilla

«Pero el Señor dijo a Samuel: No mires a su apariencia ni a lo alto de su estatura, porque lo he desechado; pues Dios ve no como el hombre ve, pues el hombre mira la apariencia exterior, pero el Señor mira el corazón.» (1 Samuel 16:7)

«¡Raúl es el Madrid!», gritaba la gente en provincias de forma tan enfervorizada que daba miedo. Entendían los hombres que Raúl González Blanco (Madrid, 1977) estaba hecho de la misma sustancia que ellos mismos. Era un segregado del pueblo madridista más esencial, el que viene de una España sin burguesía, la que no tiene un cielo propio.

Jorge Valdano: «Dentro de unos minutos daré la alineación y tú estarás en el equipo titular. Te lo digo para que no te asustes».

Raúl: «Usted sabrá. Póngame si quiere ganar; y si quiere perder, no me ponga».

Tenía diecisiete años y una mirada insolente. Era 1994 y Butragueño había dejado un vacío enorme en el corazón del Bernabéu. A Raúl esa mirada se le fue poniendo turbia con los años. Al final era tan opaca como su manejo de la tramoya del Madrid.

En su primer partido, en La Romareda, falló seis ocasiones de gol; una semana después marcó contra el Atleti de Madrid y fue el mejor del partido. Como el Buitre, fue un bautizo instantáneo el suyo, y era un futbolista igual de singular. De un vistazo, se le reconocía. Se sabía quién tenía el balón en ese momento. No tenía el resplandor de Butragueño. No apetecía pasar la tarde viendo cómo se agachaba por las cerezas. Daba igual. Su apabullante puesta en escena remitía directamente al príncipe que construyó el Bernabéu: don Alfredo.

Ese primer Raúl parecía recién escapado de un correccional. La equipación le quedaba enorme; sus rasgos, afiladísimos, escupían la calle a la cara del espectador. Era enjuto, delgado, tan esencial como su fútbol. Corría por todo el campo siempre con la misma rapidez. Pasos cortos y anticipación al contrario. Raúl ya había pensado la jugada antes de que ocurriese. Aparecía en banda y sus centros eran definitivos. Su pase interior tenía la estela del mejor mediapunta. Y en el área solucionaba los embrollos cada vez de una forma diferente.

No era el más rápido, pero sí el más veloz. En cada incendio que había en el campo, él llegaba el primero. En el desmarque hacia el gol, él aparecía solo con el defensa jadeando detrás. Era la inteligencia, y eso hacía sonreír al Bernabéu. No era ni guapo ni feo. Su expresión era la de un hombre siempre alerta, la de un animal perseguido cuya forma de escapar de la muerte podría ser el gol o la victoria.

Porque no podía perder.

Así fue desde su primer partido hasta que colgó la camiseta. Haría sobre el campo cualquier labor imaginable que acercara a su equipo a la victoria. De interior, de mediocentro, de mediapunta, de extremo, de delantero centro y de segundo delantero. Jugó en esas posiciones, muchas veces en el mismo partido. Nunca chocó con nadie ni le pisó la zona a un compañero. Era leve o definitivo en la misma jugada. Se acercaba o se alejaba del balón según conviniera. Creaba espacios y descubría a compañeros detrás de ellos. Fue durante muchos años (hasta su apendicitis en 2003) el que remendaba un Real Madrid genial y tambaleante, sin más táctica que el talento de sus jugadores.

«Estamos en Dortmund, el día antes de jugar un partido clave de la Champions League frente al Borussia en febrero de 2003. Los jugadores esperan en el vestuario el momento de salir al último entrenamiento. Mientras sus compañeros terminan de vestirse, Ronaldo y Roberto Carlos, en un espacio muy pequeño, empiezan a tocar el balón con una técnica y una gracia que producen risa. Porque hay algo de *chaplinesco* en el juego que expresa, en toda su riqueza, al fútbol sudamericano. De alguna manera, que no sabría explicar, estoy emocionado por la belleza del momento. Me despierta Raúl, que pasa a mi lado y sentencia: "Para ganar mañana, eso no sirve"», cuenta Jorge Valdano en 2004.[6]

En Europa, desde 1996, el Real iba inventándose según pasaban eliminatorias. Se fue convirtiendo en un conglomera-

---

6. «El genio de lo concreto», *El País*.

do lleno de deudas, rencores y fútbol secreto. Así se ganó la final de Ámsterdam, donde Hierro fue el cacique, y los demás títeres en sus manos. A partir de entonces, el Madrid fue obra de Raúl. Roberto Carlos y Redondo tenían tanto peso en los partidos clave, pero era lo que flotaba sobre el 7 lo que daba forma al equipo. Las jugadas nacían de la nada, y Raúl las volvía irreversibles. El equipo se vestía de oscuridad en los días normales y emitía señales venenosas en los momentos señalados. Pocos lo tenían en cuenta, como el mismo Raúl, del que nadie diría que es un deportista y menos un genio. Era lo previo al fútbol, y en Europa, mostraba una ascendencia sobre los partidos muy superior a las otras figuras del continente: Zidane, Ronaldo, Beckham o Del Piero.

La Champions de 2000 fue el torneo donde demostró su superioridad. Ferguson, mánager del Manchester United, lo proclamó como el mejor jugador del continente. «Raúl es la imaginación», dijo.

Los tres goles con que crucificó a los *Reds* en su campo lo auparon a mito continental. Dos años después, en pleno florentinismo, marcó el primer gol de la final de Glasgow contra el Bayer Leverkusen (2002), ese balón mordido que cruza burlón delante del portero alemán. Era el rey de los goles torcidos, que son los que dan los títulos. Para el brillo y el oropel, estaban los otros.

El florentinismo solo ficha jugadores que hagan volar la fantasía. Vino Figo y luego Zidane. Al año siguiente, Ronaldo. Todos amenazaron la posición de Raúl de alguna manera, pero el madrileño seguía jugando. El equilibrio profundo de ese equipo absurdo y genial lo contenía él en su ceño fruncido. Pero desde la llegada de Zidane, Raúl no volvió a brillar. Se ocupó de la intendencia, de los goles tontos o de asistir a los demás. Y el madridismo comenzó a rumiar un desencanto contra un club que se llenaba de príncipes llenos de lazos y que hacía que el rey verdadero, al que le pertenecía por linaje la corona, tuviera que dormir en un jergón, apartado de la gente para disimular su presunta fealdad.

Ronaldo se quedaba anonadado cuando el Bernabéu ovacionaba a Raúl. Lo veía pasar cerca de él, con la espalda cada vez más encorvada; no entendía su ascendencia sobre la mole de granito.

Cada jugador arrastra una cultura consigo. En España, país de insondables prejuicios católicos, el más grande y fuerte no puede ser delantero, porque eso es abusar. El que marca goles es el pequeño habilidoso o el esmirriado que parece que huye de los demás. Al de la exuberancia física no se le valora, eso se toma como una facilidad demasiado obvia, casi insultante. El excesivo método tampoco se aprecia. Es la astucia, la posibilidad de excavar túneles en el campo para llegar al gol por un atajo lo que vuelve loca a la afición.

Es Raúl.

En ocasiones, parece que Raúl era el último resto de la posguerra que había venido a ganar solo con cualidades inmateriales: la imaginación, el coraje y una crueldad que mata cualquier inocencia de los contrarios. El arrojo, el carisma, el temperamento contenido pero feroz, y esa sensación de no estar nunca vencido por el escenario, son cualidades que se toman por madridistas y que el hincha desearía con todo su corazón llevar a cuestas.

Raúl, otra vez.

A mitad del año 2003, Raúl tiene una apendicitis que lo aparta en el momento crucial de la temporada. El Madrid pierde las semifinales de la Champions ante la Juve. El madrileño era el unto que ligaba las partes. Cuando volvió de su enfermedad, ya no era el mismo. Su velocidad había desaparecido. Sus gestos eran desangelados. Había perdido lo liviano que le hacía surgir antes que los demás en cada rincón donde podía pasar algo. Tuvo miedo de perder el sitio y comenzó a luchar no para ganar, sino para sobrevivir. Empezó a reivindicarse señalándose el dorsal. Perseguía con saña los balones que se iban por la banda buscando el reconocimiento del público. Aplaudía de forma distraída las carreras de sus compañeros a ninguna parte. Si el coliseo blanco dejaba escapar algún silbido, el madrileño lo miraba fijamente. Raúl tenía sojuzgado al Bernabéu; era piedra, parte de su historia.

El Real estuvo una larga temporada sin ganar títulos y en la peor disposición. Tenían al equipo más caro del mundo como si fueran maniquíes en un escaparate. Era algo odioso, esa falta de espíritu, de tensión. Fueron los años de 2004 a 2006. El Madrid volvía a estar lejos del ritmo europeo, pero lleno de grandes figurones que estaban vacíos por dentro. Se revelaba lo contrario de lo que había significado Raúl: el ganar teniendo menos, viniendo desde atrás, como en aquella final contra la Juventus donde el Madrid ni siquiera tenía preparado el champán, que fue cedido en el último momento por los italianos.

Y el madridismo se echó en brazos de Raúl, único representante de la estirpe que quedaba en pie y que no parecía haber traicionado a la entidad. Era el capitán del Madrid desde la marcha de Hierro. Su jefatura era tribal y austera. Estaban los españoles que le habían acompañado en el periplo: Casillas y Míchel Salgado, y estaban los demás, con los que no tenía demasiada relación. Raúl fue convirtiendo al Madrid en una réplica de sí mismo. Un jugador ya sin encanto y con una capacidad competitiva menor. Le daba para ganar la Liga, pero el equipo caía aplastado por los campos europeos. Estaba obsesionado por la supervivencia y se olvidó de jugar por el camino. Metía goles rotos, mordidos, cansados. Era Raúl, y la afición lo tenía por un amuleto. Hubiera metido goles después de muerto, y el Bernabéu le habría ofrecido un aplauso reverencial.

El equipo se amoldó al discreto ritmo de Raúl en un momento en que Europa despegaba hacia la velocidad de la luz. En la temporada 2007/08, Schuster lo acercó al área y Raúl volvió a hacer dianas. Se le exigió para la selección. Ocupaba las portadas de la prensa deportiva. Se despreciaba a cualquier estrella que pudiera moverle del puesto. Raúl influía desde la sombra y acabó deglutido por ella. Era el *raulismo*: conglomerado de poderes entrecruzados que tenía como fin la supervivencia del futbolista. Prensa, jugador y representante manipulaban el sentimiento de postración de la afición hacia el último mito viviente del Madrid.

Cuanto más clara era la decadencia, más alto gritaban las portadas. Todo acabó cuando la primera carrera de Cristiano Ronaldo retumbó sobre el césped del Bernabéu. Raúl asumió el banquillo en silencio. La primera vez que saltó al césped volvió a luchar como en sus años dorados y, claro, se lesionó.

Aquello demostraba la parodia que habían sido sus últimos tiempos en el club blanco.

Se fue del Madrid sin grandes aspavientos a un club alemán, el Schalke 04, donde otra vez volvió a ser feliz. Llevó al Schalke a las semifinales de la Champions League, la competición de la que conocía todos sus intríngulis. Una hazaña. Hay clubes sin aura que se gastan millones de euros y que año tras año caen en las primeras rondas de la Champions. Luego vinieron la península arábiga, la liga estadounidense y el retiro definitivo. Y después de su adiós, se puede volver a decir en alto: Raúl no es el Madrid, pero representa mejor que nadie al madridismo.

Y lo representa de una manera más penetrante que cualquier otro jugador que haya pasado por la Casa Blanca. Aquellos hombres que gritaban desaforados quizá tuvieran razón.

### Sergio Ramos, sentimental y furioso

«Huye, pues, de las pasiones juveniles y sigue la justicia, la fe, el amor {y} la paz, con los que invocan al Señor con un corazón puro.» (2 Timoteo 2:22)

Sergio Ramos (Camas, Sevilla, 1986) llegó al Madrid procedente del Sevilla. Tenía diecinueve años, era el verano de 2005 y el Madrid era un club envuelto en una crisis telúrica. Crisis de valores, crisis de resultados, crisis en la misma idea del club que había refundado Florentino. Vino con la etiqueta del precio colgada: veintisiete millones de euros. Jamás se había pagado eso por un jugador de su edad y menos por un defensa. En el Sevilla, Ramos emanaba una energía magnética y jugaba subido a un potro salvaje. Desde el momento en que pisó Chamartín siempre fue titular. Desprendía aquello que tienen Raúl o Cristiano. Una actitud insolente para pisar la zona del campo que creyera adecuada. Actuaba como un colonizador. Y algo más: era la catarsis hecha futbolista. Eso le costó muchos disgustos y, al final, cuando cruzó todos los páramos que el destino le tenía reservado, se aupó sobre su propio pedestal y cabeceó un balón que le valió la vida al Madrid.

Andalucía es pródiga en descampados y está llena de sol. Ese es el contexto donde nace un futbolista. La educación sentimental no es la misma que en Castilla, guardiana de sus emociones, sentida y silenciosa. A los chavales del sur, nadie les llama la atención, nadie les dice que no y el sonido de su propio talento no los asusta. No hay lugar donde salgan tantos jugadores geniales, sin complejos y con la luz encendida en los momentos donde todo se condensa. Eso es el Madrid, y no el rollo patatero del esfuerzo. Y ahí está Ramos, sentimental y furioso. Flotando entre lo artístico y lo criminal. Un jugador andaluz.

Se fue forjando en la fatalidad de una temporada sin título. Veía ir y venir a las grandes estrellonas, a los entrenadores y a los presidentes, e iba entendiendo lo que era el Madrid y la importancia de labrarse un hueco en el vestuario. Su juego abrasaba la banda derecha a la manera de Roberto Carlos, pero de forma más corajuda y azarosa. Sus centros de rosca solían encontrar la cabeza de Raúl, con el que se entendía en el campo a la perfección. A veces dejaba a su espalda una enorme pradera en la que podía fundarse una civilización. Se daba la vuelta y allá iba, desnortado y a lo loco para tapar sus propios errores de colocación. Era la llamada de la sangre, que le ofuscaba. Y llegaba tarde y arrasaba al delantero. Era penalti y expulsión. Ramos salía maldiciendo por lo bajo ante el silencio exasperado de la hinchada.

Fue feliz en los años de Capello, Schuster, Juande Ramos. El Madrid era un equipo menor, de entreguerras, pero vivía al filo. Las remontadas eran la norma; el apretar los dientes, la ilusión de cada día. Sergio está hecho para eso y sobrepasa cualquier expectativa que se tenga sobre palabras gastadas: coraje, rabia, casta. Era tremebundo y sobrevolaba el campo como un bombardero. El problema es que no se medía y en ocasiones golpeaba sus propias posiciones. Los fondos del Bernabéu, siempre atentos al subsuelo del Madrid, le adoraban. El resto, la gran masa circunspecta, arqueaba las cejas al verlo atacar el rancho enemigo como si fuera un siux en una película de vaqueros.

Además, Ramos tenía un trato con la pelota que no se

conocía en un defensa. La llevaba bien domesticada, cerca del pie, y sus pases eran tensos y llenos de veneno.

Se fue volviendo un jugador discutido (nunca por los entrenadores) por la hinchada y por los periodistas.

No era consciente de sus limitaciones. *Nacido libre* podía titularse su autobiografía. Eso le llenó de tarjetas y de reproches que fueron a parar a su museo personal; pero eso también hace que devaste a los rivales cuando el valor es solo una palabra que alguien escribe en su diario.

En la temporada 2008/09, el Madrid se jugaba la liga contra el Barcelona en el Bernabéu. La distancia entre los dos equipos era sideral, pero la prensa, necesitada de competición, se había inventado una remontada del Madrid («la Liga del clavo ardiendo») que tenía los cimientos de papel. El Barcelona baila al equipo blanco al son del nuevo estilo que había codificado Luis Aragonés en la Eurocopa de 2008: el tiki-taka. El resultado es 2-6 y Sergio Ramos el jugador al que todos señalaron.

Es cierto que Thierry Henry le cogió dos veces la espalda de forma aparatosa y que fueron dos goles nítidos en los que se supo inmediatamente quién era el culpable. Pero Ramos metió un gol y dio el pase del otro, el que anotó Higuaín de cabeza. Fue el único que plantó cara a la fatalidad. A su manera, mirando a los ojos al partido, sin ocultarse y sin tapar sus errores. Siempre sale en la foto de lo peor del partido. Juega con una generosidad sin límites y lo acaba pagando. Pero es tenaz, persiste en su carácter y ha logrado darle la vuelta y convertir sus defectos en virtudes abrasadoras, y convencernos de que no tiene limitaciones, puesto que su fe es siempre infinita. Esa es la clave de este Madrid contemporáneo. La línea que une a Cristiano con Ramos, dos futbolistas que acabaron convenciendo al mundo de que su verdad era la única posible.

Llegó José Mourinho y le invitó a jugar de central. Nacía la pareja Pepe-Ramos, una marea de piedra contra la que chocaban las esperanzas de los delanteros. Pepe y Ramos representaban un límite físico y otro mental. Ninguna pareja de centrales anterior a ellos devastó una extensión tan enorme de terreno; ninguna era tan rápida corriendo hacia atrás y hacia los lados. Alguna fue igual de expeditiva, pero estos juntaban crueldad, rapidez y una estética futurista. La gente se paraba ante el televisor para ver el espectáculo. Tenían la belleza de una película de catástrofes. Ramos se dejaba convencer por Mourinho, pero nunca lo interiorizó. Pepe era un esquizofrénico al que los días pares dejaban salir del sanatorio. A los dos se les sumaba Marcelo, un enviado de los diablillos que cambian las cosas de sitio y que tenía como misión desordenar el campo y poner patas arriba la razón.

En un partido cualquiera, Ramos comete una falta en campo contrario y corre hacia atrás hablando alto como si dialogara con los muertos del Madrid, como si solo a ellos tuviera que rendir cuentas. Desde la banda, Mourinho se burla de la afición rival y el partido entra en un torbellino que amenaza con descomponer a la nación. La velocidad era enorme y Marcelo no tenía ganas de bajar la banda para encontrarse con sus fantasmas. El espectador miraba y una idea siniestra se colaba en su corazón: la imposibilidad de ganar la Copa de Europa (competición donde errar es morir) con una defensa llena de santos, genios y tarados.

Ramos gesticula de forma exhibicionista; los contrarios lo saben y lo buscan. A cualquier contacto suyo, se dejan caer en el fondo de una pantomima. El árbitro se acerca al andaluz y lo expulsa de forma ceremoniosa. Mourinho le recrimina algo muy grave: no conocer la artesanía del oficio.

Ramos pasó su infancia coleccionando estampas de mártires, guerreros y hombres con un *travelling* asociado que salvaban a la humanidad con un golpe de ceja. La cotidianidad es una tortura para él; quiere mirar al sol en cada jugada y su engreimiento es castigado por la geometría, los árbitros y el señor del bar, que detesta su madridismo ostentoso.

Tiene también un ramalazo folklórico, como aquel Juanito. Cuando el Barça vapulea al Madrid por 5-0, Ramos, furioso, se lía a patadas con todo aquel que sale a su paso y es expulsado. Un corazón indomable. Jorge Valdano, tan pendiente de la imagen del Madrid, le obliga a salir a pedir disculpas. Apenas se le entiende. Es un momento de humillación. Pide perdón: ¿por qué?, ¿por existir?, ¿por ser del Madrid?, ¿por no ocultar sus emociones?

Es una lección. Ramos en el futuro se calmará y comprenderá lo que es ser capitán del Madrid y sus obligaciones político-sociales; pero no volverá a disculparse.

Llega Ancelotti, baja la velocidad del equipo y la ansiedad que inundaba al club. Ramos va teniendo un poso que se le nota en el ademán, a veces todavía demasiado crispado, pero ya cargado de poder. Empieza a tener cosas de Hierro. Cuando comete un penalti aparatoso, se dirige a su víctima reprendiéndole con gesto flamenco y acto seguido mira fijo al juez de línea para indicarle lo que debe pitar. No siempre cuela.

Ramos ejerce de pivote en la salida del balón, y sus pases diagonales de sesenta metros llegan al sitio donde el jugador ha puesto la cruz. Sigue igual de abrasivo que siempre, en ciertas noches nadie puede acercársele, y eso es algo significativo en un defensa. No solo guarda su parcela. Intimida. Los contrarios se lo piensan antes de meter el pie, antes de adentrarse en los dominios del gran depredador. Son asombrosas sus salidas al ataque. Parece guiado por el principio del deseo y arrastra consigo toda la afición. Ramos se viene arriba y el Bernabéu respira con dificultad. Eso fascina al viejo estadio y también le aterra. Todos saben que puede llegar la pérdida, el fallo monumental o la patada desde atrás que dejará al equipo con diez.

En los córneres proyecta su locura de una forma sistemática. Cuanto más profundo es el atolladero donde está el Madrid, más irracional es el cabezazo de Ramos.

Al Bayern de Múnich, en mayo de 2014, Ramos lo tumba a cabezazos. Ahí todos comprenden que es un hombre con un sentido colosal de su propia leyenda. Son las semifinales de la Champions, las que abren la puerta de la final tantos años implorada.

Se acerca la final contra el Atleti. En los himnos, Ramos se proyecta hacia arriba en silencio, como si fuera a salir un haz de luz para transportarlo al sitio que le está prometido. Llegan los últimos minutos. Ramos oye algo y se dirige al área. Es un córner, quizá la última esperanza que tiene el Madrid de empatar el duelo contra el Atlético. El balón está suspendido en el aire y por detrás se ve la sombra gigante del andaluz, lanzado contra la pelota como si intentara romper un acantilado a cabezazos. Es gol, entra picado en la base del poste, el único sitio que quedaba virgen en la portería de Courtois.

Desde entonces, el madridismo comenzó a pedir estatuas ecuestres de Ramos cabeceando un córner en cada plaza de España. Los niños sueñan con que su habitación arde y entra Sergio y los saca en brazos. Pocas veces se había visto un jugador que esculpiera de forma tan consciente su propio mito. Desde ese momento, su juego se hizo más pausado y con una densidad muy superior. Sin Ramos, el Madrid estaba desahuciado; con Ramos, siempre quedaba un recurso argumental para el último plano.

El verano siguiente al milagro de Lisboa, el madridismo lo pasó entretenido con la renovación del sevillano. Sabemos que, si no existiera el Madrid, en las noches ardientes de estío, las multitudes se tirarían al vacío para estrellarse contra la realidad. Y como servicio público que es se le pide que infecte a la nación (y al resto del mundo, desde ahí) con un melodrama lo suficientemente ambiguo para que cada uno ponga sus obsesiones a bailar sobre la noticia.

Sergio Ramos ha dicho al Madrid que escuche ofertas por él. (Es julio de 2015.)

En la casa transparente que es el Madrid en verano, hombres arremangados subastan el honor del camero. El hombre malo lo persigue. El año pasado se llevó a Di María, y Menotti, desde su montaña hecha de ideología y espuma, acusó al Madrid de maltratar al argentino, niño de la calle de repente. Un año antes fue Özil, otro desamparado, el que fue arrastrado por la resaca de finales del mes de agosto.

Pero nadie se va del Madrid. Ese es el último tabú. Y menos un jugador que ya tiene la estatura de los antiguos y desde allí nos mira. El aficionado siente la traición muy dentro. ¿De quién será la culpa? ¿Será de Florentino que apenas le paga seis millones limpios, muy lejos de los grandes defensores europeos? Eso insinúa cierta prensa. Ramos, el segundo mejor jugador del equipo, el que salva a la humanidad en el último suspiro. Pero el futbolista quiere un contrato largo y tiene cerca de treinta años.

¿Ramos con treinta y tres años?

Entra el recuerdo de Hierro, que a esa edad parecía el hombre de hojalata de *El Mago de Oz*.

¿Ramos fuera del Madrid?

Marcelo y Karim tomarían el mando. Rihanna se pasearía como una odalisca por la parte noble del Bernabéu y la primera equipación del Madrid sería el fucsia.

Ramos tiene una banda a su alrededor: su clan. Con su hermano a la cabeza, cada año piden aumento de sueldo llamando a las puertas de la prensa amiga, filtrando las negociaciones y haciendo de Sergio víctima, mártir y compás del madridismo. Y el madridismo ama a Ramos, pero detesta esa canción. Es un problema que tienen a veces los andaluces en la Meseta. Se les ve de lejos, y lo que en su tierra queda como una mascarada, en Madrid, con ese gusto que hay en la corte por las tramas subterráneas y las formas escuetas, es entendido como una ruptura de la escena, una manipulación en la que el argumento queda al servicio de la platea, que silba a su gusto. Todos pierden. El uno es tachado de pesetero; el otro tiene excesiva querencia por los extranjeros. Y la institución es arrastrada por el fango a cámara lenta y con todo lujo de detalles.

Pero, al final de todo, está Ramos cabeceando a la salida de un córner, una y otra vez, contra el Bayern, contra el Atleti, vengándose del mundo por algo que nadie nos ha explicado.

Es una bestia madridista. La última que queda.

Y ni siquiera el hierro lo somete, y por eso es una bestia y por eso fueron suficientes cuatro jugadores así para ganar antaño: Raúl, Roberto Carlos, Redondo y Hierro. Aquellos jugadores-nación de los que Ramos es el heredero.

Acaba el verano y las partes llegan a un acuerdo. Nos tuvieron intrigados, pero todo finalizó bien. Los niños cantan, las nubes se levantan. Y Ramos seguirá en el Madrid hasta el final de sus días como futbolista.

Las temporadas siguientes, entronizan definitivamente al jugador, cada vez más consciente de su posición en el campo y en el club.

Era Ramos el que protegía la banda donde Marcelo hacía sus locuras. Era Ramos el que se hizo con la jefatura del vestuario, lugar que nunca le resultó incómodo para alguien extrovertido como él. Da voces y se enfada, pero habla y se le pasa. Su capitanía es diferente a la que tuvo Raúl, un castellano, que llenó el Madrid de pequeños rencores y trazaba fronteras con la mirada. Ramos incluye a todos y se lleva a medio equipo a su paraíso en la Tierra, Andalucía, con los caballos, el mar y las mujeres.

Cuando marca un gol, corre hacia la cámara, se santigua, mira al cielo, se lo dedica a su hijo, a su nuera, a su mujer, a su amigo fallecido, a Jesé, al chico del kiosco, y va corriendo a abrazar a todo el banquillo y al entrenador, que se parte de la risa.

Hay escenas de lucha de clases en el área. La confusión es total. Nadie sabe quién es obrero y quien es patrón. A Cristiano le piden la camiseta por las bravas. Cuchicheos, corrillos, confusión en el patio. Kroos se dirige altivo a la esquina. A Ramos le afluye el mito a las sienes. El alemán respira como antes de manejar la tormenta y pone un balón que se queda colgado en el interior del área el tiempo en que se tarda en abrir una navaja. Al andaluz lo agarran, pero es de mármol y remata en artículo de fe. Hacia abajo, hacia dentro, hacia la victoria. Es el grito, y solo está en el fútbol para contarnos su verdad. A veces, su obcecación le ha jugado malas pasadas. Pero cada gol, cada corte y cada pase en profundidad suyo valen por toneladas de la bisutería de otros jugadores.

Es de los que hacen la historia.

# San Pedro: Florentino

*Sin lugar a dudas, Florentino Pérez es ya el segundo
presidente más importante de la historia del Real
Madrid y el fundador de un nuevo modelo de club.
Después de una era de oropel y caballos desbocados
con Mendoza y Lorenzo Sanz, que dejaron al club
en bancarrota, levantó una nueva iglesia, bañada
en oro, pero con los mismos atavismos de antaño.
Nadie hay más controvertido.*

«Y yo te digo a ti que tú eres Pedro, y sobre esta piedra edificaré
yo mi Iglesia, y las puertas del Infierno no prevalecerán contra
ella.» (Mateo 16:18)

*E*n el principio, a Florentino Pérez le disgustaba la pompa
y el lenguaje grandilocuente. Después, en algún momento
de su vida, pensó que tenía una MISIÓN con mayúsculas:
salvar al Real Madrid o, como él mismo dice, devolverlo a
«la ortodoxia».

Ya en 1995 sintió esa llamada cuando se presentó por primera vez a las elecciones por la presidencia del club. Pero perdió: por menos de mil votos frente a Ramón Mendoza.

Cinco años después, volvió a intentarlo y ganó: por más de
tres mil votos, esta vez frente a Lorenzo Sanz.

El 17 de julio de 2000 a las 20.30, un Florentino Pérez con
el cabello aún oscuro, una media sonrisa bajo sus sempiternas

gafas de borde metálico, comparece ante los medios en la Sala de Trofeos del estadio Santiago Bernabéu. No hay aire acondicionado, la atmósfera es sofocante, pero él parece no percibir el calor ni la tensión, es su día de gloria. Da las gracias a los socios y dice con voz muy, muy pausada: «El madridismo ha votado por el cambio, y aquí lo tiene [...]. Desde la tranquilidad quiero conocer el club, conocer a las personas que en él trabajen. Quiero hacer una máquina perfecta, pero no solo a la hora de ganar títulos. También en organización».

Así entra Florentino Pérez en las páginas de la historia sagrada del club.

¿Quién es ese hombre impasible de chaqueta oscura, camisa blanca y corbata discreta que ha logrado derrotar al exuberante, vehemente y marrullero Lorenzo Sanz?

Un hombre que no siente miedo, porque según dice: «Jamás en mi vida he emprendido una aventura. Todo lo he hecho desde la absoluta seguridad de que podría salir bien».[7]

Un hombre que tiene amigos en todos los ámbitos de poder: en la política (de izquierdas y de derechas), en los sindicatos, en las finanzas, en la banca.

Un hombre con táctica y estrategia.

Un hombre que sabe perder y aprende de sus errores.

Un hombre paciente, capaz de esperar cinco años en silencio para volver a presentarse a las elecciones.

Un hombre persistente.

Un hombre normal: «Mi única habilidad es ser normal».

Un hombre normal que con los años ha logrado construir un equipo extraordinario, es decir, fuera del orden o regla natural o común. Un equipo con figuras como Cristiano Ronaldo, Zidane, Kaká, Bale, Figo, Ronaldo o Beckham. Un equipo que en sus mejores momentos era todo brillo, una aproximación a un día de fiesta permanente. Y en sus peores, el Apocalipsis televisado a los cinco continentes.

Un hombre normal que hace algo extraordinario, ¿podría ser un héroe, un visionario o un apóstol?

7. *El País*, 2 de junio de 2002.

### En el camino de Cesarea

En 1973 sucede algo que parece irrelevante: Florentino es elegido representante de su promoción, la de 1971, en la Escuela de Ingenieros de Caminos de Madrid.

Era esa la España del final de la dictadura; en diciembre estallaba una bomba en Madrid, no muy lejos del estadio Santiago Bernabéu, que se llevaba al general Carrero Blanco por los aires; la crisis internacional del petróleo por la subida del barril tras la guerra de Yom Kippur afectaba también a nuestra economía; en música triunfaban Jairo, Camilo Sesto y Nino Bravo; Víctor Erice estrenaba *El espíritu de la colmena*; y Carrillo organizaba en París lo que sería la Junta Democrática de España: plataforma de partidos y organizaciones que movilizaría a toda la oposición contra el franquismo. Tiempos de cambio y de promesas.

Florentino se había licenciado dos años antes. Había sido un buen estudiante sin más, aunque obsesionado por trabajar enseguida: en el último año, ya alternaba la carrera con las clases como ayudante de profesor de una asignatura cuyo nombre, Fundamentos físicos de las técnicas, parece una metáfora del fútbol. Después de aprobar el último examen, el ya ingeniero continúa su cronología de la línea recta: se gradúa de sargento en las Milicias Universitarias, se casa en junio con María de los Ángeles Sandoval, Pitina, a quien había conocido ocho meses antes, y un año más tarde nace el primero de sus tres hijos, bautizado Florentino, por supuesto.

Todo sucede sin sobresaltos, según un plan trazado desde la cuna.

O no.

La normalidad de la que presume Florentino es relativa. ¿Qué es la normalidad? ¿La normalidad es convertirse en millonario a los treinta y pocos años, conseguir que tu empresa entre en el *ranking* de las más importantes del mundo y regir los destinos del club más famoso del universo?

Florentino es famoso. ¿Es la fama parte de la normalidad? En realidad, su normalidad no es tal y lo demuestra desde que termina la universidad. Su normalidad es ambición. Y es algo más, algo difícil de definir: atracción por el poder, no el poder apabullante, pero tampoco por el poder en la sombra, un poder en la penumbra, al que alumbra a menudo una luz especial. Un hombre al que le gustan las rutinas y que, en los días claros, vislumbra muy a lo lejos las cumbres que desea construir.

Volvamos a 1973. Ese año se cruza en el camino de Florentino Juan de Arespacochaga. Arespacochaga, un ingeniero y político del tardofranquismo, se presenta a presidente de la Asociación de Ingenieros de Caminos y le pide su apoyo como miembro de la junta directiva y representante de su promoción. El ingeniero sénior se convierte así en mentor del júnior, lo introduce en la política y en el entramado de una Transición que iba armándose poco a poco.

Hay que recordar lo que en el franquismo y postfranquismo constituían los ingenieros de caminos: estaban en un espacio intermedio entre el papa y un arzobispo. El mito central del Régimen fue el desarrollismo, con su cohorte de constructores mirando fijamente al político que más cerca les quedase. Y un ingeniero de caminos, con su prestigio desmesurado a cuestas, podía estar ahí: en el ángulo ciego donde confluyen la política con el hormigón.

Cuando Arespacochaga es designado alcalde de Madrid (aún no había democracia y los alcaldes se designaban) se lleva a Florentino de director de la Delegación de los Servicios de Saneamiento y Medioambiente. Ese es el inicio de una trayectoria imparable; el caballo de Florentino trota siempre hacia delante, casi nunca galopa, casi nunca se mancha los flancos de sudor, pero no se detiene jamás.

Su mujer diría de él en la biografía de Gaspar Rosety *Florentino Pérez. El hombre, el empresario, el presidente* (Temas de Hoy, 2005) que era una persona «muy trabajadora, muy divertida y muy pesado, sobre todo era muy pesado, muy constante. Un tipo tenaz por naturaleza».

Esa tenacidad nació en un piso antiguo de techos altos de la calle Hortaleza. Un hogar muy poblado, porque, además de los cinco hijos de Eduardo Pérez y Soledad Rodríguez, se reunían allí algunos vecinos a ver la televisión en blanco y negro que el cabeza de familia había traído de Alemania en 1959.

Eduardo Pérez era un pequeño empresario. Poseía dos perfumerías llamadas Shangai y presidía una cooperativa de perfumerías: Coperlim. Una persona austera, con los valores del trabajo y la rectitud grabados a fuego en su ADN. Los cinco hermanos de Florentino son licenciados universitarios, incluidas las mujeres, algo nada frecuente en la época. El hogar Pérez-Rodríguez era un hogar de clase media con ambiciones, con voluntad (*nietzscheana* de poder a la española) de triunfar por el trabajo y el esfuerzo.

La vida de Florentino discurría por un recorrido reducido, del colegio de San Antón, en la misma calle en que vivía, a la droguería de su padre, también en la misma calle, o al paseo de Recoletos, a doscientos metros, o al Retiro, un poco más lejos. Su único vicio confesado era el cine: las tardes en el Bellas Artes (ahora Teatro del Círculo de Bellas Artes), que se hallaba también a dos calles, fascinado con la *nouvelle vague* o el *free cinema* inglés. En la vida de Florentino, todo se encontraba cerca. ¿Para qué perder el tiempo saliéndose de las coordenadas habituales? El tiempo es precioso. No solo eso: el tiempo es un valor en sí mismo y hay que preservarlo, no derrocharlo.

Su otro vicio, la pandilla de amigos.

¿Era eso un vicio, una virtud? Florentino siempre ha tenido muchos amigos.

Ya en el colegio se movía en una pandilla, y en ella ejercía su espíritu de líder. Allí aprendió a ceder y a ganar, a esconderse y a mostrarse, y a negociar todo lo negociable. A esos amigos, que ha conservado a lo largo de los años (Jerónimo Farré o José Miguel Avendaño), se han ido uniendo otros en las distintas etapas de su vida hasta conformar una especie de curia multisectorial y diversa que a menudo levanta escozor entre sus críticos: no se pueden cultivar las relaciones personales tan personalmente.

Por eso en 1973 es el líder indiscutible de su promoción.

Un líder que no arenga, que no enardece, sino un líder que convence, que arrastra en su propio convencimiento *insocavable*: cuando Florentino toma una decisión, no hay nada que lo aparte de su camino.

Lo demostró y lo demuestra al frente del Real Madrid.

El club blanco es un bien de dominio público (o así se considera) y todos tienen algo que decir. Y lo que dice la prensa se toma como la palabra de los muertos, los que escribieron el viejo catecismo del Madrid. Así, esa tenacidad de Florentino se convierte en una virtud gigantesca. Es la única manera de que el trasatlántico siga con las luces encendidas en medio de la tempestad. Eso pasó con el fichaje de Figo, en el verano de 2000. Todos dijeron que iba contra la verdadera historia del Madrid, aunque todos sabían que la verdadera historia del Madrid comenzó con Bernabéu quitándole al Barcelona a un tal Alfredo di Stéfano. Florentino es impermeable a ese ambiente que le dice al Madrid lo que debe hacer. Su tenacidad y el seguimiento riguroso de un plan lo llevaron a la presidencia de la mano de Figo y desbarataron el proyecto del Barcelona. Pero esa tenacidad se puede convertir en dogma, y el fútbol es música que fluye y muta a cada momento. Es entonces cuando llega el juego para probar la resistencia del material con el que el ingeniero de caminos construye su Real.

Primeras elecciones democráticas. Con el ingeniero Arespacochaga de alcalde, el ingeniero Pérez había puesto a prueba su capacidad negociadora en el Ayuntamiento haciendo amigos en todo el espectro político. Es el único miembro del anterior equipo que se queda con el nuevo alcalde y será concejal de la UCD de 1979 a 1982.

En 1982 llega el «cambio»: el PSOE gana las elecciones y UCD se hunde.

Florentino debe abandonar el Ayuntamiento. Y esa mínima derrota, llamémosla desilusión, será el combustible que incendie su carrera empresarial: adquiere su primera empresa, Construcciones Padrós (que nada tiene que ver con los fundadores del Real Madrid): una pequeña firma de Badalona que estaba en quiebra. Florentino empieza a ir y venir de Barcelona, al tiempo que hace amigos (otra vez) en la burguesía empresarial y política catalana.

«Se pasaba los días buscando obras. No paraba, buscaba hasta debajo de las piedras. Donde había alguna contrata de alguna obra, allí estaba Florentino», afirmó un colaborador de aquella época en el diario *As* en el año 2000.

De nuevo, la tenacidad.

En 1984, Florentino se une al Partido Reformista Democrático (PRD), una coalición de partidos con Miquel Roca al frente, apoyada por los bancos, la CEOE y algunos medios como el *Diario16* de Pedro J. Ramírez.

En las elecciones de junio del 86, no sacan ni un escaño.

Por segunda vez, una derrota política es el acicate que necesita el ingeniero Pérez para centrarse en su faceta empresarial: cinco meses después de la cita electoral, Florentino adquiere OCISA, en manos del Banco Hispano Americano, empresa también en quiebra, como lo fue Construcciones Padrós. Ya en ese momento se publica en *El País* (7 de noviembre de 1986) que el grupo al frente de Construcciones Padrós: «Tiene mucha fe en sus relaciones, y que aspiran a hacerse grandes constructores».

La predicción se cumple.

Florentino sigue comprando: Semi (88), Cobra (89). Y lo organiza todo bajo el paraguas de OCP en 1992. Y suma y sigue, y en 1997 se fusiona con Ginés y Navarro Construcciones y le cambia el nombre por ACS. Seis años después, sucede lo mismo con Dragados; en 2011 se internacionaliza adquiriendo parte de la constructora alemana Hochtief, la australiana Cimic y la estadounidense Turner.

En 2018, tenemos a ACS como una de las constructoras más grandes del mundo que factura unos treinta y dos mil millones de euros anuales, presente en sesenta países, sobre todo en América del Norte (un 44 % de las ventas), Europa (un 20 %), Australia (un 21 %) y España (un 13 %).

Y tenemos a Florentino Pérez como primer accionista, con una participación del 12,5 % y un sueldo oficial de 5,93 millones de euros.

Y algo que dicen los medios y que es imposible probar: que el Real Madrid ficha a sus estrellas según le conviene a la constructora gigantesca. Si ficha a James en 2014, es porque tienen grandes contratos en Colombia. Y si el que viene es un alemán, un argentino o un croata, exactamente lo mismo.

Siempre hay una obra en algún lugar del mundo que está relacionada con ACS. Porque esa es la imagen de Florentino Pérez en los medios y en el imaginario popular: la del empresario omnipotente que domina el mundo desde un palco donde confluyen fútbol, política y economía. El palco del Bernabéu.

Hoy Florentino ha llegado hasta el centro mismo del mundo, se sienta bajo la cúpula de San Pedro e irradia su poder a las cuatro esquinas. Quizá por eso empieza a desprender lastre y, en agosto de 2017, nombra a Marcelino Fernández Verdes, su mano derecha y con quien trabaja desde hace veinticinco años, consejero delegado de su empresa. Y anuncia que paulatinamente se retirará de ACS para centrarse en la Fundación ACS y... en el Real Madrid.

*Su* Real Madrid.

El político Miguel Roca describía a Florentino en *El Mundo* allá por el año 2002: «[...] lo que no le va es la enemistad. Lleva muy mal la sensación de no superar diferencias con este o aquel. No se adapta a la confrontación [...] siempre preferirá la ironía al insulto, la forma suave al gesto imperativo. Le gusta convencer más que imponer. [...] a él lo que le va es el segundo plano, la discreción; detesta la ostentación; se mueve mejor sin *flashes*. Su terreno es la negociación. Ahí se crece, casi resulta imbatible. Cuando sabe lo que quiere (y pocas veces no lo sabe), va a por ello. A veces, con años de preparación [...]. Su carrera hasta la presidencia del Real Madrid ha sido un ejemplo de ello.

### Misión Real Madrid

¿De dónde le vino la obsesión por el club blanco?

Su padre seguía al equipo por Europa en los grandes partidos. Desde los cinco años, él lo acompañaba al Bernabéu. Se escapaba de los asientos de abono de sus padres en la grada baja y veía el partido en las primeras filas, a pocos metros del campo. A los catorce años se hizo socio. Era el gran Madrid que había construido Santiago Bernabéu, el de Di Stéfano, de Puskás, de Gento y de Kopa. Caían los goles y las Copas de Europa hasta llegar a seis. El equipo arrasaba en Europa y en los corazones de los españoles. Y Bernabéu ejercía su mando con magnanimidad y justicia. Era un equipo que brillaba, y era un equipo a la vez dramático y noble.

Esa fue la formación futbolística de Florentino, y hay que entenderlo para comprender el Madrid de 2002 y el de 2018. El Madrid que se ha construido bajo su presidencia.

Florentino se tomó el fútbol como se tomaba el resto de la vida: a pecho. Con empeño. Iba a todos los partidos del Real Madrid. Y cuando decimos todos, son todos. A pesar de que su negocio crecía, a pesar de las fusiones y de las elecciones a las que se presentó. Y no solo los disfrutaba, también, en su mente de ingeniero, los analizaba. Por qué esto funciona y esto no. Por qué este equipo gana. Cómo gana. Por qué pierde. Cómo. Cuál era la fórmula de Bernabéu: cantera + estrellas extranjeras, donde cantera era la masa de jóvenes españoles de todo el país que deseaban jugar en el Madrid, que mataban por jugar en el Bernabéu, que se dejaban la piel en campos de tierra para que los ojeadores del equipo los captaran, porque nunca se sabía dónde podía haber un ojeador, en Málaga, en Valencia, en Salamanca.

Y estrellas extranjeras eran los futbolistas prodigiosos fichados a golpe de talonario que traían portadas y titulares. Los mejores del mundo allá donde aparezcan.

Era la fórmula científica, que no mágica, de Bernabéu.

Esa fórmula la escribió Florentino en su evangelio madridista para aplicarla cuando llegara el tiempo. Siempre guiado por los designios del único dios verdadero, Santiago Bernabéu, y de su Mesías, Alfredo di Stéfano: los protagonistas de las oraciones de Florentino.

### *Los fariseos ocupan el templo*

1995. Era el final de una época. El Madrid había logrado una generación milagro con la Quinta del Buitre y Ramón Mendoza en la presidencia. El madrileño Mendoza, licenciado en Derecho, empresario hecho a sí mismo, dedicado al comercio con la URSS, asesor del Banco Exterior, apasionado por los caballos, expresidente de la Sociedad de Fomento de la Cría

Caballar y uno de los fundadores del Grupo Prisa, el elegante, astuto y vividor Ramón Mendoza fue traicionado por su segundo: Lorenzo Sanz.

Mendoza conoció en persona a Santiago Bernabéu. Era ya un tipo adinerado y de cincuenta años cuando en 1977 fue a visitarlo a su despacho; es mítica la conversación que mantuvieron. Mendoza empezó a explicarle sus teorías sobre la renovación del club hasta que Bernabéu lo interrumpió:

—¿Qué me está diciendo usted, Mendoza?

—Yo creo que el club necesita gente con ideas empresariales...

—No sé lo que me está usted diciendo, pero si quiere ser usted vocal de la junta directiva del Real Madrid, tiene un minuto para contestarme.

Por supuesto, Mendoza dijo sí y entró en el club. Pero un año después la revista *Cambio16* publicó que negociaba directamente con la KGB para introducir sus productos en la URSS, acusándolo veladamente de espía, y se vio obligado a dimitir.

Fue un paseo efímero por las altas esferas del club, pero suficiente para dejarlo con el ansia de más, y para poner su nombre en boca de todos (el Madrid produce codicia infinita).

Cuando ganó las elecciones en 1985, estaba preparado para instaurar un nuevo estilo de hacer en el Real Madrid. Unas formas menos autoritarias, más relajadas y sonrientes. No más el ceño fruncido y el crujir de huesos de Bernabéu. El Madrid es reflejo de la sociedad española hasta las últimas consecuencias, y el poder había sido desvestido de severidad por Suárez y Felipe. Mendoza, socialista y vividor, fue la encarnación madridista de los nuevos tiempos.

El estilo del *playboy* Mendoza (casado en segundas nupcias con la suiza Jeanine Girod, ex del marqués de Griñón), que concedía entrevistas en bañador y anunciaba los fichajes desde su yate *América*, fondeado a menudo en Las Bahamas, tenía su reflejo en el campo.

Fue el momento de la Quinta del Buitre, auténtica ensoñación del madridismo, que vive cinco años en una vigilia permanente. Unos chavales de casa, guapos y bien peinados, técnicos, artísticos y esforzándose lo justo, le cambian la cara al fútbol español, que se había convertido en un apéndice de la lucha grecorromana. El despertar sudando y con los ojos abiertos fue cosa de sus caídas estrepitosas en la Copa de Europa. Esa fue la tragedia de aquella generación.

Y la farsa: las dos Ligas que el Tenerife de Jorge Valdano le regala al Barcelona de Cruyff en 1992 y 1993. Hubo otros dos años de sequía con los que antaño fueron ídolos ahora penando sobre el campo. Pésimos fichajes. Batallas internas. Mala prensa. El club salía más en las revistas del corazón que en los medios deportivos. El fútbol había pasado al lado azulgrana. Había un desconcierto general. La España de las autonomías se levantaba contra el Madrid. Crecían los equipos construidos con el dinero de las televisiones autonómicas (el Deportivo, por ejemplo), y donde antes había madridistas de provincias, repentinamente había hinchas furibundos que odiaban a su antiguo amor.

A pesar de esto, en 1995, Mendoza ganó las elecciones a Florentino. La campaña había sido implacable, con enfrentamientos de ambos en radio y televisión (había un tercer candidato, Santiago Gómez Pintado, pero era anecdótico).

«El club estaba convulsionado, siempre le pasaba algo extradeportivo. Se necesitaba un nuevo impulso. Porque los clubes se han hecho grandes empresas, y el Madrid, en cambio, tardó muchísimo en profesionalizarse», explica Florentino en su biografía sobre su empeño de presentarse a las elecciones.

La campaña se hacía en los medios y también en la calle: por aquel entonces, José María García apoyaba a Florentino; los Ultra Sur se movilizaron por su presidente.

Florentino tenía más de diez mil avales. El tándem Mendoza-Lorenzo, 9.229, de los cuales se anuló un tercio porque pertenecían a socios ya fallecidos o que sufrían algún tipo de irregularidad. En el diario *El Mundo* se habló de que Lorenzo Sanz había puesto a su familia a firmar avales falsos. Era un escándalo.

Pero el equipo volvía a jugar bien y Mendoza pregonaba a los cuatro vientos que si el empresario Pérez ganaba, convertiría al Madrid en una sociedad anónima. El mensaje caló en la afición.

El 19 de febrero, Ramón Mendoza ganó por menos de mil votos.

Cuatro meses después de haber ganado, su segundo, Lorenzo Sanz, que había entrado con él en el club, que se había empapado de su estilo y había sido su hombre de confianza, el que le hacía todo tipo de trabajillos (medianamente limpios o no), dio un «golpe de Estado». El agujero en las cuentas era tal que no se pagaba a los jugadores ni a la plantilla; el constructor Juan Miguel Villar Mir, al frente del equipo económico, abandonó el club. Florentino presionaba para que se adelantaran las elecciones. Pero Lorenzo Sanz avaló con un grupo de directivos la mayor parte de la deuda y se hizo con el poder. El 20 de noviembre, Mendoza se vio obligado a dimitir.

En los cinco años de Lorenzo Sanz, la deuda que había dejado Mendoza, noventa millones de euros, se multiplicó por tres hasta alcanzar los trescientos millones.

### «Han hecho del templo, cueva de ladrones»

«La verdad es que nadie puede presumir en este país de haber hecho los fichajes que yo hice con menos dinero; no teníamos un duro y fichamos un equipo campeón de Europa. De hecho, había que pagar las nóminas, que eran mil quinientos millones y no había dinero en caja. Y yo tuve que avalar personalmente incluso, pero bueno… Además, aquel equipo que jugó la final de Ámsterdam es muy difícil de mejorar por ningún equipo de los que ha tenido el Madrid, ¿eh? Estamos hablando de Illgner, Panucci, Hierro, Roberto Carlos, Redondo, Seedorf, Karembeu, Raúl, Mijatovic, Morientes», dice Lorenzo Sanz.[8]

Lorenzo Sanz, el chico que empezó ayudando a su abuela a vender agua en la puerta del estadio y se hizo rico vendiendo publicidad para revistas como *Fuerza Nueva*, el hombre que poseía una de las mejores cuadras de caballos del momento, que conoció a Mendoza precisamente en el hipódromo, rigió los destinos del Madrid durante cinco años.

Cinco años convulsos. Los años de la Quinta del Ferrari.

---

8. *La Galerna*, 6 de septiembre de 2016.

Brillantes en lo futbolístico. Ficha a Fabio Capello y forma un equipo sólido con los Mijatovic, Suker, Seedorf, Roberto Carlos, Panucci y Bodo Illgner, más Raúl, Hierro y Redondo. Logra dos Copas de Europa: la Séptima y la Octava.

Caóticos en lo demás.

La Séptima fue un milagro de compromiso y fe construido por un grupo de jugadores que en la Liga se paseaban con una sombrilla en la mano. En la Copa de Europa fueron pasando eliminatorias hasta encontrarse con la Juventus de Turín de Zidane, Davis y Del Piero. Un equipo histórico que era pura ferralla. Entonces llegó el gol de Mijatovic y el Madrid volvió a reinar tantos años después.

Pero una cosa era lo que sucedía en el campo y otra, muy distinta, lo que pasaba en el estadio. Además de que el reinado de los Ultra Sur estaba en su apogeo, también lo estaba el reinado de la insidia.

En la sala de juntas del Madrid se jugaban timbas de cartas mientras los jugadores metían goles. El dinero entraba y salía de la caja sin control ninguno. Famosa es la anécdota de un Lorenzo Sanz, que pide una noche de junio de 1999 tres millones de pesetas urgentemente. Dicen que para jugar una partida de mus con Gil, que al día siguiente había derbi en el estadio. Lorenzo Sanz niega el fin, pero no el hecho. Tres millones de pesetas salieron sin pasar por caja, sin recibo y sin papeles. Salta el escándalo el 5 de noviembre cuando *Diario16* publica: «[…] se preguntó al responsable por qué tanta urgencia en la consecución del dinero, a lo que este respondió sin ninguna duda y sin levantar la voz que "lo necesita el presidente porque mañana va a jugar a las cartas con Jesús Gil". […] No es la primera vez que en el despacho del presidente del Real Madrid se celebran considerables partidas de póquer, sobre todo en las tardes de los domingos en que se disputa un partido de Liga en el Santiago Bernabéu. En estas timbas, tomaba parte el presidente, Lorenzo Sanz, el vicepresidente, Juan Onieva, así como otros directivos…».

Lorenzo Sanz declara ante el juez que sí se había llevado el dinero, pero no para jugar a las cartas.

Ese era el estilo del club.

El final de la presidencia de Sanz fue la ola de un tsunami que iba creciendo y creciendo y amenazando con llevarse todo por delante. Se sucedían las conspiraciones, las guerras internas. Tribus contra tribus. Los de Juan Onieva, vicepresidente, contra los de Fernández Trigo, gestor que venía ya de la época de don Santiago. Y todos contra Lorenzo. Y todos, en realidad, contra el Madrid.

Una noche de partido de junio de 1999, una cuadrilla de altos cargos del club (bajo las órdenes de Onieva) obligó a un empleado a abrir la caja fuerte y se llevó toda la documentación. El gerente Fernández Trigo convocó de urgencia a los directivos. Se armó un grupo llamado el G-8.

Se había abierto la veda para la lucha cuerpo a cuerpo. Siguieron reuniones en la Nicolasa y el Txistu (en el Madrid, las cuestiones importantes siempre se han dirimido frente a un buen plato y una buena copa). Se hicieron comunicados públicos. Se pidió a Sanz el cese de Onieva o la convocatoria de elecciones. Sanz nombró nuevos consejeros. El G-8 consideró el nombramiento ilegal, contra los estatutos del club. El 23 de junio dimitieron en bloque y convocaron a los medios de comunicación. Decidieron llevar el tema a los tribunales: según los estatutos del club, el presidente debía convocar elecciones.

La nueva temporada arrancó muy mal, el clima de *fin de siècle* que reinaba dentro del estadio se reflejaba en el campo. El club se deshacía ante los ojos de la afición, de los medios de comunicación y del mundo entero.

¿Y Florentino?

Florentino no se había presentado a las elecciones de 1997 porque estaba enzarzado en la fusión de OCISA con ACS. Estaba ejerciendo la «normalidad» que le dictaba su profesión de empresario. Pero lo seguía todo de lejos, presenciaba la descomposición del club de lejos. Y de no tan lejos.

Antes del golpe de Estado de Lorenzo Sanz, Florentino se había reunido varias veces con Ramón Mendoza. Luego hubo movimientos sigilosos, informaciones vertidas en la intimidad, recopilación de datos y cifras económicas. El ingeniero Pérez iba cimentando su candidatura para las próximas elecciones.

«Cuando en las campañas yo decía que conmigo en la presidencia vendrían los mejores jugadores del mundo, la gente me decía que estaba loco. Lo único que necesitaba era tiempo para demostrarlo. Yo nunca dudé de que debía presentarme en 2000, porque el socio del Madrid no acepta que lo chantajeen, que lo provoquen, que lo reten. El socio sabe muy bien lo que hay y lo que quiere. Él es el dueño del club. Yo voy mucho al fútbol, camino por allí y hablo mucho con ellos. Los escucho», afirmará Florentino años después.

24 de mayo de 2000. El Real Madrid gana la Octava, en un partido contra el Valencia en París. Otra vez el equipo descompuesto en el campeonato nacional (quedó sexto) y que va pasando pantallas con la fiereza de una banda que conoce la música oscura del fútbol. La final contra un buen equipo sin estrella fue coser y cantar. Y fue Raúl, que ya tenía la estatura de un mito.

A pesar de la descomposición y de los escándalos, el Madrid estaba en la cima del fútbol.

Lorenzo Sanz y su vicepresidente Juan Onieva, con el que apenas se habla, piensan que es el mejor momento para convocar elecciones: nadie se atreverá a derrocar a un presidente victorioso que va por la segunda Copa de Europa.

Adelantan las elecciones.

Y Florentino ve una señal del cielo. Anuncia que se presenta.

«Lo tengo decidido. La gente quiere un cambio, y si no me presento a estas, ya no tendré argumentos para hacerlo más tarde [...]. No quiero que nos mezclemos con los directivos del G-8, ellos han tomado su camino y nosotros debemos representar aire nuevo y cambio, el cambio a la normalidad. Y no quiero saber nada de denuncias, que si hay recibos o papeles o facturas, que si falta... No quiero entrar en la guerra sucia», explica ante sus amigos en una reunión en casa del abogado Ramón Calderón.

Y todo se cumple.

En 24 de julio de 2000 se anuncia el fichaje de Figo, el jugador más barcelonista, el que cantaba himnos en catalán y era adorado por la afición culé. «No pares, Figo, Figo, no pares», cantaban en el Camp Nou.

Luis Figo, extremo que hilvanaba un fútbol emocionante, no se sentía bien tratado por la directiva del Barcelona. Florentino lo tanteó y logró que firmara un precontrato para el caso (improbable) de ganar las elecciones. Ese precontrato contemplaba una fuerte indemnización si Figo decidía quedarse en el Barça, porque se sospechaba que el movimiento del portugués era únicamente para provocar una renovación al alza en el club azulgrana.

Figo fue el anzuelo de Florentino. Y Florentino ganó las elecciones.

Figo cargó desde entonces un peso sobre los hombros y su fútbol en el Madrid fue eficaz, pero falto del resplandor que había dejado en el Barcelona. Dio igual. Florentino había demostrado el mismo impulso que tuvo Bernabéu cuando se adelantó a los culés en el fichaje de Luis Molowny. Ese movimiento auguraba una década de tiranía blanca.

Las elecciones las gana el señor Pérez a pesar de los medios de comunicación.

Es curioso que Florentino, que logra poner de acuerdo a todos los partidos para que apoyen su candidatura, no lo logra con los medios. Casi todos están en contra. Excepto *El Mundo* de Pedro J. y *Diario16*.

García solía decir: «Si Mendoza ha dejado esto como un solar, Mancebo se va a llevar hasta el solar». La noticia del fichaje de Figo la da José Ramón de la Morena en la SER. Esto tiene importancia porque José María García no le perdona al ingeniero Pérez que le regateara información. A partir de entonces es su enemigo. Pocos días después explica las interioridades del fichaje. Según él, un clamoroso favor político de Caja Madrid. Una Caja que acabaría siendo intervenida por el Estado.

### Y Florentino, poniéndose en pie, alzó su voz

«Saltó la sorpresa. El aspirante derrotó a Lorenzo Sanz. Con él nace un nuevo Madrid.» (*Don Balón*, 17 de julio de 2000).

«El hombre que aprendió de sus errores.» (*El País*, 17 de julio).

«Los socios quieren algo más que resultados.» (*Marca*, 17 de julio).

17 de julio de 2000. Florentino toma posesión de su cargo de presidente del Real Madrid. Ha ganado por 3176 votos. El «proyecto Florentino» ha convencido a los socios. Y a los sindicatos, y a los partidos, y a los bancos. El ingeniero ha conseguido el milagro del consenso, esa palabra tan manida que llega desde la Transición hasta el Real Madrid. La idea era convertir el equipo en una empresa rentable, poner orden en sus cuentas, levantar una ciudad deportiva, modernizar el estadio y fichar a los mejores jugadores del mundo. ¿Y el fútbol?

Florentino es ingeniero y cree radicalmente en las concatenaciones causa-efecto. El fútbol viene detrás. Detrás de un club saneado, con grandes instalaciones y una estructura clara y competente.

Y Florentino, además de ingeniero, es un madridista desde la cuna. Un hincha incapaz de tomar distancia y obsesionado con la dinastía que iluminó su infancia. Kopa-Puskás-Rial-Gento-Di Stéfano. Esa es la imagen que percute en su subconsciente. Y hacia esa imagen fue avanzando hasta conseguir un equipo artístico con una cintura de cristal.

El primer año, con Vicente del Bosque a los mandos (ascendido a los altares desde las categorías inferiores, donde formaba con la paciencia del santo Job a la cantera), el Madrid recupera en la Liga la senda del triunfo y está cerca de volver a cazar la Copa de Europa.

La luz alrededor del club ha cambiado. Ya no eran un grupo de jugadores (Raúl, Redondo, Hierro y Roberto Carlos) que venía desde atrás y agitaba los encuentros importantes sabiéndose conocedor de los hilos del fútbol. Había algo más. Había solidez, estructura y un afán por recuperar la pelota que se le había ido cediendo desde Cruyff al Barcelona. Era algo que inundaba todo el club. A Florentino se le acusó de no respetar los valores del Madrid, pero esos valores (españolidad y discreción con el dinero y la gloria) eran propios de un Madrid menor que fue el que anduvo alejado de las Copas de Europa del 66 al 98. Florentino deseaba, a través de la estructura, los contactos políticos y los grandes fichajes y golpes de efecto, conectarse con el Madrid de las cinco Copas de Europa seguidas. Con las cenizas de Bernabéu.

Lo consiguió a medias.

El verano siguiente llega Zidane.

Sesenta y nueve millones de euros se pagó a la Juventus; el mundo contuvo la respiración. Zidane era otra cosa. No era Figo ni Mijatovic. Era el mejor jugador de mundo. Por fin, después de una glaciación, el Madrid volvía a tener al futbolista que obraba los milagros. Un hombre que desde su Mundial del 98 estaba sentado a la diestra de los grandes. Desde que Florentino lo vio deslizarse por la pradera de Chamartín supo que ahí estaba el símbolo de una época. De su época. Era el florentinismo. Y Zidane, su joya incrustada.

«El Madrid no está hecho para ser paseante, sino para dominar el flujo. Para ser proa, o bien la antítesis de todo.» Esto está escrito en alguna parte y volvió a ser verdad a partir de Zidane. El florentinismo excita el deseo del mundo hasta conseguir abrir cada telediario del planeta. El club blanco empezaba a generar más ingresos que nadie. La realidad estaba atravesada por las imágenes del Madrid. Y eso acaba por levantar una ola gigantesca donde se mezclan admiración y resentimiento de forma promiscua. De Zidane se dijo que no entendía el juego. Que era un solista. Que estaba aislado del resto. Que no hablaba con nadie en el vestuario. Que su rendimiento no era el esperado. Que todo había sido un fracaso.

Y, en esto, metió un gol por la escuadra en una volea tan estética que la escena parecía preparada por los dioses antiguos para su consagración. Fue una jugada salida de la nada, como tantas otras del Madrid de esos años, y fue en la final de la Copa de Europa contra el Bayer Leverkusen de 2002. La Novena. Un símbolo de los que gustan a Florentino y de los que adoran los madridistas. El primer gol lo había marcado Raúl colándose por una rendija del reglamento como una lagartija. Eso también debió de ser un símbolo. El mito casero y el universal. Esa volea se repitió miles de veces en las pantallas. El partido no había sido gran cosa. El florentinismo se vendía como un tráiler de una superproducción de Hollywood (primero fue Spielberg y al final fueron las películas de catástrofes); los tiempos muertos que cuecen el fútbol lentamente eran sustituidos por momentos culmen para ser empaquetados para una audiencia global.

La imagen del verano que sustituía a la volea de Zidane fue la de Florentino en mangas de camisa negociando con el presidente del Inter el fichaje de Ronaldo.

Ronaldo, que tenía una guerra mundial en cada rodilla. Ronaldo, el gordito, el genio que acababa de ganar el Mundial con Brasil. Ronaldo, el fiestas, el talento puro desconectado del juego e incapaz de limpiar las cuadras. La antítesis de la mirada torva de Raúl. Ronaldo, el Galáctico. Ya no había vuelta atrás.

El club primero había prescindido de Redondo, un jugador intrahistórico y formidable con una sola brecha de luz: su taconazo contra el Manchester en los cuartos de la Copa de Europa de 2000.

Después había fichado a Figo y a Zidane, dos talentos superlativos.

Y ahora traía a Ronaldo.

Nacían los Galácticos y, a la vez, se oía de fondo el sonido del desplome de una era que fue proyectada en el firmamento y amputada en los despachos.

Florentino fue prescindiendo de parte de la vieja guardia del club, como Pirri, mánager general al que sustituyó Jorge Valdano, que fue desde el principio la palabra del presidente. La Liga se gana con un Ronaldo que despierta una admiración tal que los españoles que quedaban como una reserva india en el vestuario se sienten dolidos en su ego. En la Copa de Europa, el club es el escaparate del fútbol al que todos quieren parecerse. Pero. Pero el 14 de mayo de 2003, la Juventus de Turín es capaz de vencer al dragón y exiliarlo de la Champions después de la lesión de Ronaldo y con un Fernando Hierro al que se le notaba el óxido en las articulaciones.

El 24 de junio, dos días después de ganar la Liga, se anunció la no renovación (gran eufemismo) de Del Bosque y la marcha de Hierro.

Fue un día oscuro. Los medios de comunicación no entendieron la decisión. El Madrid se descapitalizaba emocionalmente. Se convertía en algo parecido a lo que sus críticos anunciaban dramáticamente desde la Quinta de los Ferraris. Un equipo sin alma, o por lo menos demasiado hedonista y poco dado al sufrimiento. Un equipo hecho a favor de las veleidades de Florentino, que solo ficha a jugadores que exciten el deseo y que no está interesado por vestigios españoles como la rabia, la casta o el coraje. Desespañolizar el Madrid es convertirlo en un amable parque de atracciones, pero la reespañolización suele acabar con un gobierno caciquil surgido en el vestuario y que vela por sus propios intereses. No hay salida.

El revuelo mediático duró poco: una semana después, una nueva noticia ocupaba los titulares de la anterior: Florentino presentó en rueda de prensa a David Beckham ante más de mil periodistas. La imagen no podía ser más metafórica: el nuevo presidente, flanqueado por Di Stéfano, ambos con atuendos oscuros que representaban la seriedad, los valores inmutables del club, se volvían hacia un Beckham resplandeciente, con el pelo recogido en una coleta, dos brillantes en las orejas, traje azul celeste y camisa abierta hasta medio torso.

«Has venido del teatro de los sueños a jugar en el equipo de tus sueños», dijo Florentino. Beckham respondió: «Formar parte del Real Madrid es un sueño hecho realidad».

De esta breve representación no es posible deducir si es el momento álgido del florentinismo o el momento en que se convirtió en parodia.

La imagen de Beckham como *top model* global fue vista como un insulto a la autenticidad del fútbol. En realidad, esta fue otra de las innovaciones del florentinismo, porque poco después ya fue común que cada futbolista se convirtiera en un hombre anuncio ambulante.

Aunque en el fondo no había nada del tinglado en que el Madrid se había convertido que lo desviara del fútbol de los últimos cuarenta años: las giras mundiales (Bernabéu ya las hacía); la contratación de un galáctico cada año (era la forma de actuar del Milan de Berlusconi); el fútbol-negocio adscrito a una marca (Brasil lo llevaba haciendo desde los setenta). La cuestión era la sobredosis. El engolamiento. El Disneylandia del deseo en que se había convertido el club. Eso le restaba autenticidad, que en el fútbol suele encontrarse en el sentimiento de comunidad contra el que conspira el Madrid como marca global, y en la solidaridad y la virilidad de los vínculos entre jugadores; algo aparentemente fuera de la órbita del Madrid galáctico que era un equipo que defendía con la mirada y el miedo que producían sus atacantes.

Al poco del fichaje, Florentino envió a ese once deslumbrante a una gira por Asia con partidos de exhibición en la que el club se embolsó diez millones de euros y ganó adeptos en todo el continente.

En 2004, Florentino fue reelegido por aplastante mayoría del noventa y cuatro por ciento de los votos frente a un Lorenzo Sanz desprestigiado y a un Arturo Baldasano desconocido.

Estos fueron los títulos: de 2000 a 2006 logró dos Ligas (2001 y 2003), una Copa de Europa (2002), una Supercopa de Europa (2002), dos Supercopas de España (2001 y 2003) y una Copa Intercontinental (2002).

### Manejo de las posesiones y las haciendas

¿Y las cuentas?

En mayo de 2001, el pleno municipal del Ayuntamiento de Madrid ratificó el convenio urbanístico con el Real Madrid para construir cuatro torres de oficinas en el suelo de la Ciudad Deportiva.

«Se trata de la operación inmobiliaria más transparente en la historia urbanística de Madrid. El Madrid obtuvo ochenta mil millones de pesetas, valor de dos torres y media; el Ayuntamiento ganó veinticinco mil, valor de una de las torres; la Comunidad, quince mil, valor de la otra media; y Hacienda se llevó cuarenta mil […]. En total, ochenta y cinco mil millones fueron a parar a las arcas públicas y, además, quedaron doce hectáreas de parque público para la ciudad», explica Florentino.

Lo que nunca consiguió Bernabéu (que le recalificaran terrenos para expandirse), lo consigue el ingeniero Pérez con suavidad. Esas cuatro torres marcan el horizonte de la ciudad y son la muestra palpable del poder del Madrid de Florentino. No es metáfora. Se ven a decenas de kilómetros y proyectan su sombra sobre la capital de España. No hay manera de esca-

Obras de construcción del estadio Chamartín, actual Santiago
Bernabéu. La imagen corresponde al verano de 1946. El campo
fue inaugurado en diciembre de 1947.

Rueda de prensa de Di Stéfano, Puskás y Bernabéu en el
aeropuerto de Madrid tras la liberación del jugador, secuestrado
en Caracas durante la Pequeña Copa del Mundo en 1963.

Bernabéu visitaba con frecuencia el vestuario. Son famosas sus «santiaguinas» en el intermedio cuando el partido no iba bien. Aquí le vemos sentado en una camilla de masajes dirigiéndose a sus jugadores en el arranque de la temporada 1966-67.

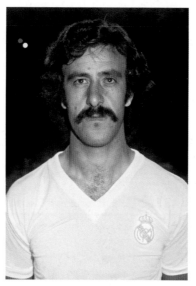

Como jugador y entrenador, Vicente del Bosque es una figura esencial en la historia del Madrid. La foto es de 1979.

Míchel, Martín Vázquez, Pardeza, Sanchís y Butragueño marcaron la vida del Real Madrid durante la década de los ochenta. En esta imagen de 1983, la Quinta del Buitre formaba con el Castilla que ese año se proclamó campeón de Segunda División.

Presentación de Figo como jugador el 24 de julio de 2000, junto a Di Stéfano y Florentino Pérez. Con la promesa del fichaje del portugués, estrella del F.C. Barcelona, Pérez aseguró su elección.

José Mourinho y Pep Guardiola se saludan sin mirarse antes de la Supercopa de España que disputaron Real Madrid y F. C. Barcelona en agosto de 2011.

Messi y Pepe escenifican la rivalidad entre Real Madrid y
F.C. Barcelona en la etapa de Mourinho y Guardiola. Aquí
están discutiendo en un clásico celebrado en abril 2011 en el
Santiago Bernabéu que acabó con empate a uno.

Dos leyendas del Real Madrid en un instante inolvidable. Iker agradece a Ramos que empatara la final de Lisboa. El portero había encajado un gol del Atlético tras una salida defectuosa.

Minuto 93: Sergio Ramos consigue ante el Atlético de Madrid uno de los goles más importantes de la historia del equipo, el que abrió el camino de la décima Copa de Europa.

Zinédine Zidane fue el segundo de Carlo Ancelotti en el Real Madrid, aunque aquí parece el primero en la final de Lisboa de 2014. El francés conseguiría tres Champions más como primer entrenador en 2016, 2017 y 2018.

La BBC con la undécima en la celebración del Santiago Bernabéu tras conseguirla en Milán ante el Atlético en 2017. Bale, Benzema y Cristiano son observados por Varane y Lucas Vázquez.

par del Real Madrid. A veces parece que la ciudad es el rehén de su club más celebrado.

Las cuentas del Real Madrid no solo están saneadas, sino que el presidente consigue establecer para el club un modelo circular que sigue funcionando hoy: el club se financia a sí mismo.

Pero como sabe cualquier aficionado, las cuentas no se celebran en la Cibeles. Lo que se celebran son las victorias. Y el pozo se queda seco a partir de la temporada 2003-04.

Del Bosque no había sido motor de ninguna innovación táctica, pero sí un gran gestor de egos. Quizá lo que ese Madrid necesitaba entonces.

El club trajo en 2003 a un hombre más elegante y con una percha más acorde con las circunstancias: Carlos Queiroz. Makelele, el mediocentro defensivo que equilibraba un equipo que tendía a la locura, es traspasado. Se oían voces anunciando el Apocalipsis. Pero el apocalipsis no llegaba.

El Madrid alcanzaba en su juego cotas de fascinación inéditas en la historia del fútbol. Eran unos señores que atacaban a ratos y se paraban en la banda a mirarse en los espejos cuando les daba por descansar. Solo estaban permitidos los gestos artísticos. Era lo sublime sin interrupción hasta que llegaba la pausa y los caballeros dejaban sus espadas sobre el césped. Entonces era el tiempo de las paradas milagrosas de Casillas y un arreón final donde Zidane se inventaba un fraseo desconocido mientras Guti la clavaba en la escuadra mirando hacia el lado contrario.

Día tras día decían los medios que eso no se podía sostener. No había nadie en el banquillo, y Valdano había dejado el eslogan para la concurrencia: «Zidanes y Pavones» (Pavón era aun central de la cantera con peinado exquisito). Los jugadores se iban agotando, pero el encantamiento no se rompía. Hasta la final de Copa contra el Zaragoza: el club blanco cayó vencido 3-2 por un equipo de hombres. A partir de ahí, en cada campo se instaló una guillotina para acabar de una vez con la realeza.

En el club imperaba una nube tóxica de pesimismo. Una nube que llegaba desde Atocha. El 11 de marzo de 2004 estallaban cuatro trenes de cercanías en Madrid: más de ciento noventa fallecidos. Un mes después, José Luis Rodríguez Zapatero ganaba las elecciones.

Madrid era una ciudad tocada.

El Real Madrid también lo estaba.

Como siempre hay un exmadridista dispuesto a hacerle la puñeta a su antiguo equipo, el que le dio la puntilla en Copa de Europa fue Fernando Morientes, en aquel momento jugador del Mónaco. El club estaba exhausto y se le perdió a la vez el miedo y el respeto. Fue un desastre fantástico y quizá la obra maestra del florentinismo. Nunca se habló tanto del equipo. Pero ya no hubo más eco. Los galácticos estaban secos de fútbol y de fe. Y el camino por el que habían llegado a la victoria no tenía retorno.

Hubo una temporada más, vacía de sentido, aunque llena de detalles exquisitos en la que el Barcelona de Ronaldinho cubrió el hueco que estaba dejando el Madrid; y otra más, en la que se intentó reanimar el cadáver con la llegada de Sergio Ramos y Robinho.

Pero el equipo se perdía en luchas intestinas y el Barcelona comenzaba a estar a una distancia insalvable. El ambiente era muy duro contra Florentino. Se armó una pañolada contra el palco el día en que el Barcelona tomó el Bernabéu por 0-3. El clima general era de hundimiento. Cada partido, una emboscada. La prensa no le había perdonado al presidente la salida de Del Bosque y la excesiva *galactización* del club. Y Raúl, con mucho poder en los medios, había perdido sitio: iba saltando detrás de las casillas que Zidane y Ronaldo dejaban libres.

### La negación de san Pedro

El 27 de febrero de 2006 Florentino Pérez dimitió.

Dimitió por la presión de medios y público. Reinaba un estado de opinión fortísimo. Se hablaba de decadencia televisada, de falta de valores, de obsceno capitalismo y de jugadores sin compromiso. Y puede que fuera verdad. Pero no solo eso, porque el Madrid de Florentino le devolvió el gozo al espectador. Detrás de esa riqueza esparcida por el césped, quedaba el páramo, el resto del fútbol utilizado como alimento del parque de atracciones madridista. Y quizás de ahí venga el odio.

Florentino apareció ante más de un centenar de periodistas.

Dijo: «El club necesita un cambio. Tras analizar la situación, he decidido presentar mi dimisión irrevocable porque creo que puede ser el revulsivo que necesita la entidad. Es lo mejor y creo que mi decisión ayuda al Real Madrid».

Y también: «Creo que algún jugador está confundido y es por mi culpa. He malcriado a la plantilla».

Y cuando un periodista le preguntó si volvería al club: «Nunca vuelvo de donde me voy».

Se cumplió la negación de san Pedro.

«Nunca vuelvo de donde me voy.»

Pero volvió, como se verá.

Si san Pedro negó tres veces a Cristo antes de que cantara el gallo (y esa fue su cruz y el fracaso que intentó redimir el resto de su vida), los fracasos de Florentino (que no su cruz) también han sido tres: su carrera política, sus primeras elecciones a la presidencia del Real Madrid y, una vez alcanzada, su dimisión en 2006.

Y, sin embargo, se los ha tomado al estilo anglosajón, quizá siguiendo aquel famoso lema de Henry Ford: «El fracaso es simplemente una nueva oportunidad de empezar de nuevo, esta vez de forma más inteligente».

Florentino puso en su lugar a Fernando Martín, empresario vallisoletano y hombre de confianza, hasta que se celebraran las elecciones. El vallisoletano resistió dos meses. El siguiente que ocupó el puesto fue el directivo de más edad, Luis Gómez Montejano. Hasta que el 3 de julio ganó las elecciones el abogado palentino Ramón Calderón, que derrotó al joyero Juan Palacios y al constructor Juan Miguel Villar Mir.

Sobre el césped fue una época de resultados medios, se sacaron dos Ligas y una Supercopa de España. El club blanco ganó lo que le dejó el Barcelona. Y en la Copa de Europa cayó en octavos, ralentizado como estaba por el peso excesivo de un Raúl en el ocaso. Era un Madrid de entreguerras, primero con Fabio Capello de entrenador, después con Bern Schuster.

Para lo demás, una época de resultados pésimos.

A Calderón le cayeron todo tipo de acusaciones: desde comprar votos con abonos en las elecciones hasta posibles comisiones fraudulentas en fichajes de medio pelo pagados a precios de estrellas. El terremoto final fue un artículo publicado por el diario *Marca* en 2009 que lo acusaba de irregularidades durante la Asamblea General en la que se aprobaban los presupuestos del club: se había permitido la entrada a personas que no eran socios, mientras dos centenares de socios se habían quedado fuera.

El 16 de enero de 2009, Calderón presentó su dimisión. Lo sustituyó durante unos meses el armador valenciano Vicente Boluda.

Al mismo tiempo, el Barça crecía y se agigantaba.

El 27 de mayo en Roma, el Barcelona consigue su triplete: después de haber ganado la Liga y la Copa del Rey, se hace con la Champions. La luz que irradia el Barça eclipsa al Madrid hasta dejarlo en las tinieblas. Es el Infierno. Los aficionados caminan a ciegas.

El equipo también.

El club está intervenido, deportivamente hundido. Al mismo tiempo, España se enfrenta al inicio de una crisis económica gravísima, ha estallado la burbuja inmobiliaria. El pesimismo sobrevuela el estadio. La vuelta de Florentino es un clamor. Los socios quieren limpieza, estabilidad, brillo, fichajes estrella y recuerdan con añoranza la primera época del ingeniero Pérez.

Mientras tanto, él libra sus propias batallas, su mujer, Pitina, se recupera de un grave cáncer de pulmón. Cuando le dan el alta, Florentino toma la decisión de presentarse a las elecciones de 2009.

Es el único candidato. Nadie más se atreve.

El príncipe de los apóstoles ha vuelto, arrepentido de haberse ido.

### El Señor llama a Pedro a cumplir su misión: de 2009 a 2018

Florentino se arremanga y se lanza a trabajar en dos frentes: el corporativo y el deportivo. A la vez y sin tregua. Es el santo padre que actúa guiado por una enorme libertad de espíritu, anclada en el amor al Real Madrid.

Imprime al club un estilo empresarial moderno: instaura procedimientos operativos, comités de dirección, un código ético. Por primera vez se escuchan en el club conceptos como transparencia, análisis de riesgos, gobernanza.

En cuanto al equipo, Florentino tiene varias ideas fijas que ha estado rumiando los años que permaneció fuera: que debe haber un líder claro para que no se dé el exceso de talento y la falta de compromiso que lastraron a los galácticos, y que debe haber un entrenador capaz de dirigir a un once de estrellas.

Lo primero que hace es renovar la plantilla. Jorge Valdano explica que gastarán en un año lo de tres, tales son las urgencias del Madrid. Llega Kaká (sesenta millones) como sustituto de Zidane en el imaginario, y Xabi Alonso para dar consistencia a un centro del campo que llevaba lustros sin dominar. En la delantera se elige a una estrella en ciernes: Karim Benzema. Pero el gran *hit* es otro: Cristiano Ronaldo, con noventa y cuatro millones el jugador más caro de la historia hasta ese momento (ya hemos dicho que el Madrid se bate récords a sí mismo en los fichajes). Una marca angustiosa para el madridista que se palpa el bolsillo cuando se habla de dinero, pero muy valorada en el mundo del *marketing*, porque es sabido que el fútbol, como el cine, se ve con el estómago, y tener al caballo más caro de la cuadra produce una enorme fascinación.

El entrenador elegido en junio de 2009 fue el chileno Manuel Pellegrini. Un hombre bien plantado, pero que contagiaba tristeza. Tenía pinta de actor secundario, pero no conocía los silencios de la casa (como Del Bosque). En el Madrid de Florentino, el entrenador tiene un escaso margen de maniobra. Los grandes jugadores que llevan la etiqueta con el precio colgada detrás deben jugar. El equilibrio es para los pobres. El club vive entre la devastación y el ridículo. Al entrenador muchas veces le venden jugadores fundamentales y le compran otros que no son necesarios. Esos principios insondables son los del mercado o quizá los del deseo. Pero con esos bueyes hay que arar.

Pellegrini fue navegando por la temporada hasta que el

Olympique de Lyon, en octavos de final, lo echó de la Champions en una noche desgraciada. Faltaba Xabi Alonso y puso a Guti de mediocentro porque la prensa así lo había querido. Gutiérrez, que era un príncipe de treinta y cuatro años al que le quedaba media hora de vida por partido. Pellegrini empató el partido y perdió la eliminatoria por hacer caso a los medios. Unos medios que después le echaron en cara el no haber equilibrado el centro del campo con un especialista defensivo. El técnico erró, y en estos casos no hay segundo acto en el Madrid. Caer bajo las presiones de los periodistas deportivos suele acabar en la derrota y, además, en la deshonra. Y así fue con el chileno.

El Barcelona se paseaba por España y por Europa, era el nuevo equipo de todos y surtía de talento a la selección española, que estaba a punto de ser campeona del mundo. El ingeniero Pérez cambió el paso: por primera vez se iba a echar en brazos de un entrenador, el único tipo que había conseguido doblegar al Barcelona de Josep Guardiola: José Mourinho.

### En el nombre del Señor, levántate y anda

Mourinho entró un 31 de mayo de 2010 y se fue el 1 de junio de 2013.

1097 días.

1097 días de titulares.

1097 días de tensión en el que el Real se convirtió en un equipo desconocido. Un equipo de autor de un entrenador que estaba en la raya entre la genialidad y la paranoia. Ese verano llegaron Ozil, Di María y Khedira. Tres jugadores jóvenes dispuestos a obedecer a su patrón hasta las últimas consecuencias. Esos tres años, el Madrid dejó de ser el Madrid, y *Floren* dejó de ser *Floren*. El club se convirtió en el escenario de la representación de un maniaco obsesionado por cada detalle que hace del fútbol un deporte impredecible. Florentino se acomodó en la sombra y se dispuso a disfrutar de la función. Mourinho inyectó orgullo y voluntad de desobediencia a un club que había interiorizado un complejo con el Barcelona. ¿Cómo?

El portugués primero apartó a Valdano, un *atrezzo* de

lujo en esta segunda venida de Florentino, y demasiado preocupado por su reflejo en los medios para dar la cara por el club. Y después puso en alerta a todo el Real Madrid, que seguía teniendo un interior flácido, aletargado. Eso se vio en los instantes previos al Barcelona-Real Madrid: Rossell, presidente del Barcelona, dirigiéndose a Florentino en una escenografía conmovedora a la entrada de un restaurante, con la nieve pespunteando la escena y el «bienvenido a mi país» que dio paso a la masacre del 5-0.

Florentino se prestó a ese acto porque todavía llevaba dentro la condescendencia antigua. Eso que llamaban «señorío» y que Mourinho descuartizó.

El señorío era válido cuando el Madrid señoreaba a caballo su territorio, que era España. En los momentos del Barça de Guardiola, el amo de la finca era azulgrana, aunque fingía que era el Madrid, y la condescendencia solo servía para remar todos los partidos corriente arriba.

Ese año se ganó la Copa, y paso a paso se fue restituyendo, con un esfuerzo descomunal, al Madrid en el fútbol de verdad: el de la Champions, donde se cayó ante un Barcelona todavía superior.

En el verano siguiente solo llegaron fichajes de relleno. Hombres para tapar huecos y perfeccionar el mecanismo. Incluso Kaká, una de las grandes apuestas, era relegado por Özil, tan grácil como menos mediático. Eran las leyes de Mou bajo el reinado de Florentino. Un matrimonio de conveniencia, pero que comenzaba a dar sus frutos. El fútbol se había afinado y se jugaba a una velocidad futurista. Surgían los goles por todas partes. Cristiano dejaba cada plaza más arrasada que la anterior. Se ganó una Liga descomunal al Barcelona, pero se cayó en Champions contra el Bayern de Múnich (semifinales), donde Mourinho cometió su pecado original: echar el equipo atrás a la mínima contrariedad. Era tan fuerte la inercia del presunto mal que anidaba en el Madrid que se dijo hasta la exasperación que el club no jugaba a nada, que era el antifútbol, que no había estilo definido ni pájaros cantores.

No era cierto.

De hecho, era la primera vez desde la Quinta del Buitre que

el Madrid jugaba a algo definido: un juego rapidísimo de transiciones, un paisaje solo de ida donde no existía la pausa ni el decoro. El hecho de no ganar la Copa de Europa hizo que ese estilo sin nombre, pero tan reconocible como el gesto de un depredador, no se grapara en las zonas interiores del hincha, que es donde anidan los recuerdos.

El 22 de mayo de 2012 se anuncia la renovación de Mourinho hasta 2016.

Y ese mismo día fallece repentinamente la esposa de Florentino, Pitina, de un ataque al corazón a los sesenta y dos años. Al tanatorio de la M-30 acuden ocho ministros del Gobierno de Rajoy, dos expresidentes, Aznar y Zapatero, dos exvicepresidentes, María Teresa Fernández de la Vega y Rodrigo Rato, dos presidentas de comunidades autónomas, Esperanza Aguirre y María Dolores de Cospedal, el mundo financiero y empresarial en pleno, desde Fernández Tapias hasta Rafael del Pino, Villar Mir, Alberto Alcocer o Enrique Cerezo, el exsecretario de CC.OO., José María Fidalgo, periodistas como Ana Pastor, Antonio Ferreras o JJ Santos, músicos como José Mercé, jugadores y exjugadores, *jet set* en general y hasta el Padre Ángel.

Los amigos de Florentino.

La desaparición de Pitina deja a Florentino desolado. Esa mujer, que nació en Guinea Ecuatorial y pasó su infancia y adolescencia en un pueblo de León, Santas Martas, era su compañera inseparable. Espontánea, franca, se sentaba detrás de su marido en el palco de presidencia y viajaba con él a todas partes. Con él y con sus agujas: había montado una escuela de bordado y llevaba su labor de punto de cruz consigo en los largos desplazamientos del equipo.

Formaban una pareja peculiar, aunque un día cenaran con Julio Iglesias en sus vacaciones en Mallorca y otro cruzaran la alfombra roja de la boda de Felipe y Letizia, jamás salían en las revistas del corazón. A ninguno de los dos les gustaba la fama ni el dispendio gratuito. «Soy austero, pero también sin ningún mérito, porque es heredado. Mi padre me educó en esa cultura», proclamaba Florentino, y ella le daba la razón. Se entendían con la perfección de la simbiosis.

Con un Florentino decaído y un Mourinho exultante llegó el verano de 2012. Y llegó también el triunfo de la selección. Y llegó Casillas de las vacaciones y los balones entraban en su portería como atraídos por una fuerza magnética. Y Mourinho lo sentó en el banquillo. Era el Santo, el que hacía milagros, el amigo de sus amigos. El hombre común aplastado por el sistema. Y el sistema es el Real Madrid. Y el Real Madrid tiene un malo de cuento, de maneras ambiguas y sinuosas, que es el poder y aparece rodeado de los poderosos: Florentino Pérez.

Eso decían.

Mourinho duró tres temporadas, que es lo que acostumbra. Tensa tanto el paisaje que lo convierte en un *western*. Se fue despidiéndose con una mano y haciendo un gesto obsceno a la prensa con la otra. El Madrid necesitaba un pacificador y una estrella. Y vinieron Ancelotti y Gareth Bale. Comenzaba una nueva etapa, donde se iban a descorrer las cortinas para que el público pudiera mirar dentro de la casa.

### Oraciones no escuchadas

Carlo Ancelotti parecía la antítesis de Mourinho: conciliador en el vestuario, sabía conseguir un ambiente de compañerismo entre tantos egos. Florentino le había regalado una plantilla descomunal y, por fin, muy compensada. Con Isco como mediapunta invitado (el *presi* adora los mediapuntas, muchachos que solo piensan en lo bello del fútbol) y canteranos como Morata, Jesé y Carvajal, el Real tenía un once infinito de recursos y talento. Pero el nuevo galáctico era Gareth Bale y debía coincidir con Karim Benzema y Cristiano Ronaldo. Eran las órdenes de la superioridad y Ancelotti se puso a ello.

Había nacido la BBC. Un acontecimiento en el fútbol contemporáneo.

Florentino había comprado un mar.

Y su resaca.

Tres atacantes que se bastaban solos y un reflujo que amenazaba con romper la unidad de acción. La forma de encajar ese mecano endiablado era Di María jugando de interior izquierdo, y un ritmo constante para que no se noten los huecos sobre el césped. El ritmo es necesario para que funcione la cinta sin fin, como en la antigua ordenanza de Mourinho, pero sin la jugada instantánea y parida de tacón de Özil. Más normalizada, más pausada, conectada con el gol de una manera natural.

El equipo fue encontrando su juego y eclosionó en las eliminatorias contra el Bayern de Guardiola (que parecía un pico inaccesible) en abril de 2014. Abril, que es el mes más cruel, excepto para los madridistas, enseñados a volar justo en ese momento. El Bayern fue borrado del mapa y se llegó a la final contra los indios, contra el Atlético de Madrid del Cholo Simeone, en Lisboa, la ciudad blanca.

En esa final, como siempre, el Madrid está al borde de la desaparición. A pesar de la fenomenal temporada, un mal partido contra Messi dejó la Liga cuesta arriba para el Madrid y, de repente, la impresión era que no había más plan que tirar para adelante, ganar la Champions y sumergirse en las aguas del Tajo. Florentino le llegó a decir a Cerezo (presidente del Atlético, equipo sin ninguna Copa de Europa) que la victoria la necesitaba más el Real que el Atlético. A ese grado llega la desesperación madridista por la victoria en Europa.

Pero Ramos se elevó contra los cielos y el Madrid volvió a ganar. Era la Décima, la más ansiada y la que le quitó la neurosis al madridismo. Y a Florentino, que comenzó el verano con ganas y fichó a James Rodríguez, otro mediapunta fenómeno. Se fue Xabi Alonso, pero vino Toni Kroos. El equipo parecía un mecanismo de relojería y se apoderó del balón durante tres largos meses, los últimos del año 2014.

El Real Madrid jugaba bien al fútbol. O eso decían.

Dentro de las normas del florentinismo está la excitación del deseo madridista hasta llegar al orgasmo mucho antes del acto. Eso provee riadas de expectación y dinero, e incluso convierte al club en una idea que flota sobre los cimientos del estadio. Algo inconcreto y morboso, próximo a un estado de ánimo al que el entrenador debe dar forma y trasladar al campo en principios reconocibles. Debe convertirlo en un deporte, con sus razones, con sus principios meticulosos, con su trabajo oscuro que solo detonará en los resúmenes de las televisiones. Cuando el equipo de Ancelotti encontró el toque, el ritmo y la precisión, el mundo del fútbol reaccionó como si fuera una manada de bóvidos que se vuelven ante el depredador: miró y se quedó petrificado ante el suceso.

Sí. El Real Madrid jugaba bien al fútbol.

Los centrocampistas acarreaban el balón con ternura, muy lejos del aliento rival. James ejercía de vértice en cada combinación y Cristiano mataba los partidos como se matan los recuerdos: con rabia y desdén. El Madrid era una sucesión de lujos al que se le adivinaba de forma tenue la estructura. Hubo un partido contra el Liverpool, en Anfield, un 22 de octubre de 2014, que parecía el comienzo de algo sagrado. Los ingleses miraban embobados un fútbol superior, orgánico, que surgía de forma irremediable del empeine y el espíritu de unos jugadores que se esparcían como una mancha sobre el césped. Ramos vigilante, Luka Modric en el ritmo, James en la melodía y Cristiano en la percusión.

El siguiente partido del Madrid se convirtió en objeto de culto antes incluso de que saliera el DVD con los extras. Modric se lesionó poco después, pero todavía no era uno de los grandes nombres, y una vez convertido el club en un estado de opinión, no se admiten pequeñas cuestiones que minen el arrastre de la idea. La estructura dejó de ser líquida, perdió su cualidad de filtrarse bajo el quicio de las puertas y pasó a ser reconocible desde lo alto. Comenzaron a ponerles trampas y se fueron cayendo poco a poco las máscaras. Los jugadores, emborrachados del engolamiento del Real (esa promesa de infinito del florentinismo), dejaron de atender a las pequeñas cuestiones previas al arte: la artesanía del negocio. El Madrid perdió la alegría y perdió la serenidad; al fin y al cabo, todos los elogios posibles ya habían sido dichos por primera vez, y en el amor todo es repetición hasta la última frase, cuando el condenado yace desangrado en el suelo del coliseo.

Se ganó un título por caridad (el Mundialito en diciembre de 2014 contra un adversario menor del resto del mundo) y se le añadió una pegatina fea a la camiseta. Ganar era de nuevo una costumbre, pero en los meses de la ambrosía se había perdido el sentido del deber, eso un poco absurdo y que mueve a los soldados a caminar a ciegas hacia su ejecución. La llaman táctica o quizás esfuerzo colectivo.

En enero de 2015, en la Liga, el Atlético puso a prueba la nueva neutralidad madridista y resultó que al equipo se le había secado la sangre. Los jugadores se meneaban lo justo, nadie disparaba primero, excepto Isco, que todavía lleva un mundo nuevo en el corazón como aquellos anarquistas de Durruti.

El Real perdió y volvió a perder, y tampoco pasó nada. Se iba deslizando la temporada hacia el mal y fue la Juventus, en semifinales, la que apeó a los blancos de la Champions. Por supuesto, un exmadridista, un canterano, Morata, le dio la puntilla a su exequipo. Sea como fuere, las tradiciones se cumplen.

Y ese Madrid tan brillante y pleno acabó la temporada sin títulos importantes: Carlo Ancelotti tuvo que irse. Ancelotti, al que se la habían jugado sus futbolistas. Reconoció años después lo que sabían las estadísticas: el Real era el equipo de los grandes que menos kilómetros recorría. En los entrenamientos y en los partidos. Fueron aquellos jugadores que le llevaron al éxtasis y convirtieron su titularidad en ley divina. El representante de Gareth Bale subió a los aposentos de Florentino para pedir que le dejara jugar por el centro del ataque. No más bandas. Y Florentino llamó a Ancelotti, que se negó educadamente. Así de paradójico y enrevesado es el negocio. La prensa apuntó como causa del declive el cansancio y la rutina. Siempre jugaban los mismos.

Pero, en caso de que el italiano hubiera hecho cualquier cambio en el equipo, se hubiera pedido su cabeza en el telediario de la tarde, ese que siempre abre el Madrid.

Entrenar al Madrid.

Siempre por un estrecho desfiladero donde la peor trampa es el triunfo en la Copa de Europa.

El 25 de mayo de 2015, Florentino ejerció su poder de padre santo pero justo (según su propia justicia, por supuesto) y expulsó a Ancelotti del Paraíso.

En la Asamblea de socios dijo: «Nuestro afán de superación permanente no permite sitio para la autocomplacencia».

Entró Rafa Benítez, que no se quedó ni una temporada entera. Empezó muy bien, ganando todos los partidos de la Liga, y de pronto todo se torció. Sus derrotas contra el Sevilla y el Barcelona (0-4) exasperaron a Florentino. Cristiano no estaba a gusto; Benítez quería automatizar a un grupo de poetas.

El 4 de enero de 2016, un Florentino serio, con traje negro y corbata azul oscuro, con el pelo canoso y el rostro cansado, anuncia la destitución de Benítez y la incorporación de Zinédine Zidane. El ambiente es de funeral. Florentino no admite preguntas de los periodistas. Dice: «Zidane es una de las grandes figuras de la historia del fútbol y es plenamente consciente de lo que supone entrenar a este equipo [...]. Ha sabido estar al frente de los desafíos. Este es tu club y este es tu estadio, tienes capacidad para encandilar al madridismo. Eres el entrenador del Real Madrid, y como presidente es un orgullo tenerte a mi lado. La palabra imposible para Zidane no existe».

Y entonces aparece Zidane, con su chaqueta azul cielo (el mismo color que había elegido Beckham para su presentación), su cara fresca, su energía tensa. Es el báculo de savia nueva que necesita Florentino, que necesita el equipo. Desprende una especie de luz. Habla con palabras sencillas y el pueblo lo entiende: «Es un día importante para mí. Tengo un poco de emoción, más que cuando firmé como jugador. Pero es lo normal. A partir de mañana será otra cosa. Voy a poner todo el corazón que tengo para este club e intentar que salga bien».

### La generación de los que buscan al Señor

«Del Señor es la tierra y cuanto la llena / el mundo y todos sus habitantes / pues él la asentó sobre los mares, él la fundó sobre los ríos. ¿Quién subirá al monte del Señor? ¿Quién podrá estar en su recinto santo? El hombre de manos inocentes y limpio corazón / el que no da culto a los ídolos, ni jura en falso. / Este alcanzará la bendición del Señor, y Dios su Salvador lo proclamará inocente. Esta es la generación de los que buscan al Señor, de los que vienen a tu presencia, Dios de Jacob.» (Salmos 24:1-6)

Así es Zinédine Zidane, un hombre de manos inocentes y

limpio corazón. Y un hombre que conoce la sintomatología del madridismo plenamente. Fue avanzando por la temporada, primero a tientas, y poco a poco con un plan. Era un plan sencillo: defender duro y agotar todas las líneas de tensión de un partido. Y arriba, Gareth Bale y Karim Benzema. Los dos favoritos del presidente, también inocentes, también limpios. Y por supuesto, Ronaldo. De otra estirpe, se ató al equipo a la cintura hasta llevarlo a la segunda final con el Atlético. El Madrid volvió a ganar, en los penaltis, con una fe renovada que Zidane supo implantar en los suyos y que no decayó ni un gramo durante el partido.

Y entramos en el verano de 2016.

Vuelve Morata y viene Asensio, otro mediapunta para la colección de grandes berlinas. Comienza la temporada con buenos augurios, una victoria en la Supercopa de Europa ante el Sevilla. Pero empieza un juego siniestro de lesiones. Zidane tiene que darle la vuelta a la alineación y se dispone a utilizar dos equipos diferentes. El equipo titular para los partidos de enjundia y el equipo reserva (de punta a cabo) más espectacular y rítmico, para las salidas por esos campos antipáticos de España. Las bondades del juego del Madrid fluctúan y se cumplen a rajatabla ciertos mandamientos del florentinismo: cuando el Madrid se viene arriba, cuando juega bien, el madridismo se vuelve loco, los antimadridistas callan, y la festividad inunda el vestuario. La relajación es inmediata. Debe de haber una estadística sobre los kilómetros recorridos después de que el Madrid encadena tres partidos celebrados por la prensa. Esto pasa porque los muros del Bernabéu son porosos, tal es el escándalo que se monta alrededor. Así que los jugadores se sienten tentados por la fiesta de afuera y aplazan sus deberes fundamentales en el campo. De repente le sale al madridista una arrogancia religiosa y piensa: «¡POR FIN ya nunca dejaremos de ganar!».

Solo se imagina goleadas y fantasmagorías varias, y se deja llevar exactamente como lo hace el equipo.

Y se encadenan varios malos resultados. Y vuelta a empezar.

Poco a poco, según avanzaba la temporada, fue abriéndose

una idea de juego basada en el talento y en el compromiso. Bale estaba lesionado, así que eran cuatro centrocampistas (Casemiro-Modric-Kroos-Isco) a los que se les añadía Karim como merodeador oficial, y Cristiano, convertido en un rematador tan esencial como aquel Hugo Sánchez del 90. El balón saltaba de pie en pie; solo Ronaldo jugaba con los espacios. Los laterales subían hasta situaciones inverosímiles y el ataque se abría y se cerraba al compás de las combinaciones entre líneas. La rapidez no era problema. A veces el Madrid se desplegaba a la velocidad del terciopelo con la seguridad que da un trato singular (y de usted) con la pelota. Hasta que llegaba a la zona del daño y el balón se hacía vértigo. Otras veces había pausas larguísimas entre dos operarios que solo se pasaban el balón, y de repente... De repente, Carvajal aparecía al otro lado y el portero contrario ya estaba sacando el balón que Cristiano había metido en la portería.

Así llegó el Madrid a la final de la Champions. Con un Ronaldo irreversible y lleno de gol.

Y así ganó el Madrid la final de la Champions, ante la Juventus, por 4-1, marcando una época en Europa con Cristiano, los centrocampistas y un central como Sergio Ramos, que está hecho para ser esculpido a la entrada del Bernabéu.

Dos Champions seguidas, desde el Milan de Sacchi no se habían conseguido. Ese es el mérito de Zidane. De Florentino. Y un doblete: Liga y Copa de Europa. Habría que remontarse a los años cincuenta para saber qué era eso. Un Madrid despótico y un punto irracional. Plagado de mediapuntas que saltan entre los espejos hasta que Cristiano la empotra en la portería.

En el verano siguiente, de nuevo, no hay grandes dispendios. Morata, eterno adolescente insatisfecho, es vendido al Chelsea por ochenta millones. James es cedido al Bayern de Múnich. Se compra al nuevo genio andaluz, Ceballos, y a Theo Hernández, un lateral izquierdo medio loco al que no quería Simeone. El equipo se plaga de canteranos como Llorente (mediocampista de contención), Achraf (lateral marroquí con buenos modales) y Mayoral (delantero algo inocuo que vuelve de una cesión). El Madrid intenta traerse a Mbappé, un chico francés de dieciocho años que deslumbró a Europa metiendo al

Mónaco en semifinales de Champions; un híbrido entre Ronaldo y Henry. En última instancia, la operación es abortada y la nueva joya se va al PSG.

Los primeros meses de la temporada son confusos. Los partidos son obras a medio terminar por los que se acaba colando el empate o la derrota. El gol ha abandonado al equipo y la estructura «todo-talento» se desploma entre el silencio de la grada. En Europa se apañan los resultados, pero se queda segundo de grupo, tras el Tottenham. A los tres meses de comenzada la Liga, todo está perdido y el equipo, el aficionado y la prensa toman la decisión de encomendarse a la Champions como a la Virgen de Lourdes. Vieja tradición.

Llega en octavos de final el enfrentamiento con el PSG, un equipo que se quiere erigir en el nuevo Madrid. Un palco lleno de famosos y autoridades, una ciudad que suspira por un club de fútbol a su altura y una nación árabe que quiere un escaparate en Occidente. Los franceses, con el diabólico Mbappé y Neymar, el genio díscolo que escapó de la jefatura de Messi, son favoritos para las casas de apuestas. El Madrid está fuera de la Liga y de la Copa, con un equipo que de repente es muy viejo o absurdamente joven, carente de energía y con el andamiaje desaparecido. Un caos irreconocible y con una estrella en declive. Pero, por primera vez en la temporada, todos, jugadores y público, están tranquilos y surge la comunión. Es la tierra prometida, la Champions, y el Madrid gana 3-1, corriendo, sudando pero sin sangrar, con una extraña calma en su área y la crueldad de siempre en la contraria.

La vuelta es un trámite. En esos días se conforma un estado de opinión fortísimo en el madridismo. Algo así como un destino manifiesto. Ganar la decimotercera Copa de Europa es algo irreversible. Todos lo saben. Árbitros, aficionados rivales y periodistas. Es la fábula más antigua de la competición. El Barça cae en cuartos contra la Roma. Los rivales comienzan a desertar. La Juventus encaja un 0-3 en Turín, pero vuelve enrabietada y pone al Madrid contra las cuerdas: 0-3 en el Bernabéu en el último minuto; entonces una última jugada del equipo blanco en la que domestica el tiempo y la pelota y, según algunos, a los árbitros. Hay un penalti por un empujón a Lucas Vázquez que desespera a la mitad del mundo. Cristiano marca el gol, hace el numerito y durante una semana entera se analiza la jugada de forma tan minuciosa como el asesinato de Kennedy.

La única evidencia es que el Madrid ha pasado de ronda y se cruza con el Bayern de Múnich en semifinales. La eliminatoria muestra a un equipo alemán que es el de siempre, impulsivo y tendente a encajonar a los merengues contra su portería, y a los madridistas, que pasan ciento ochenta minutos siendo asaltados y resistiendo con una calma que un observador imparcial calificaría de pasmosa. El Real ya no tiene juego, devuelve los golpes con puntualidad, pero está inmerso en una temporada sin ritmo ni tensión en la Liga. El espíritu del Madrid es el de Sergio Ramos. Altivo e inquebrantable, nunca se vence. Con el Bayern siempre hay un momento para el terror, y esos son los últimos veinte minutos del partido. Los bávaros no logran penetrar en el reino encantado de los centrales madridistas y el Madrid pasa a la final de Champions. En ese momento se siente ganador.

Esos veinte minutos han sido la música de la temporada europea. La resistencia inaudita, irracional, a la derrota.

En la final espera el Liverpool mecanizado por Klopp, un alemán que con el Dortmund se lo había hecho pasar muy mal al Real. El 26 de mayo de 2018, merengues y *reds*, se enfrentan en Kiev. Los británicos atrancan la salida del Madrid, demasiado parsimonioso, como si fuera un aristócrata que se levanta entre bostezos, e inclinan el campo hacia la portería de Keylor Navas. A los treinta minutos, Salah, el egipcio que comanda el ataque *red*, lucha con Ramos por un balón dividido. Eso es una actividad de riesgo. Se enganchan los dos y el andaluz lo arrastra en la caída. Salah sale del campo desconsolado, tiene una luxación que le impedirá seguir en el partido. A partir de ahí ya no hay más Liverpool y los blancos dominan el escenario sin muchos miramientos. Hay un gol de Benzema, que se hace el bobo y caza al portero en un renuncio, y otro de Bale, que es, desde su ejecución, una de las glorias de la competición. El galés, que sale en el minuto sesenta y deja los mejores momentos de su vida con el Real. Eso que dicen que era salvaje con la pelota y huidizo con el espacio, como si el partido opaco de Cristiano (su caída al reino de los mortales) le hubiera abierto un horizonte de sueños.

La final acaba 3-1, es una victoria del Madrid que parece pequeña por rutinaria, con un gigante sobre el césped que invoca el odio y la fascinación de la misma manera que el club: Sergio Ramos.

Sergio Ramos: el «enviado» castigador del Señor.

Hace unos años fue el sorteo, poco después llegaron los árbitros en ayuda del Real, y ahora es Ramos, la mano negra, quien golpea rivales y limpia de mendigos la entrada del templo para que pasen las carrozas y el pueblo vitoree a gusto a la realeza. Zidane saluda desde el césped y Florentino desde el palco: han construido un equipo que ha ganado tres copas de Europa seguidas. Y una más, dice la afición, la de Ancelotti: mismos jugadores, parecida pasión. Cuatro Champions en cinco años.

¿Cuándo acabará esto, se preguntan los que no han sido invitados?

¿Cuál es el mérito, cuál el estilo, cuál el legado de esta generación?

Solo el Madrid de Di Stéfano logró tiranizar la victoria en Europa de esa manera. Pero este grupo de jugadores no ha terminado su obra. Los guía un instinto superior para la victoria. Un instinto edificado en los años crueles de Guardiola. Desde entonces hubo una decantación, solo sobrevivieron los jugadores que nunca eran vencidos por el escenario y los que tenían suficiente calidad para doblegarlo. Al final, el mundo del fútbol se ha convertido en una multitud de penitentes con un cirio en la mano, dando vueltas alrededor del Bernabéu, pidiendo, rogando, que se acabe el ciclo para que vuelva a florecer el juego más allá del recinto sagrado madridista.

Cinco días después de ganar la Champions, el 31 de mayo, Zidane da una rueda de prensa.

Desde el momento en que se anuncia todos lo saben: el francés deja el Madrid. Aparece en escena pétreo, tenso, igual de inmaculado que el primer día que se vistió de blanco. Florentino está a su lado, cariacontecido, con un rostro más cercano a las lágrimas que al enojo. Zidane se explica, habla de desgaste y de la necesidad de un cambio. De que todo acabó bien, de que la puerta siempre estará abierta. *Floren* está tiritando, el madridismo está perplejo. El francés es caso único. Un mito en el Madrid que se va surfeando la ola, que no es engullido por ella.

El 1 de junio, Pedro Sánchez gana la moción de censura y el día 2 toma posesión como presidente. Si el Madrid refleja en parte a España, Zidane ha intuido como nadie el cambio de ciclo. Siguen horas tensas para el nuevo Gobierno, que propone una lista sorprendente de ministras. Horas tensas para Florentino que busca, desesperadamente, un entrenador.

Por fin, el 12 de junio, tres días antes de que comience el Mundial, el Madrid presenta al nuevo entrenador: Julen Lopetegui. El técnico de la selección española, hombre de la casa (se crio en el Castilla) que confraterniza con el núcleo español. Es una decisión que vuelve a concitar un odio unánime en los medios. ¡Anunciarlo a las puertas del Mundial! ¡Esto acabará con la selección! La opinión pública pesa (y mucho) en el fútbol: Lopetegui es destituido fulminantemente por Luis Rubiales, presidente de la Real Federación Española de Fútbol. Al día siguiente, en la rueda de prensa en el Bernabéu dice entre lágrimas: «Ayer fue el día más triste desde la muerte de mi madre, y hoy es el más feliz de mi vida». Florentino está serio. Y asiente.

Quizá sea necesario que todo cambie para que todo continúe igual. Así es el Madrid de Florentino: indiferente a todo, excepto a la victoria.

Cuando Inocencio X vio el retrato que le había hecho Velázquez exclamó desconcertado: «*Troppo vero!*», demasiado veraz. El Papa no castigó a Velázquez, sino que lo premió, entendió que era un retrato cargado de poder; tan veraz con esa mirada aguileña y torva, es una pintura que petrifica a quien la mira. A menudo el Madrid ha tenido miedo de exhibir su poder y el club ha perdido su fuerza, ahogado por las circunstancias. Es algo soterrado, como una amenaza. Eso lo cumple Zidane, que encarna la violencia íntima de los puros. De cualquier modo, el Real petrifica al que lo contempla; no es el Atleti, no juega para ganar un partido, sino para una victoria completa. Eso lo ha entendido a la perfección Florentino, y así se muestra su Madrid.

### El más grande en el reino de los cielos

Así que el club es más poderoso que nunca, en el campo y en el espíritu.

Tiene cuatrocientos cincuenta millones de aficionados en todo el planeta; su web, más de trescientos millones de visitas por temporada; el *hashtag* deportivo más usado en el mundo es «#HalaMadrid»; existe una app, un videojuego, un *merchandising* infinito; el museo del estadio es el que mayor caja hace de todo Madrid…

Sus finanzas no solo están saneadas, sino que funcionan tan bien que se han convertido en un modelo de estudio para universidades de todo el mundo. Todos los números dan positivo. Los ingresos de explotación de 2016-17 han alcanzado los 675 millones de euros, un incremento del 8,8 % respecto a la temporada anterior. El beneficio neto asciende a veintiún millones de euros, por lo que el patrimonio crece hasta los 463 millones de euros, más de quince veces el del año 2000 (según datos ofrecidos en la última asamblea de socios de 2017).

¿Qué más puede ambicionar Florentino?

Su vida sigue circulando por los cauces de esa «normalidad» suya tan querida.

Si el recorrido que hacía diariamente Santiago Bernabéu tenía como epicentro el estadio (desde su casa al estadio pasando por su tertulia del Loto en la calle Serrano), el de Florentino apenas difiere: de su casa en El Viso, muy cerca del estadio, a la sede de ACS, una torre de cristal en medio de los chalés de Pío XII, tres kilómetros al norte del estadio. Probablemente desde lo alto de la torre se divise el campo del Madrid.

El 27 de octubre de 2017, en la presentación del libro de la Duodécima, Florentino dijo: «Desde la unidad, desde la fe inquebrantable en el trabajo y desde la humildad han vuelto a hacer historia. Porque los madridistas sabemos que estamos viviendo una nueva época dorada en nuestros ciento quince años de historia. Una nueva época que hemos construido juntos. Con el mejor entrenador del mundo, Zinédine Zidane; con el sucesor del gran Alfredo di Stéfano, Cristiano Ronaldo; con nuestro gran capitán, Sergio Ramos; y con los mejores en cada puesto. Grandes jugadores de fuera, grandes jugadores españoles y una cantera que aporta talento y madridismo han conseguido un equipo de ensueño arropado por una afición leal e incondicional».

Son solo palabras. Palabras que se pierden entre las muchas imágenes con las que el Real Madrid de Florentino inunda el mundo entero. A la obligación de ganar intrínseca de cualquier equipo grande, se suma la de hacer historia. Siempre ese afán de trascendencia. Son las formas más limpias y letales, las de la victoria total, las que se abaten sobre este club. De ahí la sensación de derrumbe, de sinsentido general, en la derrota o cuando en un partido se pierde el hilo del juego. En esos momentos de ofuscación y pérdida, el Madrid levita entre lo de arriba y lo de abajo. No existe más que en su masa molecular. Es el hormigón del Bernabéu y el resplandor de lo que está por venir. Y dan igual los éxitos conseguidos hasta entonces.

Comienza la temporada 2018-19. Y lo único que importa es ese tiempo nuevo, a estrenar. La pelota está en el centro de la cancha; Florentino, en el centro del poder; y los madridistas, en vilo, esperando apoderarse del fútbol de una vez por todas.

Llegará el día.

«Bienaventurado tú, Simón, hijo de Jonás, porque no es la carne ni la sangre quien eso te ha revelado, sino mi Padre que está en los Cielos.» (Mateo 16:17)

# El santo Job: Vicente del Bosque

*No hay persona sobre la faz de la Tierra más atacada
que un entrenador del Real Madrid; Vicente del Bosque,
a medio camino entre un monje castellano y un profeta
socarrón, se convirtió en la quintaesencia del santo Job
y arrastró un complejo de mártir desde que fue
expulsado de la Casa Blanca.*

*C*uaderno base para los entrenadores de fútbol de las categorías inferiores. La portada está escrita con una vieja tipografía básica de ordenador. Son sesenta y ocho páginas con consejos sobre cómo entrenar a los chavales de la cantera del Real Madrid. Ese librillo, redactado por Vicente del Bosque en 1996, resumía su estilo, su punto de vista, su idiosincrasia, su ideología y, en realidad, su vida.

- Hay que transmitir sentido de la disciplina, desde el afecto.
- … emplear pocos gritos para corregir a los jugadores; es mejor acercarse y decirle por qué lo ha hecho mal y cómo lo debe hacer (corregir, no censurar).
- … inculcar competitividad, carácter ganador (ganas de ganar siempre), agresividad positiva (no dar patadas a destiempo y olvidarse de los árbitros), coraje (correr, ayudar al compañero, no discutir, etc.).
- … el fútbol se basa en el pase y en el menor número de toques posibles; el regate y la conducción son recursos técnicos del juego. Hay jugadores que lo entienden al revés y tienen el pase

como recurso (el balón hay que tenerlo mucho y tocarlo poco).

• Es importante un buen ambiente en el vestuario: vale más uno sano que cien horas de táctica.

## Prólogo histórico

Del Bosque entrenó trece años a las categorías inferiores del Madrid. Formó a los chavales y se formó a sí mismo de una manera tan sólida que apenas ha cambiado con el paso de los años. Entró en 1984 después de haber jugado dieciséis años en el club blanco: una carrera funcionarial con pase de la oposición.

Para entender esa trayectoria rectilínea de Del Bosque hay que comprender de dónde viene. En enero de 1937, su padre, Fermín, un aprendiz de factor ferroviario, fue apresado en Salamanca por las tropas franquistas por simpatizar con las Juventudes Socialistas. Tenía dieciocho años. Pasó por varios campos de concentración y tardó casi tres años en salir. Era un tipo alto y desgarbado, de ideas muy a la izquierda, que recordaba a menudo sus penurias en las cárceles, y siguió militando en el socialismo en la clandestinidad y escuchando emisoras prohibidas por el Régimen.

Vicente se crio con un balón en los pies, dando patadas por las calles empedradas de Salamanca junto a su hermano Fermín. Pronto entró en el equipo juvenil del Salmantino como delantero centro, y enseguida se convirtió en el máximo goleador. Cuando acabó la secundaria en el Instituto Fray Luis de León, entró en la escuela de Magisterio (siempre dice que si no hubiera sido futbolista habría sido maestro, y un cierto soniquete le quedó). Hasta que Antonio Martiño Toñete, ojeador del Real Madrid en Salamanca, lo descubrió. En 1968 entró en el Juvenil A del Real Madrid y, cinco años después, en el 73, debutó en el primer equipo como centrocampista. Debutaron con él Camacho, Netzer y Maldonado. Allí estaban Pirri y Amancio.

Del Bosque era un mediocampista español de la época. Grande, algo armatoste, pero muy técnico en el manejo del balón. Lento y escueto en su lenguaje futbolístico, con clase y con llegada. Del Bosque jugó en el club blanco 339 partidos oficiales y marcó veinticinco goles. En 1984, dejó el campo, pero no el equipo.

Aquí es donde empieza su *momentum*. Primero como entrenador de la cantera; después, de 1999 a 2003, del primer equipo. En la cantera estuvo once años; en el primer equipo, tres años y medio, tres años y medio en los que el club ganó dos Ligas, dos Ligas de Campeones, una Intercontinental, una Supercopa de Europa y una Supercopa de España.

El salmantino entró en el primer equipo cuando Lorenzo Sanz estaba al frente de la presidencia en 1999. Un año después lo sustituyó Florentino. Su primer partido oficial fue la Supercopa contra el Galatasaray. El nuevo presidente le preguntó a Del Bosque por qué no salía Flavio Conceiçao, que les había costado cuatro mil millones. Del Bosque adujo que estaba tocado y puso a Makelele y a Celades como titulares. El Madrid perdió 2-1.

No fue un buen arranque en la relación entre Del Bosque y Florentino, no lo fue.

Los tres años siguientes fueron los galácticos. Florentino quería formar un equipo de estrellas: aterrizaron sobre el césped jugadores bendecidos por algún dios lejano: Zidane, Ronaldo, Figo.

Pronto el entrenador de aquel Madrid deslumbrante se convirtió en un personaje célebre. Todo el mundo sabía que su esposa se llamaba Trini y era malagueña, que se habían casado por lo civil en 1986, que tenían tres hijos, y que Álvaro, el pequeño, sufría síndrome de Down.

### Job, varón recto y justo

Su don apacible fue el manto que cubría a un Real Walt Disney y lo transformaba en un auténtico equipo de fútbol.

El juego del Madrid durante estos años nunca tuvo un estilo claro. Del Bosque no es un entrenador-poeta, ni un divino, ni alguien que busque encontrar un lenguaje que haga evolucionar al fútbol. Del Bosque es un hijo del Madrid más austero y ganador. Nunca se pone por encima del futbolista ni de la institución, ordena el caos con una táctica hija del sentido común y conoce desde lejos los vericuetos que convierten un amasijo de huesos en un cuerpo formado y dispuesto para la batalla.

Le dio a Guti acomodo de segunda punta, sabiendo de su fatalidad en la pérdida de balones.

Convirtió a Raúl en el futbolista que remendaba todas las carencias de los galácticos.

Hizo de McManaman y Solari jugadores de culto que rendían por encima de lo que eran en medio de las peores batallas.

Y la prensa se lo pagaba llamándole «el alineador». Poniéndole en la frontera tras cada derrota y olvidándole después de que el Madrid consiguiera un título. Se decía que su libreto estaba oxidado, que su imagen era la de un señor de antes con ese chándal y esa barriga, que no imprimía carácter al equipo y que en las segundas partes todo se caía por culpa de una escasa afición de todos por el trabajo físico.

Se decía que Hierro le agarró por la pechera, que era blando y consentidor con las estrellas, que permitía clanes en el vestuario y que su parquedad movía a lástima en las salas de prensa.

El caso es que Del Bosque se fue y al Madrid le abandonó la paloma del Espíritu Santo.

El caso es que Del Bosque no fue renovado y el Madrid estuvo sin ganar la Copa de Europa hasta el año 2014.

El caso es que Del Bosque llegó a la selección en 2010 y, milagrosamente, se lavaron todos sus pecados y se convirtieron en virtudes teologales: era sabio, humilde, escuchaba a los jugadores como un maestro republicano; su imagen era la de un hombre del pueblo y consentía la libertad del futbolista sobre el campo. Era necesario levantar un ídolo moral para hacer frente al pérfido Mourinho que asolaba al Madrid. Y Del Bosque fue el escogido.

Del Bosque es un castellano a la manera azoriniana, de un bloque, tallado en la piedra granítica de la Peña de Francia, sin fisuras, austero; utiliza términos salmantinos cuando habla, su plato favorito son los huevos fritos, lee el *Conde Lucanor* y a Unamuno; nunca sobrepasa los límites de velocidad, veranea entre su casa en Cabrerizos, a las afueras de Salamanca, y la de Marbella, y se entretiene jugando al mus.

Él mismo lo reconoce: «De chavales no podíamos perder ni

un balón ni en el entreno. Me educaron con un elevado sentido de la austeridad. Todavía ahora persigo a mis hijos para que
apaguen la luz de las habitaciones».

Para él, el peor pecado es la vanidad: castiga a los que se
creen mejores.

Del Bosque, como el Job bíblico, es un *tzadiq*, que en
hebreo se refiere a todo ser justo, quien obra con justicia y solo
procede como es debido. Y como a Job, a Del Bosque le llegó el
trago que el Señor le impuso para probar su fe: fue expulsado
del Templo.

En octubre de 2003, unas semanas antes de que se le renovara el contrato, hubo un mar de fondo de reuniones con Jorge
Valdano, entonces director deportivo del Real Madrid, Florentino y Del Bosque.

Veinticuatro horas después de que el Madrid se proclamara
campeón de la Liga con una victoria sobre el Athletic de Bilbao
3-1, la junta directiva del Real Madrid se reúne en el restaurante El Señorío de Alcocer (ese nombre) y toma una decisión
en una larguísima y tensa sobremesa.

Esa noche, la noche del 23 de octubre, en un Bernabéu
desolado y vacío, Valdano le comunica a Del Bosque que no se
le renueva. Del Bosque declina participar en la rueda de prensa posterior y se va sin hacer ruido.

Valdano dice: «Las organizaciones necesitan renovarse. Era
el momento de aplicar un cambio de rumbo. Es el fin de un
ciclo y sabemos que es una decisión arriesgada».

Florentino adujo: «Vicente del Bosque tiene un librillo
muy tradicional. Nos gustaría un librillo más sofisticado desde
el punto de vista de la técnica y la estrategia».

Años más tarde, en 2016, Del Bosque se explayó en una
entrevista a *El País*: «Eso fue una maldad. Además, innecesa-
ria, ¿por qué justificar un despido cuando no hay nada que
justificar? Igual ya no éramos necesarios; aquella maldad no
tuvo ningún sentido. Bastaba con que dijeran que querían
mover la tierra».

A partir de ahí, Del Bosque paseó su resentimiento como una
bata de cola entre los chicos de la prensa. Castilla es tierra de
rencores, ya que no está previsto el interés, y todo se negocia en

la esencia. Su tiempo en el club de Chamartín fue adquiriendo una categoría mítica y fue considerado referente moral cuando acomodó su postura contra el Madrid de Florentino.

«El tiempo pondrá a cada uno en su lugar», decía moviendo la cabeza como un buey.

«A veces la igualdad es la peor de las injusticias», dejó caer cuando Mourinho sentó a Casillas en el banquillo, frase que se entiende como el subtexto de cualquier oligarquía. Repetía continuamente el término «normalidad», como si tuviera privilegios terapéuticos. Del Bosque llegó a tener el poder mesmerizante de aquellos médicos antiguos que entraban en casa sin llamar y se consideraba que sanaban solo con la palabra.

Cuando el Madrid volvió a ganar Copas de Europa, su presencia perdió poder. Ya no podía ser utilizado. Su símbolo como santón inmaculado de la última gran etapa del club se había reblandecido. Se hizo pequeño, se volvió de nuevo un hombre y también decreció su rencor. Ahora es un ex del Madrid y de la selección con un palmarés de un brillo inigualable. Un hombre que, como todos, es rey en sus emociones; cuando le barrieron como polvo viejo del Real, algo se agrió en su interior.

«Desnudo salí del vientre de mi madre y desnudo tornaré allá. Yahvé me lo dio, Yahvé me lo ha quitado.

»En todo esto no pecó Job ni atribuyó a Dios insipiencia.» (Job 1:21-22)

# 10

# Proverbios

*Ciencia popular se llama a la encerrada en los*
*proverbios. Como la gran conversación global*
*que es, el madridismo está trufado de frases hechas,*
*que en muchas ocasiones se confunden con las leyes*
*fundamentales. La penetración del Real Madrid en*
*la cultura común es absoluta, ya sea como muletilla*
*de los antimadridistas para explicar la maldad del*
*mundo o como reafirmación del creyente delante*
*de su parroquia.*

*P*ongamos que estamos en un bar cualquiera de un barrio
cualquiera de Madrid. Con hinchas tan extravagantes que son
normales, cañas tiradas con esmero y televisión de pantalla
extragrande. Pongamos que se juega un Rayo Vallecano-Real
Madrid hace unos años. Sobre esta conversación, que es eterna,
da vueltas la cultura popular que encierra el Madrid.

### PRIMERA PARTE
## Exhortación al estudio de la sabiduría

### La eficacia, la pegada

—Nunca me ha gustado a mí eso de que se vea un edificio por
detrás. Podían haber puesto ahí, no sé, el de Telefónica o una catedral, nuestra Virgen la de las Vicisitudes. Es que asoma una casa

sobre el campo y parece una señora que espía. Y al juego hay que dejarlo en paz. Estás viendo correr a Cristiano, miras pa'arriba y allí están los visillos y tu parienta haciéndote señas por la tele para que vuelvas a casa. Te jode la puesta en escena. Dilo tú, Polaquito, que tienes la palabra justa. A mí se me desparraman y no me arrimo.

Así habla un hombre muy grande y muy sucio, cubierto con fulares que se le van cayendo como si fueran escamas. Por encima de su oronda figura lleva un viejo batín y un abrigo con los faldones descosidos. Y la joya final le rodea la muñeca: la pulsera magnética de Cristiano. La que le libra de todo mal, especialmente del trabajo, como suele decir cuando alguien le pregunta.

—El del Rayo es un estadio arrancado a las fábricas. Y así no se puede. ¿Tú has visto a John Wayne hacer la declaración de la renta? Pues eso.

—Y el césped.

—El hombre no fue a la Luna y aquí se rodó el engaño: en el césped del estadio del Rayito.

Grandes risas en el bar, que se sincronizan con los prolegómenos del partido. El que ha hablado, el Polaco, es un hombre muy rubio y con la tez quemada por el sol. Viste un chándal del Madrid anterior a la llegada de la democracia. Su trono es una silla en mitad del bar, todo aquel que dé tres pasos se tropieza con él. Hay media docena de hombres y una mujer puestos en posiciones estratégicas como si temieran que el establecimiento fuera a ser tomado por una horda de apaches. Suena una banda sonora de música clásica durante el minuto de silencio de rigor.

—¡En pie! —exclama el hombre de los fulares levantándose con dificultad.

—Anda, música clásica en Vallecas. Esto es como las misiones pedagógicas de la República. El Madrid lleva la civilización a los lugares más ignotos. —El Polaco deja caer sus sentencias sin mirar al televisor y con las piernas cruzadas de forma inverosímil. Tiene un suave deje andaluz y una voz muy clara que obliga a la concurrencia a prestarle atención—. Y yo me pregunto: ¿quién se ha muerto y por qué nos obligan al silencio? Vivimos en una Semana Santa perpetua. ¡Hala, Madrid!

—Mierda pa' ti —musita el camarero, un joven con un pendiente en la oreja, mientras pasa un paño con parsimonia sobre la barra.

Comienza el partido y el Polaco se santigua rápidamente, intentando que nadie le vea.

—Hasta que no la coja Benzema, yo no miro. Avisadme.

Karim recibe en su lugar de origen y le dan una patada que lo echa por tierra.

—¡Son unos bárbaros! —exclama el Polaco—. Esto lo hacían en la Guerra Civil. Entraban en las iglesias, sacaban las imágenes y las destrozaban a palos. ¡A las imágenes!

—¡Karim no se toca! —clama con sorna el hombre de los fulares mientras levanta el puño.

En el fondo del bar, escondido al lado de la máquina tragaperras, un hombre mayor, trajeado y elegante, carraspea. Comienza a hablar con un marcado acento gallego.

—Con Benzema no hacemos vida, hombre. A mí me gustaba Van Nistelrooy, que tenía una y la metía.

Nada desespera más al aficionado que tener muchas ocasiones y no meterlas. El madridista le pide a sus delanteros una eficacia inhumana, cósmica. Cada fallo se suma a una causa general contra el jugador. Karim Benzema, un señor que merodea por todo el campo sacando brillo a las jugadas, ha sido muy discutido desde el principio en el Bernabéu. Es el arquetipo de futbolista que lleva al límite la paciencia del estadio. Dulce con el balón, neutro en la expresión, fácil en la carrera (no se le transparenta el esfuerzo, algo que pide el coliseo), tranquilo hasta lo exasperante, negado según rachas de cara al gol y, por supuesto, magnífico futbolista y genial asistente. Su número de goles es superior a lo que cabría esperar. Y en la Copa de Europa, sus detalles convierten escenarios de pesadillas en victorias cómodas para el Madrid. Benzema no suda la camiseta ni pone cara de Cristo agónico en la cruz. El madridista ha aprendido a leer el fútbol observando sus desplazamientos sigilosos por el campo. Pero al mínimo fallo sigue pidiendo ese imposible. Un jugador que tenga una y la meta para dentro. Quizá sea el recuerdo de Puskás, el hombre que vivía en un metro cuadrado y desviaba a la escuadra enemiga cualquier balón que pasase por sus dominios. O de Raúl, de una eficiencia y una concreción máximas cuando el marco lo requería. El último Cristiano ha tomado el molde de Hugo Sánchez, ese sí, de una simplicidad a la vez poética e impía. Y el madridista le da vueltas a ese concepto que quisiera para sí en los vericuetos de su vida.

### La clase

—Se le cae la clase de los bolsillos, Amaro. No has visto a otro como Karim —suelta el Polaco, que se vuelve hacia atrás y echa un vistazo al hombre trajeado.

Condición indeterminada entre el talento, la estética y una ética que se expresa en los gestos y el trato con el balón. Es una cualidad contraria a la casta, aunque en Di Stéfano ambas convergieran en un mismo cuerpo. La quintaesencia fue Zidane. Y sus ocasionales arrebatos de furia lo humanizaban para delirio del Bernabéu. Ese es el problema de la clase: demasiadas veces esos jugadores toman una distancia con el universo, ensimismados en su juego, como si poseyeran una certeza a la que los demás no estamos invitados. Özil, Martín Vázquez, Varane o Benzema son jugadores de esa índole. Se exige para tener clase: ser capaces de seducir al balón en controles o conducciones; generosidad con el juego; conocer los misterios del fútbol y saber asociarse con los compañeros; que todo salga natural, sin esfuerzo aparente; cierto recogimiento, el desinterés por lo que pase más allá del fútbol (no siempre, Míchel tenía clase y adoraba meterse en líos); ser un gran pasador, sobre todo el pase largo con la cabeza levantada si cae en el sitio adecuado provoca un crujido en el público; la eficiencia: la técnica tiene que ser una solución para un problema. Los excesos barrocos anulan el efecto moral del jugador de clase. Y en suma, embelesar el campo, hacerlo levitar y que, con esa espuma, se ganen los partidos.

### «El Madrid es un club serio»

En la televisión, Iker despeja de puños.
—Pero cógela, hijo mío, cógela. ¿Tanto te cuesta? ¿Cómo educaron a este chaval? Cuando su mujer le pasa al bebé, ¿lo despeja de

puños y lo manda a la otra esquina del salón? —El hombre de los fulares se revuelve intranquilo.

Cristiano es derribado en el área del Rayo y el colegiado le saca tarjeta amarilla.

—El árbitro se está vengando del Madrid. Es de los que les duele la unidad de España. —El Polaco menea la cabeza como si estuviera desolado. Levanta la vista porque hay un rumor en el campo, el Madrid se acerca a portería.

Llega Cristiano y cabecea su gol número trescientos mil como si saliera de la niebla. Luego se quita la camiseta y le enseña su torso al mundo.

La mujer, que está haciendo un sudoku, alza la vista por primera vez:

—Mira: NO. Es un hortera de mierda.

El camarero asiente:

—Y un niñato. Eso no os lo podéis permitir. El Madrid es un club serio.

«El Madrid es un club serio.» Nadie sabe qué quiere decir esta frase, pero estuvo en boca de muchos durante un periodo indeterminado entre los años setenta y los noventa. Quizá hace referencia a la severidad de don Santiago Bernabéu o a la circunspección del público madridista. No se conoce a ningún madridista que haya utilizado esta expresión. Cuando el Real cae en un periodo caótico con múltiples presidentes, entrenadores y futbolistas que vienen y van, se suele utilizar esa sentencia para apuntalar «la deriva del Madrid», que viene a ser como la deriva continental. Lento e inexorable, el Real se desgajó de la casa madre hace siglos y se dirige hacia lo más oscuro del océano, donde se hundirá en las profundidades.

## SEGUNDA PARTE
### Parábolas de Salomón I

### *«Illa, illa, illa, Juanito maravilla»*

Los aires chulescos de Cristiano siguen revoloteando sobre el bar. El público vallecano, ondeando al viento banderas comunistas, ikurriñas, esteladas y cualquier símbolo que ellos crean que pone furioso a un madridista, comienza a cantar «ese portugués, hijo de puta es». El camarero y un hombre muy pequeño, que parece cortado por la mitad y está sentado en una banqueta que lo sostiene a duras penas, hacen el signo de orquestar el canto con los brazos.

El Polaco los mira de arriba abajo y exclama:

—Nadie hace más por el entendimiento entre los pueblos de España que el Real Madrid. Se unen como hermanos.

—Pero si yo de niño era del Madrid, pero me empezaron a dar rabia los de la Quinta, tan guapos y repeinados. A mí me gustaba Juanito: «Illa, illa, illa, Juanito hecho papilla». Y Valdano y esa gente que metía a las lumis en las concentraciones y luego le pagaban las copas a la prensa. Mírame, joder, qué desastre soy: no mido ni medio metro. ¿Cómo me voy a identificar con estos tíos tan perfectos? Si Cristiano gasta más en laca que Isabelita Perón.

El hombre, que habla se llama Pancho y ha cerrado los puños con fuerza cuando Cristiano ha marcado el gol, anda en crisis existencial con el Madrid, pero no soporta verlo perder.

Juanito es un pequeño mito que se hizo carne en el imaginario madridista al morir en un accidente de coche cuando regresaba de una eliminatoria europea del Madrid. «¡Illa, illa, illa, Juanito maravilla!» se le grita desde el fondo sur y en el minuto siete: cada partido se le rinde homenaje en el Bernabéu. Juanito era adorado por los hinchas radicales del Madrid, los Ultras Sur de tendencias ultraderechistas. Aunque no se le conocía ideología alguna, ese amor incondicional ligado a su masculinidad expansiva, su violencia sobre el campo y su patriotismo se ve entre los detractores del Madrid como la señal de una españolidad dura, de ser un facha siempre con sus atributos sobre la mesa. «Noventa *minuti* son *molto longo*», frase mítica de Juanito sobre las corajudas remontadas del Madrid ochentero que Jorge Valdano concretó en otra sentencia, cuando habló del miedo escénico. Ese pavor que al equipo rival le entraba cuando intentaba sostener el equilibrio en un Bernabéu inflamado de sangre y gozo.

### «No te hacía del Madrid»

—Juanito era el peor de todos. Prefiero a los de ahora. Son más sanos, menos españolazos. Pero, vamos, el mismo asco. Vosotros solo venís aquí cuando ganáis. Mira la temporada que el Atleti pasó en segunda, se llenaba el bar como nunca antes.

El camarero se cruza de brazos satisfecho de que la concurrencia por fin le haya escuchado. Era importante lo que debía decirles. El Polaco mira muy serio al techo lleno de mugre y habla:

—He visto todos los partidos del Madrid, todos. Y los que no he visto, los he oído contar a los viejos, que son más sabios, aunque escupen más lejos al hablar, todo hay que decirlo.

—Pero no hay disfrute, hombre. Si la mitad de las veces, no miras al televisor. Y la otra mitad estás refunfuñando —insiste el camarero.

—Veo los partidos del Madrid por cumplir, ¿y qué? Pasa la vida, chico. No hay otra cosa que la rutina. ¡O eso, o África! Yo quiero decir el Día del Juicio que sí, que he presenciado todos los partidos del Madrid, da igual el oponente y la mierda de provincia que visitemos. Como mi padre, que iba a misa para pagar la deuda con la Providencia y se ponía detrás, cerca de la columna, para no escuchar las tonterías que decía el cura.

—Y la misa del sábado, ¿vale para el domingo? —suelta Amaro, con su acento gallego—. Si vemos un partido en Vallecas, ¿estamos exentos de tragarnos unos octavos de Copa del Rey?

—Me haces pensar, Amaro. Y cuando el futbolista piensa, se le cae el mundo encima. Lo que no entiende este señor del Atleti, «tan de la gente», es que lo importante es el ceremonial. Estar presente. El hecho. El partido del Madrid.

La mujer comienza a aplaudir sin levantar la vista del sudoku.

—Este se explica mejor que Valdano. Yo siento lo mismo en mi corazoncito de mediapunta mariquita —suelta la mujer atusándose detrás de las orejas su escaso cabello.

—¡Mediapunta, mediojugador! —exclama riéndose el hombre de los fulares.

—Pero ¿eres del Madrid, Marcela? —El camarero está intrigado.

—¿De qué equipo voy a ser? Esas sábanas vuestras y atléticas colgadas por la ventana…, nooo. Me deprimen, colega. A mí me gustan los hombres a caballo y que me lleven a la silla de la reina. Porque me he metido mucha mierda, pero yo nacía para ser la Dulcinea del 9 del Madrid. —Risas—. Pero ya ves. Por lo menos veo a estos ganar.

—Y ganar —dice Amaro.

—¡Y ganar! —exclama el de los fulares.

—La verdad es que no te hacía del Madrid, Marcela. No sé, no te he calado bien.

«No te hacía del Madrid» es la frase central de muchas biografías. El aficionado del Madrid tiene el estigma de no ser un aficionado de verdad. No sufre, no está en las malas con los suyos; es un hincha interesado, lo que lo niega como hincha. Para el del Atlético, el madridista es el hombre normal, gris, que es del equipo que hay que ser por pura inercia. Se le supone también una arrogancia glacial. Ni siquiera suele bajar al barro a discutir su superioridad. Dicen que son clase media-alta y con escaso sentido del humor. Para el antimadridista de la periferia, el club blanco es el satán centralista, español hasta los tuétanos de la forma que debería estar prohibida.

### Las bestias negras

Un jugador anónimo del Rayo Vallecano corre disparado hacia la portería. Hacia allí se va Pepe y a cada zancada el césped se le hace más pequeño. El campo entero se convierte en una trifulca de patio de vecinos y el balón comienza a correr hacia la portería madridista a la manera turbia y descompuesta con la que se juega en los márgenes. Llega un gol que parece una broma y los jugadores blancos no se dan por aludidos. Juguetea Marcelo, ajeno a la tensión subterránea, y comienza a recibir tartazos en la cara. El Madrid pierde el centro y se despeña en el pantano sin avisar. Los rivales llegan al área madridista a saltos elípticos, como si fueran los dueños del montaje de la película y nada se pudiera hacer. En el Real, de repente, todos son desconocidos y cada jugador persigue con saña su propia parodia.

El camarero se cruza de brazos frente al televisor. Se da la vuelta y mira a la concurrencia.

—Vuestra bestia negra, ¿eh? El Rayito. Lo que se gasta en sombra de ojos Cristiano da para comprar el equipo entero.

—Hay que darle alegría al pueblo, hombre, no te embales, que ya sabemos cómo acaba esto —suelta Amaro.

—La verdad es que cuando el Madrid hace el ridículo lo hace a base de bien. Míralos, qué hijos de puta. Parecen generales charlando en una terraza mientras los soldados hacen la guerra allá en el fondo. Esto es como las batallas de los cuadros del Prado. Y nosotros aquí con el alma en vilo.

—No exageres, Polaquito, que a ti te encanta el drama —dice el hombre de los fulares.

—Depende, depende. Si he dormido bien, claro. Pero hoy me desperté en medio de la noche pensando en los jugadores que están en el banquillo. Que yo sufro por ellos, ¿eh? Y ya me desvelé. No puede ser un día de grandes sobresaltos, que eso se acaba notando en el cutis. Por eso no quería ver a Marcelo dando esos saltitos. Ni a Benzema, que parece que ha salido de compras. Este no es campo para los surrealistas; es campo para los mercheros.

La bestia negra es sentencia que se solía utilizar únicamente con el Bayern de Múnich. El antagonista más feroz del Madrid a lo largo de los tiempos, como si la sistematización física del odio que parece empujar a los conjuntos germanos neutralizara las cualidades blancas. El equipo bávaro representa algo parecido al club blanco, pero más basto, sin la esquina artística que los merengues siempre conservan. Es un club nacido para el dominio y la victoria salvaje. El Madrid en ocasiones ha caído por el torbellino de centros y furia que conectan al Bayern con el subconsciente alemán, y ha estado cerca de ser desmantelado. El Bayern aplasta y quema tus restos.

Pero no tenía la voluntad expansionista del Madrid, algo que cambió con la llegada de Guardiola como entrenador. El catalán respetó su obsesión por el dominio, pero cambió el físico y el terror por la teoría del pase. Y sin Messi, eso al Madrid, ni le roza. Un 0-4 en campo alemán conjuró todos los demonios.

(Otras bestias negras fueron el Milan de Sacchi y el Barça de Guardiola, pavores puntuales que se comentan en estas páginas).

## El aguanís y la estrellita madridista

—¿Tú te crees que los madridistas vamos por ahí con el brazo en alto? —dice Marcela arremangándose unos antebrazos cubiertos de viejas cicatrices de pinchazos.

—Pues no estaría tan mal —musita el Polaco—. El Madrid no deja de ser una unidad de destino en lo universal.

El camarero sonríe:

—¿Ves lo que digo?

Marcela se dispone a contestar, cuando Pepe le da un patadón a un contrario en el área del Madrid. El Rayo ha ido perdiendo impulso y los defensas blancos vuelven a dictar las normas. El jugador rival cae herido de muerte. Sergio Ramos le abronca y le levanta al instante. El árbitro se acerca y le saca la amarilla al jugador del Rayo.

—¡Viva Pepe y la Guardia Civil! —exclama Amaro desde su esquina palmoteando enfebrecido.

—Esto es lo que no soporto —suelta el camarero con una mueca—: compráis a los árbitros, compráis a los directivos y siempre tenéis un central fascista de esos de mierda…

—Claro, chico, y el fútbol se lo quitaron al pueblo —replica Amaro sin dejarle acabar la perorata.

—Los centrales del Madrid nunca han tenido mucho sentido del humor, pero no están para eso —dice el Polaco.

—¿Y para qué cojones están? ¿Para cavar fosas comunes? —exclama el camarero.

—La función oculta de los centrales del Madrid es abominable y no se puede decir. La explícita es dar conversación a las masas desarrapadas. —El Polaco silabea cada palabra y señala al camarero.

—Di las chorradas que quieras, pero la verdad la sabe todo el mundo. ¿Quién os admira? ¿Qué habéis aportado al fútbol? ¿Por qué existe el Madrid, me pregunto yo? —replica el camarero.

El Polaco se pone de pie y grita desaforado:

—¡El Madrid blanco salido del terror y su inmensidad vacía es el signo en el tiempo que envuelve todo lo demás!

El bar se queda en silencio. Incluso los futbolistas en la televisión parecen quedarse ligeramente pasmados por la frase que se ha quedado colgada en el aire.

—No digas cosas extrañas, que soy incapaz de alinear las tazas.

El camarero se ha calmado repentinamente.

El Polaco le pide un anisete.

—¿No prefieres un aguanís? —dice con sorna el camarero—. Eso es aquello de la estrellita madridista, ¿no?

El aguanís de Raúl, lugar incierto donde se funden memoria, agonía y el *Carrusel Deportivo*. Un gesto del 7 del Madrid que envolvía la pelota desde abajo como con un azadón y hacía una extraña vaselina. Raúl era la estrellita madridista, concepto que antes representaron Butragueño o Míchel. La estrellita madridista siempre está sobrevalorada para los de fuera del club y también para muchos de los de dentro. Es española y cae en gracia a las madres y a los señores que apenas ven al Madrid, pero a quienes les gusta que siga teniendo su apartado de leyendas patrias. Si además es un central, con la carga de violencia política que tienen los centrales en el Madrid, es definitivamente odiada. Sergio Ramos es el último ejemplo. A diferencia de estrellitas anteriores, Ramos ha triunfado en la selección. Siempre se sospechó que la estrellita madridista imponía a sus peones en el combinado nacional y estaba más preocupada de su nepotismo que de ganar los partidos y hacer un grupo homogéneo. Probablemente, esto era verdad.

### No vale para el Madrid

El Polaco se bebe el anís de un sorbo y pone los ojos en blanco. Hace como que se revuelve los bolsillos y comienza a sacar todo tipo de artilugios: un llavero del Madrid, un mechero con la banderita de España, un abrelatas, una factura del supermercado y monedas que alinea delante de él.

—No le cobres, hombre, que tenemos que ahorrar para un lateral izquierdo. Este no nos sirve, se dedica a cazar gamusinos —dice Amaro, desde su rincón.

—Anda, cállate, portugués, que Marcelo es único en su especie.

—Psch, nunca sé si va o viene, será que esto no es lo mío. Nunca me gustaron las mozas de mi tierra, y este tiene caderas de «percebeira».

—A mí tampoco me convence. Marcelo no vale para el Madrid —replica el camarero.

—Y a ti qué tiene que convencerte, si no eres del Madrid. ¿Qué cojones te importa?

«No vale para el Madrid», así se dice del jugador, ya puede llevar un año o diez en la entidad, que no parece cumplir los requisitos para triunfar en estos acantilados. Hay futbolistas a los que esa sentencia les persigue de por vida. Otros son considerados desde el primer gesto madridistas originales, por la casta (Stielike) o por lo sublime (Laudrup). Desde fuera se dice lacónicamente de los jugadores extranjeros que no aprietan los puños en una apoteosis de virilidad. Pasa a veces con los primorosos demasiado livianos, con los faltos de técnica evidente, con los que se quiebran por la mitad cuando el Bernabéu resopla y con los extraños, los heterodoxos, los expatriados de la norma. Marcelo[9]

9. Marcelo Viera (Río de Janeiro 1988). Lateral izquierdo llegado a Madrid para el disfrute de los niños y las gentes de corazón puro. Tenía dieciocho años la primera vez que se vistió de blanco. En su banda había un surco muy hondo. Lo había dejado Roberto Carlos, su antecesor en el cargo, considerado el mejor de la historia en sus labores. Marcelo era rápido y su juego parecía atado a una locura demasiado profunda. Podía ganar el partido y perderlo en la misma jugada esquizofrénica. «Ese chico no vale para el Madrid», se oía como un eco tras cada fallo suyo. Talento enorme venido del absurdo. Es un *garrincha* de lateral, más brasileño que ser humano.

Tardó años en conquistar la titularidad. Su juego es una sonrisa perenne, excepto cuando marca un gol; entonces se queda muy serio y muy quieto. Marcelo nos grita desde la banda que hay una libertad diferente a la nuestra. Sus primeros años los pasó de interior, porque los entrenadores no se fiaban de su forma de defender. Pero a él le gusta llegar desde lejos para convertir toda su banda en un descampado. Cuando se emociona, aparece por cualquier lugar del campo y vuelve persiguiendo a los contrarios como si saltara a la pata coja. Muy difícil de superar en el uno contra uno, es capaz de convertir un contraataque en una comedia de enredo. Líbero, interior con conciencia de mediapunta y modales de extremo, ataca descolgándose por las almenas, y no existen las defensas impenetrables para él.

La mitad del madridismo desconfía y la otra mitad lo considera el genio más libertino que ha jugado en el Real. Dueño de una personalidad extraordinaria, nunca dejó de saltar a los espejos y de intentar lo imposible. Así fue en su primer partido, así fue cuando su equipo perdía y hacía el ridículo, así fue cuando la ola del Bernabéu le escupía sal a los ojos, así fue en el minuto sesenta de Lisboa, y así fue cuando Europa se le rindió a los pies. Su pasión por el Madrid es enigmática. La prensa no se lo tomó en serio hasta que Mourinho (que tampoco se fiaba) compró a Coentrão. Ahí pasó a ser el mejor lateral izquierdo del mundo, puesto honorífico que ya no le abandonaría. Nunca vulgar, es el compañero de lunas de Isco y de Cristiano. A veces, el autista le come terreno al genio y comienza a sortear los balones como si oyese por dentro una música diferente al resto. Todo lo que hace Marcelo escapa de la es el ejemplo máximo de esa carencia afectiva que hace dudar al estadio.

A ratos, esos jugadores a los que esa sentencia les ha caído encima como una casa de siete pisos son los héroes de un Madrid menor: el Madrid de entreguerras. Gonzalo Higuaín, argentino nacido en 1987, llegó al Madrid con diecinueve años y el estadio lo acogió con cariño. Tenía garra al celebrar los tantos, y desgarro en su juego rapidísimo por bandas. Aprendió de un Raúl menor a sobrevivir a base de goles gritados con la boca muy abierta. Le faltaba la calidad de los grandes, y en los días señalados era una marioneta de sus limitaciones. El madridismo se fue dando cuenta de que no valía para el Madrid. Fue un héroe discreto de un equipo pequeño, que solo podía luchar por la Liga cuando el Barça miraba hacia otro lado. Europa quedaba lejos, como en los años setenta o como a principios de los noventa. Esos momentos forjan equipos castizos y cercanos donde el público se ve reflejado. Las grandes palabras están en hibernación y, mientras tanto, hay que echar el rato.

**TERCERA PARTE**

Sentencias de los sabios

### Es penalti a favor del Madrid

En la televisión, Marcelo aparece en un lugar del campo nunca pisado por un lateral izquierdo. Se para, levanta la cabeza. Le hace un túnel a un jugador del Rayo, pisa el balón y mete un pase interior que deja a Cristiano solo delante del portero. Un contrario golpea ligeramente la pierna de apoyo del portugués, que trastabilla y cae al suelo. El árbitro no lo duda, señala al punto fatídico: es penalti. Los hinchas vallecanos se exaltan. Los comentaristas se exaltan. En el bar, el camarero se pone a blasfemar. En la calle, la gente se lleva las manos a la cabeza al oír la terrible noticia: «Es penalti a favor del Madrid».

---

norma. Sacude el balón con su cola de foca. Se sienta donde no debe. Corretea bajo las mesas. No ha sido domesticado, sigue siendo el mismo niño cabezón que pisaba las líneas y huía de la geometría como si allí habitara el demonio.

El mal siempre triunfa, parece decir a menudo el tono lúgubre del comentarista de los partidos del Madrid. Y también: «Eso no se suele pitar, hay contacto, pero no el suficiente». «No toca balón, pero si se pita eso habría cuarenta penaltis por partido. Esto es fútbol, un deporte de contacto.»

«Y Cristiano exagera la caída; sí, podía haber seguido, pero nota la pierna y se deja caer.»

### «Hala, Madrid, hala, Madrid; el equipo del Gobierno, la vergüenza del país»

—Siempre es penalti a favor del Madrid y siempre es primavera en El Corte Inglés —canturrea con alegría el hombre de los fulares.

El camarero mueve la cabeza con desesperación.

—Siempre os llega la ayuda, me daría vergüenza ser de un club así. Sabes que en la otra área eso no se pita.

—En este mundo no hay caridad y nunca la ha habido y nunca la habrá —suelta alguien.

—Del Bosque decía que a veces la igualdad es la peor de las injusticias, y yo estoy de acuerdo. Al fin y al cabo, ¿cuántos se alegrarían de que el Rayito ganase hoy? ¿Cinco mil? Esos caben en un palco del «Bernis». ¿Y no está más feliz esta gente creyendo que el equipo del Gobierno los ha ganado? Todos contentos, ¿no?

El Polaco se repantiga en su silla dispuesto a ver cómo Cristiano crucifica al portero.

«Hala, Madrid, hala, Madrid, el equipo del Gobierno, la vergüenza del país.» Entre la chavalería, en la selva del patio, este era el grito de guerra de los que odiaban a los blancos. No hace falta explicar la frase. Su intención es la más obvia. El Real tiene muchos apodos entre los que lo tienen atravesado.

«El Trampas» hace referencia a su afición por los penaltis en el último minuto.

«Merengones» es un apodo muy del castizo atlético, algo cariñoso, insinuando la grandilocuencia vacía de los de Chamartín.

«El mal» es aún más explícito. Todo en el Madrid es culpable, empezando por su origen. De robo en robo, desde Di Stéfano hasta la última tarjeta roja que no le han sacado a Ramos. Dentro de los grandes hitos del club blanco, destacan el penalti pitado por Guruceta en el Camp Nou siete metros fuera del área (1970) y el gol de Mijatovic en la Séptima (1998), en fuera de juego, y que invalida todos los títulos europeos que el Madrid ha conseguido desde entonces.

### Lecciones de madridismo

—A Del Bosque ni lo mentes. Ese es una buena persona. Por eso los madridistas no lo queréis demasiado.

—Pero si le quitó el sitio a Aragonés... No te jode el camarero del Atleti, que lleva todo el día dando lecciones. Y a mí nadie me da lecciones de madridismo. Preferís atacarnos a nosotros que reivindicar lo vuestro. Así os va.

Lecciones de madridismo: «Me vas a dar tú lecciones de madridismo». El antimadridista mueve con pesar la cabeza y se digna a dar consejos al madridista, siempre ofuscado, incapaz de entender las carencias del equipo de sus sueños. Los españoles consideran al Madrid un bien de dominio público, y por eso lo escupen, lo maltratan, lo odian y se quejan de sus dispendios. Aconsejan al madridista que venda a su mejor jugador («mira, yo te digo en confianza, que sin Cristiano jugaríais mucho mejor») y fingen a grandes voces vergüenza cuando el entrenador prescinde de alguna estrella envejecida de la selección.

El antimadridista no solo tiene una opinión respetable sobre el Madrid, sino que quiere que esa opinión sea la que construya el relato general del club.

Dentro de la habladuría general, el nuevo fichaje del Madrid es una capillita de referencia. España toda se palpa con dolor el bolsillo y mira con aversión a la nueva incorporación. Si es extranjero, le quitará el puesto a los de aquí, que tienen un singular talento asociativo. Si es español, el Madrid agota los caladeros y se lleva al mejor de los hijos de la provincia, seguramente para dejarlo caer desde lo alto. Nunca gusta lo que el Real hace en los veranos. Si no gasta, la plantilla envejece y se apoltrona; en caso de que se compren jugadores baratos, bien sabe el comentarista que en el club blanco solo funcionan los consagrados o los superclase. Si el Madrid apuesta por el nuevo crac emergente, habrá sermones hablando de lo superfluo del fichaje precisamente ahora, con la que está cayendo. La culpa de la inflación galopante y de la pertinaz sequía es del Madrid. Y, durante todo el verano, durante todo el año, aquel jugador suena para el Madrid, que va a venir dispuesto a quitarle el sitio al favorito de la afición o al exquisito que nunca se llevó bien con los poderes fácticos. Cada verano, Isco está en la rampa de salida, pero, por algún motivo, nunca se cumple la fatal profecía.

### CUARTA PARTE
## Parábolas de Salomón II

### *Señorío*

> —A mí Del Bosque me da igual, si eso no es lo importante… Aunque hay que reconocer que era un tipo que no se metía con nadie. No digo que fuera un gran entrenador, pero no se puede tratar así a la gente. No es como lo que me contaba mi padre del Madrid de antes, tenía, no sé, otro señorío, otra forma de actuar, no esta prepotencia de los de ahora.

Señorío: cualidad de señorear el territorio sobre el que uno domina plenamente.

Se decía que el Madrid era un equipo noble y señor. No abusaba en la victoria; era contenido, duro, pero no violento. No era histérico ni pataleaba en la derrota. Nunca hizo gala de victimismo ni enarcó una ceja cuando era vejado. El club ayudaba a quien se lo pidiese y se comportaba como un padre atento con todo el fútbol español. Los contrarios eran saludados como rivales, nunca como enemigos. Y al rival más enconado, si mostraba nobleza y estaba lleno de gracia, se le aplaudía sin reparo o mejor aún: silenciaba el Bernabéu.

Estas ensoñaciones levantadas por el propio club blanco para levantar un muro contra la leyenda satánica que todo ganador obsesivo genera eran verdad en la parte, pero no en el todo. La palabra «señorío» se utilizaba irónicamente por los barcelonistas y las huestes atléticas en los momentos en que un central del Madrid pateaba la cabeza a un enemigo o un árbitro caía en la cuenta de que desde niño siempre había sido del Madrid (ser del Madrid desde niño, algo que enfatizan los nuevos fichajes). En los tiempos de Mourinho, se utilizaba el concepto para paralizar al club ante los ataques que recibía en todos los frentes. El señorío es una forma de lavar el enorme poder del club. Como esos hombres antiguos que le abrían la puerta a las mujeres. En el fondo, condescendencia.

### Tirar la puerta del vestuario

En la televisión hay un parón en el juego. Apenas pasa nada, y eso es extraño en el mínimo campo del Rayo. El balón va y viene sin delicadeza ni ritmo. Centran un balón sin sustancia al área del Madrid y Casillas no se digna a salir de la portería. Pepe hace algo extraño y mete gol en propia puerta.

—Oye, Polaco —dice Amaro—, que nos llevamos a Casillas para Galicia a sustituirlo por Santiago apóstol. Hemos hecho una oferta que el Madrid no puede rechazar. La nada. El infinito.

—Ya. Mi mujer también me dijo un día que se quería separar. La nada. El infinito. Y ahí sigue, bajo los palos. —El Polaco se pone de pie teatralmente y va cojeando hasta la máquina tragaperras.

—Es una santa, tu mujer. Y hace milagros. ¿Hasta cuándo tienes contrato?

—Pues que la pongan en un altar y la gente le tire monedas. Mira, yo creo que, cuando a un jugador del Madrid le llaman «mito», hay que hacer como cuando pare la gata una recua de gatines. Meterlos en un saco, llevarlos al río y ahogarlos.

—¿Y el sentimiento de la afición dónde queda? —tercia el camarero.

El Polaco mete dinero sin parar en una máquina que no le devuelve nada.

—¿Decías? Escuchas el dinero caer, ¿no? A mí me gusta ese sonido. Me gusta cuando Floren se gasta los cuartos: es más sano y limpio.

En el campo hay una sustitución: sale Luka Modric y entra Isco Alarcón.

—Isco, Isco —susurra Amaro—. ¿Eso es sano?

El hombre del chándal se acerca dando un rodeo a la barra del bar y le hace un signo al camarero, que le pone un vino.

—A ver —resopla.

—Antes de que me formes una teoría, ¿qué coño te pasa en la pierna? ¿Cojeas para darte importancia? —Amaro se ríe.

—Claro que sí, ando suspirando porque me pongan un mote. Pero tiene sus ventajas cojear, vas más despacio y no te confundes de calle. Íbamos por lo de Isco, ¿no?

En la pantalla del televisor, Isco ya se ha abalanzado por el balón como si fuera a desactivar un explosivo. El resto mira perplejo. Todo es Isco, y Cristiano se desespera allá a lo lejos.

—Yo, los canteranos, los quiero en el banquillo, que no se meneen. De los inútiles; sanos, educados, que se apelliden Fernández o López. Esos con dar gracias a la vida y al Madrid tienen suficiente. A Isco me lo van a pervertir en la selección, donde le dirán que es mejor que Maradona con la pelota en los pies o que Rajoy pateando al espacio. Que me conozco el percal. Y luego vuelve atontao y sin ganas de limpiar las cuadras. No sé, es bueno, pero no es uno de esos que tira la puerta del vestuario.

Tirar la puerta del vestuario: cuando hay un jugador joven y español en el Madrid que llega a por todas y reclama la titularidad, se suelta esta expresión. Raúl fue el ejemplo mayor. Llegó y exigió jugar. Y en el campo se sostuvo con goles y comiéndose al contrario a dentelladas. Isco[10] ha ganado tres

10. Isco (Benalmádena, 1992) llegó con el cartel de pequeña estrella en ciernes, y cuatro años después no se ha convertido en un titular indiscutible. Jugador lleno de magia (seguramente hay una sala en el museo del Prado para sus controles), su talento imprevisible y goloso choca en ocasiones con el desmarque perpetuo de Cristiano. El portugués quiere que Isco la suelte y el malagueño gira sobre sí mismo para conquistar el aplauso del Bernabéu. A veces parece uno de esos juguetes embalados primorosamente, que el niño arranca de las tripas del envase y manosea hasta que comprueba que tiene un mecanismo simple: pasitos cortos como de salida de misa, devaneos circulares y una vuelta sobre sí mismo. No tiene velocidad, no puede volar, no brilla en la oscuridad. El niño lo arroja contra una pared y espera impaciente el siguiente regalo. Pero Isco resiste, y cuando la temporada llega al final,

Copas de Europa en las que ha comido en la mesa de los grandes, pero sigue existiendo esa duda sobre él: ¿logrará echar abajo la puerta del vestuario y afianzarse en la titularidad? Seguramente, su único problema es el peso absoluto que ha tomado en el imaginario madridista un jugador de una calidad irreal como Luka Modric.[11]

### El Madrid no juega a nada

En el televisor, Isco sigue con su trotecillo sexi y el juego del Madrid parece que se hilvana por momentos.

—A este da gusto verle jugar. Parece el chico de los recados. No es el otro, que le pega esas patadas terribles al balón desde cualquier sitio del campo. Eso no es fútbol, hombre. El fútbol se hilvana —el camarero hace un gesto como de meter un hilo por el ojo de una aguja— con cariño y con cuidado hasta llegar al gol. Es un misterio cómo ganáis vosotros los partidos. Si es que no tenéis ningún plan.

—El plan solo funciona en las películas, chico, y en las españolas me temo que tampoco. —Amaro se atusa el traje y limpia los bordes de su copa para disponerse a beber.

—El Madrid no juega a nada, venga dilo —rezonga el Polaco.

—Yo solo digo que si tuvierais más como Isco, de los que cuidan

---

su instinto para los picos del área (sitio donde reina como ninguno) se afila, su juego pierde retórica y su personalidad abrumadora (la pide en mitad de un bombardeo) lo convierten en un arma que nadie tiene en Europa. Un centrocampista vacilón (Isco burla a los malos, como Charlot) que precinta la pelota en una caja, y nadie puede acceder a ella. Y con gol, regate corto y un dominio grande de las zonas intermedias, donde aparentemente no pasa nada, pero donde se decantan los partidos.

11. Tan cerca y tan lejos está Luka Modric (Croacia, 1985), ángel de la guarda del Madrid, niño de todas las guerras, emocionado por vestir una camiseta con ese peso en la historia. Centrocampista total, es quien ensambla el cuerpo y el alma del equipo. Llegó del Tottenham en la última temporada de Mourinho. El Real llevaba pidiendo un interior creativo y que se atase el balón al pie desde su fundación. Modric fue una revelación. Llevaba la pelota cosida a la nariz y avanzaba por entre los enemigos sin que estos pudieran rozarle. Todo el Madrid sonríe cuando toca la bola. Lleva el orden por dentro, de una forma natural. Convierte impulsos arbitrarios en jugadas con poso, peligro y geometría. A la vez bailarín y armador de juego, dos cualidades opuestas y que confluyen en su estampa infantil, femenina por su falsa fragilidad. Quizás el mejor centrocampista de la historia del Real Madrid.

la pelota o, qué sé yo, un entrenador como Guardiola, jugaríais a algo. A lo que le gusta a la gente, eso de dar muchos pases y tener la posesión, ¿no?

—Sí, hombre, el Madrid es el equipo del pueblo y ahora manda el pueblo. Todo se decidirá a mano alzada y el entrenador será destituido para dar paso a una gestora popular. ¿Qué te parece, Amaro? —dice el Polaco entre risas.

«El Madrid no juega a nada.» Se lleva oyendo desde que reinó Carolo, ese monarca austrohúngaro que debía ser ya filoculé.

«El Madrid no juega a nada» dice indignado un transeúnte, como si hablara de un prócer que un día nos llenó de orgullo y hoy nos hace avergonzar.

La imposición del tiki-taka hasta sus últimas consecuencias adormeció el sentido futbolístico de la nación. Cualquier otro estilo parecía falto de orden y armonía. La obsesión del club por la victoria, la conversión en príncipes reacios a la táctica de sus mejores jugadores y el que el estadio Bernabéu adore el drama y el desconcierto hacen complicado implementar estilos de larga duración que le den al hincha esa sensación de plenitud, de juego acabado bajo el que late una ordenanza mayor, un sentido. La falta de método es una estrategia de cierta España. En la Meseta toma la forma del «échale cojones»; en Andalucía, del duende. Y así juega el Madrid de toda la vida. Echando los balones por encima de las tapias para que, con un poco de suerte, los muertos los cacen al vuelo. Y suele funcionar.

## QUINTA PARTE
### Sentencias finales

### *Así, así, así gana el Madrid*

Isco sigue montado en su burrita perseguido por media docena de jugadores rivales. Levanta la cabeza y mete un pase para Gareth Bale que no llega a su destino.

—Lástima, ese balón tenía muy buenas intenciones —dice Amaro.

—Quiero saber yo adónde van a parar los balones con buena intención. ¿Al cielo de los mediapuntas? —pregunta el Polaco.

—Pero ¿los mediapuntas no se habían extinguido? En la tele dijeron un día que el doble pivote acabaría con ellos, como con el lince.

—Sí, y los dinosaurios son demasiado grandes para desaparecer —susurra Marcela.

El partido se ha ido apagando con la posesión inmisericorde de Isco y el camarero apaga la televisión. Se hace el silencio en el bar y comienza la desbandada.

—Una cosa —dice el Polaco poniendo cara de gran intriga—: ¿cómo es que estos menesterosos del Rayito no han entonado nuestro himno oficial? Me parece una ofensa.

—¿El de las mocitas? —pregunta el camarero.

—No, el de verdad, el «Así, así, así gana el Madrid».

«Así, así, así gana el Madrid.» Grito de guerra de la afición antimadridista que comenzó en el campo del Sporting de Gijón en 1979, como canción protesta contra el considerado equipo del Régimen (ya semiderruido). Su simplicidad y su ritmo de jota lo convirtieron en un éxito en toda España, incluido en el Bernabéu. Cuando el público madridista está enfervorizado por algún gesto del equipo rival o excitado por una remontada improbable, el campo se convierte en una sola garganta entonando el estribillo a coro.

«No hay sabiduría, no hay cordura, no hay consejo contra Yahvé.
Apréstate el caballo para el día del combate, pero la victoria es de Yahvé.» (Proverbios 21:30-31)

## 11

## El ángel caído: Iker Casillas

*Iker Casillas, caso único en la historia del madridismo.*
*Adorado como ningún otro, su triunfo con la selección*
*española le hizo confundir la pureza de sus sentimientos*
*hacia su club, en un escenario de guerra contra el*
*F. C. Barcelona, hasta acabar perdiendo su aroma de*
*santidad y caer en desgracia al Bernabéu.*

«*E*l Real Madrid C. F. y el F. C Porto han acordado el traspaso de Iker Casillas al club portugués. Para el Real Madrid hoy es un día, ante todo y sobre todo, de agradecimiento y reconocimiento. No se va uno de los mejores porteros de nuestro club. Hoy deja este equipo e inicia una nueva etapa futbolística el mejor guardameta de la historia del Real Madrid y de la historia del fútbol español.»

Así arranca el comunicado oficial del Real Madrid del 11 de julio de 2015. No hay tristeza en esa despedida, hay un listado de títulos, honores, ¡orgullosos de que hayas sido del Real Madrid, Iker!

Pero ya no lo eres.

«*C'est fini*», dice Casillas con lágrimas en los ojos durante la rueda de prensa, se levanta y se va.

Irse del Real Madrid.

Sala de prensa del Bernabéu, Iker, el que fue santo, el que brillaba, lee con dificultad su comunicado de despedida, suspira, llora. No interesan las palabras, siempre huecas, del jugador en acto oficial. Son los sentimientos de un hombre que se fue quedando solo y que farfulla desde un estrado. La estatura de un jugador va disminuyendo según se aleja del campo, y el mito, ahora, es irreconocible.

Irse del Real Madrid no es fácil y pocos lo han superado. Cuando se fue Raúl González, Florentino dijo: «Es el capitán del Real Madrid, pero también es el dueño de su destino. Él ha decidido poner fin a su etapa como madridista». Y sonó a sentencia de muerte. Sustituyamos «etapa» por «vida»: ha decidido poner fin a su vida como madridista. Ha decidido poner fin a su vida.

No hay vida fuera del Real Madrid era lo que sutilmente se deducía de esa frase.

Siempre hay resquemor en las despedidas del Madrid. La de Iker no iba a ser menos. Florentino confesó en una entrevista posterior que se había hecho mal: «La despedida de Casillas no quedó bien, pero fue así porque él quiso. El error mío es por haberlo consentido, y por eso le llamé esa misma tarde, hablé con él, retrasó su salida y al día siguiente hicimos las cosas bien y se fue con otro sabor de boca».

La comparecencia del ángel caído abre los telediarios entre catástrofes y sucesos. Todos apuntan la frialdad del momento y obligan al club a repetir la despedida.

Al día siguiente, rodeado de directivos y con Florentino en el estrado, el Madrid pinta de colores neutros lo que había sido simplemente triste. Otro acto vacío que nadie recordará. Una comparecencia pública con un largo (y contundente) discurso del presidente y uno breve (y tembloroso) de Casillas.

«¡Casillas no se merecía esto!», proclama una parte del periodismo deportivo ante la indiferencia del madridismo. Porque esa es la cuestión. El madridismo (hombres y mujeres que profesan la fe del Real) ya no tenía ojos para el que había sido su ídolo. Se pensaba en Iker como un jugador agotado que había consumido su fantástica fe en sí mismo. Los medios sobreactuaron el melodrama, pero no encontraban más que lugares comunes. Es sabido que el jugador-mito suele acabar mal en el Madrid, demasiados resortes de poder y una decadencia televisada a los cinco continentes. El hincha estaba cerca del precipicio del verano y su interés estaba en lo nuevo, en los fichajes, en el deseo de la próxima temporada. Iker era el pasado y sus últimas palabras así lo reconocieron.

La última imagen del portero fue sobre el césped, asomando medio cuerpo entre todos los trofeos que había ganado colocados sobre un podio. Cinco Ligas, cuatro Supercopas, dos Copas del Rey, tres Ligas de Campeones, dos Copas Intercontinentales, dos Supercopas de Europa, una Copa Mundial de Clubes y menos de media grada vitoreándole. Símbolos.

El Real Madrid está construido sobre símbolos y en la despedida del portero más imbatido del equipo no podían faltar.

Aunque fueran precarios, de última hora.

¿Qué pasaría por la cabeza de Iker Casillas al oír las palabras de Florentino? Veinticinco años de su vida dedicados a ese equipo. Todo lo que era Iker y lo que había conseguido nacía y moría en el Real Madrid.

### Y el niño se hizo hombre y habitó en los Cielos

Juan Villoro ya describió en *Dios es redondo* (Anagrama) los tres tiempos que vive el futbolista: «El anhelo de llegar, la consolidación del sueño y el difícil retiro. Para su desgracia, la tercera fase es la más dura. Los jugadores tienen vida breve y memorias largas».

La vida breve de Iker empezó en Bilbao el 20 de mayo de 1981, donde su padre, José Luis Casillas, había sido destinado como guardia civil, y siguió inmediatamente después en Móstoles. Esto es historia sabida. También sus veranos en Navalacruz, el pueblo de Ávila de doscientos habitantes de donde eran sus padres; los inviernos en Móstoles; y enseguida, a partir de los nueve años, las tardes en la Ciudad del Real Madrid. Tres ejes tuvo su adolescencia: el barrio, el pueblo y el equipo. Eso marca. Digamos que se movía en núcleos muy cohesionados, pequeños, con pocas ideas, pero firmes.

Cuando nació Iker, el País Vasco sufría los años de plomo de ETA. En 1981, la banda terrorista asesinó al menos a diecisiete personas, entre ellas, varios guardias civiles, y entre los atentados, varios en Bilbao. Era la época de inspeccionar los bajos del coche para comprobar que estuvieran limpios de bombas.

La familia consiguió trasladarse a Madrid, pero no dejó atrás el terrorismo. En el año 85 tuvo lugar el primer atentado de coche bomba en Madrid, con un muerto y dieciséis heridos; en el año 86, en la plaza de la República Dominicana, otro, con doce guardias civiles muertos. Tener un padre guardia civil forjado en esos años debía reflejarse necesariamente en el carácter del hijo: disciplinado, austero, cuidadoso, centrado, solitario.

En Móstoles, el niño Iker, que por entonces aún era hijo único, se pasaba el día dando balonazos y jugando con su padre. El padre trabajaba de siete a tres y era hincha del Athletic. La madre, Mari Carmen, era un ama de casa simpática y parlanchina, a quien el fútbol no solo le aburría soberanamente, sino que incluso lo odiaba. No entendía que su hijo se pasara el día detrás de una pelota. «Iker era mi juguete y yo lo quería tener en casa».

Enseguida, Iker empezó a mezclarse y a jugar con los chavales del barrio. Era el chico ágil que siempre quería ser portero.

Querer ser portero.

Querer ser portero no es lo habitual. Eres portero porque te toca, por descarte o casi por sacrificio: «*Vaaale*, yo me pongo». Pero no por convicción. Sin embargo, Iker lo era: por convicción.

Colocarse bajo los palos es un puesto solitario. Te encuentras así todo el partido, ves de lejos lo que sucede en el campo, a muchos metros del balón. Tienes que ser capaz de estar a gusto contigo mismo y pasar en un segundo del ensimismamiento a la acción. Iker tenía ese punto solitario y reconcentrado. De castellano. De mirada fija. Con un rostro de mandíbula fuerte, pómulos altos, cara esquinada. Sin grasa, recio como la roca granítica de la Sierra de Gredos, de donde vienen sus padres.

Tenía reflejos, forma física y unas piernas increíblemente fuertes. ¿Le faltaba altura? Quizá. Pero enseguida se demostró que no le era necesaria. Ya en la primera temporada en el Real Madrid declararía: «Conozco porteros altos que no son tan buenos como otros que son más bajos. Yo creo que tengo algo de portero antiguo, y eso es bueno. Todos los días, cuando me voy a la cama, pienso en todo lo que he hecho bien y mal… Me planteo mi carrera como una vuelta ciclista llena de metas volantes».

«¡Hay una prueba en el Real Madrid, una prueba para los nacidos en el 81!», le dicen los chavales del barrio al padre de Iker. «Lo leímos en el periódico», añaden.

El padre rellena el formulario para que su hijo se presente; unos meses después, llaman a Iker para jugar un partidillo. El 12 de enero de 1991 entra en el Trofeo Social, la cantera del Real Madrid. Y arranca esa peripecia tan de futbolista de barrio que otros, como Raúl, vivieron antes que él: escuela por las mañanas, entrenamiento por las tardes; del barrio humilde de calles polvorientas a la brillante Ciudad Deportiva del Real Madrid al final de la Castellana; de dar patadas a un balón con los chavales de Móstoles a jugar con entrenador y ver pasar a dos metros a Butragueño, a Sanchís, a Hierro.

Un Seat 124 rojo matrícula de Bilbao traqueteaba diariamente por las carreteras de un solo carril de Madrid, cuando la M-30 se estaba construyendo. «Reconozco que al principio me daba un poco de vergüenza llegar a la ciudad deportiva en ese coche pasado de moda», le contó Iker a Enrique Ortego en su biografía. La suya era una familia humilde y ahorradora. Ya había nacido su hermano Unai, y para afrontar los gastos de gasolina y las averías del coche «había que quitarse de otras cosas», según Iker.

Su padre se enfundaba un pasamontañas y se resguardaba del frío entre los árboles de la Ciudad Deportiva. Pasaba de sus tareas de guardia civil, de siete a tres, a sus tareas de guardián de su hijo futura estrella hasta que caía la noche. Cuando el chico llegaba a casa, venía de barro hasta arriba y su madre le metía las botas en el horno para que se secaran, y las envolvía en papel de plata; las botas eran sagradas, futuras reliquias del que sería santo.

Después, cuando el padre ya no podía acompañarlo, hubo transporte público, hora y media desde Móstoles: tren, metro, autobús. Un día, sus compañeros se ofrecieron a pagarle la vuelta en taxi y le dieron cinco mil pesetas. Es una anécdota legendaria: todos piensan que se las guardó y nunca las llegó a invertir en el taxi.

Austeridad. Rigor. Abnegación. Pureza y moderación. Los valores de la santidad. De aquel que no tiene culpa.

En esa casa, habían hecho voto de austeridad, también de realismo.

El realismo de su madre, que era casi escepticismo. Ella dudaba, no creía que fuera verdad lo de los partidos del Real Madrid. Su madre, que había estudiado peluquería y estaba acostumbrada a tocar la vida con sus propias manos, no creía ni en el Cielo ni en el Infierno: «Creo en la Tierra y en la realidad que vivimos», dice en la biografía oficial de Iker.

Y, sin embargo, había alumbrado a un milagro, a un santo que llegaría a ángel.

Pero dudaba.

Hasta el punto de que, el día en el que la llamaron a casa para anunciarle que su hijo se iba a jugar a Noruega con el primer equipo porque Cañizares estaba lesionado, ella no lo creyó. Una broma, solo podía ser eso. Imaginemos a los técnicos del Real Madrid intentando convencer a una señora muy castellana, muy obcecada en su realidad, de que su hijo tenía que ir al aeropuerto para coger un avión a Noruega. Imposible. Tuvieron que telefonear al director del instituto para que intercediera. Una hora más tarde, el niño Iker cogía una camisa de su padre y su única chaqueta, montaba en un taxi y se iba (sin un duro, porque no había dinero en casa) a abrirse camino entre los infieles.

Ese fue probablemente su primer taxi; también, su primer partido con el Real Madrid. Pero se quedó en el banquillo. Y se lo tomó con estoicismo. Esto es lo que hay, Iker.

Ahí estaba ese realismo, tan castellano, que le inoculó Mari Carmen a su hijo.

Ya de mayor, fue un portero que miraba con la indiferencia de los niños. Iker normalizó el milagro. No había aspavientos de más, pero tampoco frialdad. Casillas se enfrentaba al delantero con una tranquilidad exasperante. Y detrás de la seriedad del portero podían brotar las lágrimas o la sonrisa, pero nunca hubo teatro.

Por eso un país entero se enamoró de él.

## La inocencia del ángel

La ciudad deportiva del Real Madrid es eso: una ciudad. Con su alcalde y sus concejales, con luchas intestinas y habitantes rigurosos. En ella juegan equipos de diez categorías. Iker pasó por todas, hizo la carrera funcionarial del Real Madrid. Es un canterano. Viene de la cantera, de picar piedra, como mandan las normas del plebeyo que se convierte en príncipe. Pero es un canterano de ascenso rápido. Pasó por todas las categorías, pero siempre se comía el último curso, siempre saltaba a la siguiente con un año menos. Benjamín, alevín B, alevín A, infantil B…, hasta que llegó al Real Madrid B, donde con solo cuatro partidos ascendió al primer equipo. Cuando tuvo su primera actuación en el Real Madrid, fue el portero más joven de la historia del club.

Fue el portero más joven en debutar en primera división, el más joven en debutar en la Liga de Campeones, el más joven en disputar la final de una competición europea.

Ser el más joven marca. Suponemos que uno tiene la sensación de que va a ser eternamente joven. El chavalote de mirada limpia. El benjamín al que todos cuidan en el vestuario. Pero resulta que no. Resulta que un día tienes quinientos partidos a tus espaldas y ya eres un veterano. Te has convertido en un líder (¿puede un niño introvertido ser un líder?). Pero también te has forjado una ristra de enemigos. De críticos, de fans que desmenuzan cada jugada, de periodistas que desmenuzan cada gesto. Es el fin de la inocencia.

Porque Iker era un viejo cuando era joven, y quería ser un joven cuando se hizo adulto. «Tiene la cabeza de un viejo sobre los hombros de un joven», dijo John Benjamin Toshack cuando lo hizo debutar en San Mamés contra el Athletic con diecinueve años: un 12 de septiembre de 1999, con el resultado de un 2-2 eterno.

## Un reino galáctico de leche y miel

Cuando Iker entró en el Real Madrid, en el año 2000, el equipo iba ascendiendo poco a poco por una cumbre cuyo nombre se intuía ya resplandeciente en lo alto, un título que se inventaría la prensa, «los galácticos», un par de años después.

Desde el principio, Casillas despertó en la hinchada emociones contradictorias. Un sentimiento maternal, de orgullo por un vástago tan joven y talentoso, y la admiración que provocaba su singular forma de actuar. Iker se enfrentaba a la tormenta quedándose muy quieto. La vencía con la mirada. El Manchester United era en 2000 la máquina ofensiva más impresionante de Europa. Arribó herida al Bernabéu tras el 2-3 que tejieron entre Raúl y Redondo. Desataron su poderío contra la portería blanca, pero allí estaba el niño santo. Iker rechazaba los ataques sacando los puños como si los disparos fueran repelidos por espejos. Esa naturalidad desmoraliza al adversario que cree haber hecho suficientes méritos para perforar la portería, pero es consciente de que necesita algo más, puesto que allí está alguien o algo más allá del fútbol.

Como todo santo antiguo, Iker tuvo sus anagnórisis, sus revelaciones, también sus momentos de gloria y sus momentos de caída en el Infierno.

En la temporada 2000-01 ganó la Liga.

En 2001-02, el nuevo entrenador Vicente del Bosque lo deja en el banquillo prefiriendo a César, un buen portero sin halo alrededor. Iker nunca se lo perdonó, pero Del Bosque simplemente afirma: «Es verdad que probó el amargo sabor del banquillo, pero hasta le pudo venir bien».

Iker no olvida. Tiene una memoria prodigiosa y guarda todo dentro, lo bueno y lo malo. Las jugadas y los desplantes.

Según su madre, «de pequeño era un poco rencoroso. Si le hacían algo, la guardaba».

Eso no lo perdonó.

En 2002-03, Iker va lanzado: por primera vez disputa todos y cada uno de los partidos de la Liga, logra la Supercopa de Europa y la Copa Intercontinental.

Un prodigio, dicen los titulares de los medios.

El Santo. El buen chico milagro al que todos se quieren parecer. Comienza la construcción de su mito por parte del periodismo. Un mito que se convirtió en jaula, pero eso lo sabremos más tarde.

Es una novedad que un portero sea un personaje mediático, o no tanto: Zamora ya lo fue en la Edad Antigua. Los porteros siempre tuvieron personalidades especiales, diferentes a las del resto de los jugadores. Solitarios, centrados en sí mismos. O a veces lo contrario, extravagantes y locos. Ídolos de minorías. No solían manejar bien el balón. Siempre un poco fuera de los acontecimientos. Pero un año después de que Iker entrara en la cantera del Real Madrid, eso cambió. En 1992, se publicó una nueva norma que impedía a los porteros recoger el balón con las manos cuando se lo pasaran sus compañeros con el pie. Los guardametas tuvieron que aprender a manejarse con los pies, empezaron a acudir a los entrenamientos con el resto de los jugadores y se cohesionaron más con el equipo. Ahora el portero es un jugador más del campo, que debe colaborar y atender a las instrucciones tácticas del entrenador; debe jugar con los pies y salir con frecuencia a disputar el balón al borde del área.

Iker pertenece ya a esta nueva hornada de porteros. Pero su juego de pies es nihilista y gusta de refugiarse bajo los palos cuando las cosas van mal. Es una de sus contradicciones. Portero antiguo en tiempos modernos. Portero perfecto para los nuevos balones de vóley-playa (nadie intuye los rebotes y los cambios de dirección del balón como él), pero portero que arrastra atavismos al salir del área pequeña, como si perdiera sus poderes mágicos.

Su capacidad psicológica es uno de sus puntos fuertes, «no se descompone nunca… No tiene picos emocionales, se mantiene estable», dice de él Manuel Amieiro, entrenador de porteros que trabajó con Iker desde los once años. Es armónico, explosivo.

Y sabe interpretar su espacio.

Para un portero es básico la interpretación del espacio. Lo reduce al área pequeña. Ese es su pequeño mundo. Y, sin embargo, no lo es. Porque tiene que controlar lo que sucede en el primer círculo y en el segundo círculo. Debe controlar la relación espacio-tiempo, el modelo matemático que combina el espacio y el tiempo en un único continuo como dos conceptos inseparablemente relacionados. En este continuo espaciotemporal se desarrollan todos los eventos físicos del universo de acuerdo con la teoría de la relatividad.

En ese modelo, hay dos eventos físicos: Iker y el balón.

Y son elementos contrapuestos. Iker tiene pasos en el área. Cuando el delantero llega en vuelo, Casillas achica lo justo y se queda quieto, sin tirarse, la mirada clavada en el balón no vencida por el miedo. El resto del mundo canta el gol contra el Madrid, pero el Bernabéu aguarda.

Aunque algunos le acusaban de no salir de su guarida. En las faltas y los córneres, en ocasiones parecía que sufría un ataque de pánico y se negaba a ir más allá de la línea de gol. Se ha dicho que es su punto flaco.

«Hay que tener en cuenta que Iker pasó de coleccionar cromos de Fernando Hierro y Roberto Carlos a tener que darles un grito para colocarlos. Es evidente que siempre se ha sentido más cómodo debajo de los palos... Ha mejorado mucho en ese sentido», cuenta Amieiro en la biografía oficial de Iker.

Pero quizá no sea un defecto, sino una forma de ser.

En la final de la Champions de 2002, la final de los galácticos donde Zidane paralizó al mundo con su gol por la escuadra, César era el titular. La parte de melodrama que el madridismo necesita para sobrevivir a la victoria estaba en el banquillo. Pero era César, un buen portero que no nació para pasar a la historia, y se lesionó. Así es el Madrid, con los mejores guionistas que pueda usted imaginar. Iker salió en los últimos momentos con un resultado ajustado y un equipo alemán furioso, embravecido. Todo eran centros que iban erosionando la capacidad de sufrimiento del Real. Centros hechos por alemanes y rematados por alemanes. Hubo tres jugadas, llenas de rebotes y ansiedad en la que el balón estaba virtualmente dentro de la portería. Pero Casillas existe para esos casos. Fogonazo tras fogonazo, repele los balones de maneras nada ortodoxas, pero muy efectivas. El Madrid gana la Champions e Iker sale entre lágrimas abrazado a César.

Es un héroe de Frank Capra que contiene las virtudes de un pueblo.

Cuando las cosas van mal, cuando el Real sufre de verdad

y se avecina la catástrofe, el madridista tiene los ojos tan abiertos como un niño desorientado. Mira y no entiende. Murmura y espera a que aparezcan los ángeles que desordenaron su habitación. Casillas está hecho de ese material. Flujo infantil y un alquitrán espeso que se pega a las paredes. Le salen unas alas que conmueven al delantero, justo en el minuto en que se paran los relojes; y algo más: un fuera de campo siniestro que se traga todo lo que se oponga a su virtud. Y ese alquitrán, ese fuera de campo, comienza a fabricarse en la final de 2002. Tan pronto. El momento en que el niño se convierte en mito saltándose las etapas intermedias. La vida, la costumbre o la rutina.

### El portador de la luz

Después de la marcha de Del Bosque en 2003, el Madrid comienza una ruleta rusa de entrenadores que parecían dispararle al pie a la entidad. En 2006 salió Florentino por la puerta de atrás y llegó Ramón Calderón, que tuvo pinta de presidente interino desde el principio. Solo Iker y Raúl representaban los viejos valores.

Raúl dominaba el vestuario, era capitán y mánager general, y su imagen fue manchándose lentamente. Iker seguía siendo el de siempre. El chico impoluto que salvaba el tiroteo en el último segundo.

Cuando llegó Fabio Capello en 2006, el Madrid vuelve a sonar como lo que fue. No era el más brillante de los equipos, pero tenía un espíritu fuerte y tenaz. Se gana la Liga, remontada mediante. Una Liga llena de momentos culminantes en los que Casillas se desenvuelve de forma rutinaria.

Un año después, con Bernd Schuster, se vuelve a ganar la Liga, y Casillas logra su primer trofeo Zamora al portero menos goleado de primera división. Extrañamente no lo tenía: Iker siempre ha sido un guardameta que ha encajado goles. Su trascendencia radica en lo que Cartier-Bresson llamaba «el momento decisivo». Ese instante revelador en el que la función dramática puede ir hacia un lado u otro. Y ahí está él para decantar la victoria hacia el Madrid.

Luego pasa una cosa muy importante para Iker: firma una ampliación de contrato hasta 2017, o sea, prácticamente vitalicio, con una cláusula de rescisión de ciento trece millones.

Cuando un presidente no tiene agarrado el poder con firmeza, siempre se apoya en los jugadores dueños del vestuario. Y eso hizo Ramón Calderón.

Desde muy joven, Iker manejó mucho dinero. Empezó a los dieciséis años con un contrato de tres años en la temporada 97/98 en que le pagaban millón y medio de pesetas; al año siguiente ya eran treinta millones de pesetas; en 2008, ganaba más de siete millones, esta vez de euros, entre salario y primas, y subiendo. Además, ha sido imagen publicitaria de un sinfín de marcas: desde Nike hasta Reebok, Adidas, Hyundai, Pepsi… Su agente durante años fue Ginés Carvajal, con quien acabó regular, en 2008. Sus padres manejaban sus dineros hasta que en 2010 les quitó el control de sus empresas. Estuvieron un tiempo sin hablarse. El dinero siempre ha sido una cuestión delicada en la vida de Iker. Su austeridad castellana es legendaria. Algunos incluso lo llaman «tacañería». Es una persona de gustos sencillos, dicen en la calle.

### Se enciende la antorcha roja

En la temporada 2008-09, Ramón Calderón dimite y se convocan unas elecciones que gana Florentino Pérez. Y con él llegan los fichajes estrella: Benzema, Xabi Alonso, Cristiano Ronaldo y Kaká. En total doscientos sesenta y cuatro millones de euros. Lo que no significa que al equipo le vaya bien con Manuel Pellegrini. Al otro lado estaba el Barça de Guardiola, piedra angular de la selección y nuevo equipo de moda, de los niños y del bien universal. La comparación corroía al Madrid y el equipo navega la temporada bajo el tradicional signo del Apocalipsis. Pierde la Liga y la Champions.

*Bye, bye*, Pellegrini, aguantaste solo una temporada.

Pero ha ocurrido algo. En el año de gracia de 2008, la selección española, la Roja, gana un título después de una sequía de miles de años. Uno de los artífices es Iker, uno más, todavía no es el centro de todas las miradas. Pero, poco a poco, el aire va tornándose más severo para el Madrid. Ya no es el equipo de España (o de los que creen en ella). Ese puesto lo ha usurpado la Roja y comienzan a pasarse deudas pendientes contra el entramado blanco. Tanto éxito deja rencores invencibles. El Madrid ya no se representa nada más que a sí mismo. Desde entonces, navega ligero, sin escudo.

Arriba Del Bosque a la selección y comienza a haber la impresión (España no es un país de fuertes razonamientos, sino de intuiciones insuperables) de que la Roja se construye contra el Madrid. Su estilo es el del Barça. Su entrenador salió malparado de la Casa Blanca y tiene toda una sarta de mohines cuando le preguntan por ella. Y su capitán y señuelo, el hombre querido por los niños, amante de sus amigos y representante de la clase media española, reconoce que se siente más a gusto con la casaca roja: «Me siento más querido en todos los campos, nadie me pita ni me insulta cuando voy con la selección».

Ciertamente, con la Roja, Casillas deja actuaciones no solo memorables, sino increíblemente sólidas. Sale de la portería para interceptar los balones altos y su juego de pies mejora como por ensalmo, como si la compañía de los chicos decentes del Barça y sus rondos amistosos le hiciera un gran bien. O quizás el problema fue haberse convertido en mito demasiado pronto y creerse él mismo su propia fábula maravillosa. En esa leyenda, Casillas vive de los milagros y el mejorar no le es imprescindible. Los santos, los héroes no mejoran. Sufren o son martirizados, pero son así de nacimiento. En la selección, fuera de su hábitat, debe ganarse la simpatía de los jugadores barcelonistas acostumbrados a un portero que utiliza toda el área grande sin reparos. Y Casillas se tensa y lo consigue.

En el Mundial de Sudáfrica de 2010, Iker no recibe ningún gol en eliminatorias, ninguno.

Y se llega al paroxismo en la final contra la selección de los Países Bajos, un 11 de julio que ha pasado a la historia, donde rechaza un balón de Robben con una parte de su cuerpo desconocida. Ni siquiera en ese mano a mano, más allá del minuto sesenta, en una final del Campeonato del Mundo contra uno de los mejores definidores que hay, Iker se sintió vencido.

Ya estaba tirado en el suelo, pero mantenía la mirada sobre el delantero, y el balón, sin obedecer lógica ninguna, tropezó con su cuerpo y se fue a córner. Con un hombre así es imposible razonar. Porque tiene a Dios de su parte.

España ganó y Casillas ascendió a un sitio más alto que los Cielos, que era donde ya estaba. Besó a su novia, la periodista Sara Carbonero, mientras lo entrevistaba en directo delante de las cámaras del mundo entero, y ese rictus natural, de chico bueno y espontáneo, seguía en su cara.

El Cielo y la Tierra estaban con él. ¿Quién podía hacerle daño?

### Caída del Cielo

«¡Cómo caíste del cielo, oh, Lucero, hijo de la mañana!» (Isaías 14:12)

El 28 de mayo de 2010 se hace oficial el fichaje de José Mourinho como entrenador. El portugués llega para acabar con la hegemonía del Barça. Es un francotirador que deja una estela de sangre por donde pasa. Un hombre duro y justo, impermeable al ambiente. Y el ambiente consistía en un Bernabéu que aplaudía a Iniesta e insultaba a sus propios jugadores. Su primera medida fue atraerse al capitán, a Iker, al lado oscuro. A su lado. Llegó para arreglar los problemas, puso luz donde había un entramado de sombras y dejó al aire el mecanismo neurótico que impedía al Madrid alcanzar la realidad. Esa catarsis provocó el levantamiento del periodismo deportivo que utilizó todas sus armas para tumbarlo. Los dos primeros años, con un Guardiola ignífugo al que nadie podía acercarse, el vestuario siguió al portugués hasta cruzar todos los vados del fútbol español. Iker sentía su cuerpo desgajarse en dos mitades. En el verano de 2012, tras la victoria de España en la Eurocopa, se partió en dos y el Espíritu Santo le abandonó para no volver.

Con Mourinho, Casillas redondeó sus dos mejores años como futbolista en el Madrid. Hubo clímax.

Aquella final de Copa de 2011 contra el Barcelona fue un monumento al fútbol adulto: tenso, magistral, dialéctico por las dos posturas tan diferenciadas sobre el campo. En ella, Iker fue el mejor portero posible. Sacó tres balones en la raya de la locura, pelotas a los que ningún otro portero imaginaría siquiera llegar. Venía de hacer un campeonato monumental con la selección y conservaba los reflejos, el halo y una intuición embadurnada de magia.

Al año siguiente, se presentó en semifinales contra el Bayern con un seudo error muy suyo. Le remataron dos veces y él no se dignó salir de la cueva. Pero en el Bernabéu se hizo con el partido y, con dos paradas en los penaltis, le dio la final al Real. Cristiano, un gran profesional todavía más acá de la leyenda, falló; el Madrid quedó apeado de la historia.

Hay una imagen: Iker mirando a cámara y haciendo un gesto universal llevándosela la mano a la cara. Se jugaba contra el Barça, uno de tantos encuentros enconados de aquellos años. Casillas proclamaba al mundo que los árbitros estaban a favor de los azulgranas. Eso es algo normal en cualquier jugador en cualquier época: el agravio, el victimismo cuando se pierde.

Pero no está permitido en el Madrid, el más letal de todos los clubes, y menos, a Iker Casillas, un hombre puro o que así se había vendido.

Comenzó a hablarse de ruptura en la selección, de dos grupos antagónicos; jugadores madridistas y barcelonistas no se dirigían la palabra y apenas se miraban en el campo. Es posible. Pero nunca el fútbol ha sido un entorno armonioso y condescendiente.

Con la crisis se deshilachó la socialdemocracia que gobernaba el país (ZP se fue en diciembre de 2011). Había una imposibilidad de operar sobre la realidad que era áspera y gris como el asfalto. Quedaba la cultura y su hijo bastardo: el fútbol, símbolo máximo que está ahí para ser manipulado. Los medios levantaron un velo ideológico: una serie de valores falsos, pintureros y muy básicos. Una ética de parvulitos, pero sin la franca honestidad de los niños. Era el alimento espiritual de cierta prensa (no solo la deportiva) y, a través de la indignación (principal pulsión erótica del español), se apuntaba con el dedo a los que se quiere aniquilar. El Barça se hizo con todos los condimentos de la superioridad moral vía corrección política (nacieron víctimas) y fin de la historia (no hay más fútbol que el pase), y el Madrid quedó apuntalado al otro lado del río.

En este cuento infantil, el mal absoluto lo protagonizaba José Mourinho (era la crisis misma). No solo rompió el clima de concordia general, sino que disparó contra el animal (al parecer) más querido por los madridistas: Iker Casillas. El portero, herido en su sino, comenzó la temporada siguiente (2012-13) sin dar pie con bola por culpa de la inquina de su entrenador.

Es cierto que hubo una llamada entre Iker y Xavi, viejos amigos enfrentados por la vida, para arreglar los desmanes en la Roja, y que eso le sentó mal al portugués.

Y es cierto que Iker no es impermeable al ambiente (es un hombre «sentido») y que el ambiente en las terceras temporadas de Mourinho suele ser el de un edificio que se desploma.

Y es cierto que una parte del Madrid, y del madridismo, alineada hasta el final con las nuevas normas de guerra, no le perdonó la traición a Iker. Tenía dos amores, y en ocasiones hay que escoger.

Las penas de Casillas se convirtieron en asunto de Estado.

En 2012, a la amistad entre Iker y Xavi se le concedió la más alta condecoración de la nación: el Premio Príncipe de Asturias del Deporte a la selección española. El rey habló contra la injusticia que se había cometido con el santo que toda España adoraba. El entrenador nacional criticó la suplencia de Iker y dejó caer una frase: «A veces la igualdad es la peor de las injusticias».

¿Qué había pasado para que Del Bosque hablara así?

Era simple. Mourinho había relegado a Iker a la suplencia por su bajo rendimiento. No reparó en ninguna aristocracia ni en su supuesta capitanía. Al partido siguiente, Casillas volvió a jugar, pero ya no se le investiría de ángel, es más: le arrancarían las alas.

Arbeloa, el soldado más fiel al portugués, le lesionó en enero de 2013 en un trance desgraciado: una patada que le destrozó la mano y lo mantuvo casi tres meses fuera de juego.

El Madrid tanteaba desesperado el mercado buscando otro guardameta y trajo a Diego López, ex de la cantera y que causó una enorme impresión desde el principio. Buena parte de la prensa se cebó con el nuevo portero aguardando a que Iker saliera de la lesión. E Iker sanó.

Pero siguió en el banquillo.

Las aguas de la nación se abrieron y no era raro encontrar a supuestos madridistas dirigirse al público con los brazos abiertos. Qué vergüenza, decían, qué vergüenza ser de un equipo que trata así a sus jugadores.

Lo que había pasado era más simple y fue fundamental para los éxitos que vinieron después: el Madrid se había emancipado de la prensa y le daba al entrenador plenos poderes para hacer la alineación.

«A mí Diego López me gusta más como portero que Iker Casillas. Es simple. Me gusta más. No tengo nada personal contra él», dice Mourinho en una comparecencia ante los medios el 7 de mayo de 2013.

Así de sencillos son los asuntos cuando la gente se explica. Pero todo alrededor de Iker tiene un aire mítico, y lo sencillo hacía tiempo que se había convertido en implacable.

El Real es tectónica de placas y necesita capitanes duros, que le hagan saber al rival que está de más. Así han venido sus éxitos, y Casillas fue una excepción a la norma. Desde su caída en desgracia, ganó una Champions más, de mucho esfuerzo colectivo y escaso brillo en la portería. En la final contra el Atlético, cometió un fallo en una salida de córner que hizo que el Madrid nadara a la contra durante noventa y tres larguísimos minutos. Ramos salvó al club de su desaparición y al portero del odio popular. Iker, siempre honesto con sus sentimientos, le abrazó en la prórroga haciéndoselo saber.

### *Fue arrojado a tierra, y sus ángeles fueron arrojados con él*

Carlo Ancelotti dispuso desde su llegada en junio de 2013 a Diego López para la Liga y a Iker para la Champions y la Copa.

Casillas fue descendiendo escalones. Su media salida en la final de Lisboa, se repitió innumerables veces. Es una enfermedad irreversible en un portero. Es el miedo que le hace dudar. A su cuerpo de cristal se le empieza a transparentar la espina dorsal. Donde antes había un ángel reluciente, ahora hay un hombre asustado de la enormidad silenciosa del Bernabéu. Y de su murmullo de vieja desdentada.

La afición murmura cuando se queda bajo los palos, fumando espero, y saca el balón de dentro de la portería con cierta melancolía.

La afición le pita cuando se tira en la segunda repetición de la jugada, como si saliera de una tarta dos segundos después de encajar el gol.

La afición le aplaude para tapar los pitos, y se forma en el estadio una rechifla fenomenal.

La afición aplaude, también, cuando Iker se interpone entre el Madrid y la confusión parando la pelota con alguna parte de su anatomía. Cuando los hados le devuelven el fulgor. Porque Casillas es un objeto refractario al método científico. De vez en cuando vuelve del sitio amargo donde lo dejó Mourinho y los periodistas se vuelven locos y lo condecoran oficialmente como el salvador del partido. Es el melodrama madridista, como una cinta infinita, listo para empaquetarse para las televisiones.

Hay un momento irreversible en el que las estrellas que en el Madrid han sido comienzan a parodiar su número preferido. A partir de ahí, hacen como que hacen, con la vista puesta en su jubilación. Como si cada gesto suyo, cada parada o cada gol cotizaran para un fondo de pensiones. El futbolista en el Madrid debe transfigurarse, debe atravesar la camiseta y convertirse en otra cosa. Ese jugador, en su decadencia, reclama su parte.

Con Raúl había un ocultamiento. Su poder estaba en la sombra, en la trastienda del fútbol, y los periodistas hablaban de sus intereses en tercera persona, en un falso tono impersonal. Pero llegó Mourinho, tiró del telón y las cañerías quedaron al aire. Iker quedó desnudo ante el público. Sus amistades con los periodistas eran obvias. Su mujer Sara Carbonero (periodista también) rompía la cuarta pared del fútbol y desvelaba las confidencias de vestuario. El Bernabéu sabía de esos secretos que deben quedar en sordina y la división en el estadio y en la afición se acentuó hasta extremos grotescos.

«¡Iiiiiker, Iiiiiker!», gritaban sus partidarios. Un grito tan gastado como la apelación al orden constitucional.

En los últimos tiempos de Casillas, se intentó su rehabilitación en el Madrid a través de entrevistas dadas a los medios serios. Ahí estaba de nuevo el chico ejemplar contra el que los poderes fácticos del centro de la nación parecían conspirar. Pero había algo falso, edulcorado, en ese nuevo candor. Lo que se pierde no vuelve, y menos si lo que se ha perdido es el aroma de santidad.

Se dijo de Iker que era un topo del vestuario, que filtraba a los medios; se dijo que sus amores estaban con la selección y que desde el club no se le quería. Se dijo que era admirado desde fuera del Madrid y puesto en duda desde dentro.

Y él callaba y asentía.

Y su naturalidad se convirtió en una máscara.

Hasta esa despedida en la que rompe a llorar. Ahí volvía a ser el chaval que venía del frío a entrenarse en un club desabrigado y cruel como ninguno.

Un club en el que triunfó como pocos jugadores lo han hecho.

Lo otro vino después.

«Se abrió el templo de Dios, que está en el Cielo, y dejose ver el Arca del Testamento en su templo, y hubo relámpagos y voces, y rayos, y un temblor, y granizo fuerte.» (Apocalipsis 11:19)

## 12

## La consagración

*Crónica de la consecución de la Décima Copa de Europa*
*por el Real Madrid. La más ansiada desde la Séptima.*
*Llevaba doce años sin ganarla: un tiempo prudente*
*para otros clubes, una glaciación para los blancos.*
*Aquí se cuenta la consagración de un grupo de*
*futbolistas que habían nacido para elevar*
*el trofeo a los cielos de Madrid.*

«Tomando el pan dio gracias, lo partió y se lo dio, diciendo: Este es mi cuerpo, que será entregado por vosotros; haced esto en memoria mía.» (Lucas 22:19)

### Hoc est corpus meum[12]

*E*l fútbol como parodia y representación de la batalla es el último reducto del patriarcado en el mundo occidental. Hombres venidos de cualquier parte, que se miden entre ellos y le dan forma y estructura al caos mediante el juego. Dicen que es un deporte y están equivocados. Se parte de una especie de rivalidad original, intuida, que se abate sobre el mapa mundial de la futbolería, que es como decir sobre el mundo entero, con la excepción de los gringos, incapaces de interpretar los símbolos que laten bajo la superficie del juego. En España, esa dialéctica está cosida al forro de la nación. Es motor y reverso

---

12. Este es mi cuerpo (Lucas 22:19).

oscuro. Vendrá del catolicismo y su dicotomía de luz y sombra, de su verdad única y su blasfemia asociada, o quién sabe de dónde, pero el caso es que no hay país donde la dualidad asociada al fútbol haya calado más hondo. Cuando rueda la pelota, somos felizmente cainitas, y damos rienda suelta al odio al adversario, que siempre significa algo más que un simple equipo de fútbol: «Olé, olé, olé, cornudo Simeone».

El equipo del pueblo, el de la clase trabajadora, el Pupas, un sentimiento que no se puede expresar, el *cholismo*, un conjunto de creyentes, la fe, este año es rojiblanco, tienen más mérito, la felicidad del pobre, la revancha de los vencidos, están mejor construidos, son como nosotros, gente de la calle.

Ni siquiera esta sarta de adjetivos y frases hechas han podido con lo que es el Atlético de Madrid: un formidable equipo de fútbol. Han ido pasando todas las pantallas hasta llegar al borde del precipicio: una final de Champions. Y no se despeñaron en ningún momento, convirtieron el partido en una lucha cuerpo a cuerpo, hasta que Marcelo e Isco saltaron por la puerta grande e inclinaron el campo de forma irresistible. Lo que pasó después no fue un destino negro, sino la lógica del juego cuando al otro lado hay un océano que nunca ceja.

### Han venido a ganar

*«In principio erat Verbum.»*[13]

24 de mayo de 2014. El estadio lisboeta parecía una catedral hecha para las corrientes de aire, tantos huecos y tanta luz por todas partes. Las hinchadas se daban calor con sus cánticos. Acompasados y homogéneos los del Atleti, deshilvanados y arrítmicos los del Madrid: representación exacta de cada afición.

«Hemos venido a ganar, que se enteren los vikingos, quien manda en la capital.»

En el césped, una aburrida *performance* de triangulitos hechos por los niños portugueses en sus clases de pretecno-

---

13. En el principio era el Verbo (Juan 1:1).

logía, que debían simbolizar algo a medio camino entre la paz mundial y el tráfico de armas. Saltaron los jugadores a calentar y, al contacto con los héroes, la puesta en escena se desvaneció entre los rugidos de la gente. Jugaba Diego Costa, tratado con esperma de tigre en algún rincón oscuro de Europa, y no estaban Pepe, ni Xabi, y sí, Karim, Khedira y Cristiano. Antes de que la gente se desmayara de puro nerviosismo, comenzó el partido. Todo lo anterior era recuerdo, y la final, un tiempo por estrenar, donde el resto del universo entraba en estado de suspensión.

El Madrid era como un desplegable que ya hemos visto muchas veces; con Khedira haciendo de Xabi y todos los demás en sus puestos de mediados de año. Di María como falso interior; Modric como auténtico centrocampista, sacando al equipo de cualquier hoyo en el que se metiera. Y arriba la BBC, entrecruzándose entre ellos, muy bien sujetados por la defensa del Atleti, pero amenazando con sus nombres, con la zancada que se espera de cada uno, y con el precio, que todo cuenta.

En el minuto diez, a Diego Costa se le pasó el efecto placebo y sintió el mal en el cuerpo. Se fue y entró Adrián; algo oyeron los atléticos, porque todo cambió.

La grada baja del Atleti comenzó a moverse toda junta y su equipo subió dos grados la intensidad. Casillas rifaba el balón desde la portería, y ese era el inicio de la película; todo lo demás, un gran balón dividido y la desconexión fatal entre los delanteros madridistas y su pobre centro del campo, que sin Xabi era una simulación bien ordenada. Solo Modric, al que nada le roza, tenía tino para iniciar la jugada y plantarse en el otro campo con ese aleteo inmune a la patada y el camino cegado. Cristiano estaba extrañamente ausente. Karim andaba rígido, con miedo en sus movimientos, temiendo romperse a cada paso. Los dos se evaporaron entre las dentelladas de la defensa atlética. Solo Bale era la amenaza. Estaba de cara a la pared como al principio de curso, y cuando se desataba de su sino, los defensas contrarios le marcaban el camino que siempre acababa en un muro a las puertas de la ocasión.

## La fe del Atlético

*«Deus meus, deus meus, ut quid dereliquisti me.»*[14]

El Atlético fue subiendo como una marea hasta pisar con frecuencia los contornos del área madridista.

Los atléticos, sin Costa, necesitan hilvanar pacientemente sus jugadas en triangulaciones estáticas que parecen estar cerca de romperse, pero acaban acarreando el balón a los laterales, provocando pequeñas llamaradas; no exactamente peligro, más bien un sobresalto que iba metiendo al partido en el guion que había diseñado Simeone.

No estaba Xabi, y parte del salón estaba desocupado.

Di María perdía el balón con frecuencia en combinaciones improbables con Coentrâo, y comenzaba el ataque Atlético, que iba eliminando contrarios por la banda izquierda del Madrid de forma lenta, pero inexorable.

No se sabe cómo, pero sacaba un centro feo, muy propio del equipo que se encuentra pleno cuanta más sangre seca contenga la pelota.

Hubo varios de esos y muchos córneres que iban subiendo el tono furioso del encuentro. En uno cualquiera, pero cargado de malos presagios, Casillas se olvidó de su atávico miedo a salir y fue a por una pelota al centro de la *melé*.

No llegó, Varane hizo una cosa rara, el Cholo tiró del césped, varios madridistas cayeron por el suelo y ahí estaba Godín. Altivo como nadie, remató hacia atrás, y entró el balón en la portería, muy lento, casi con rencor, de la forma que más daño hace.

Gol del Atlético de Madrid.

A los aficionados del Real les cayó encima un manto de hielo y los del Atleti comenzaron una danza que retumbó en todo Portugal. El Madrid intentó algo así como un arreón, pero seguía aterido por el peso de la final, de la Décima, del miedo al ridículo, de las lesiones mal curadas, de la ausencia de Xabi y del marcaje que hacían a Modric, único director artístico de la función y cuyo oscurecimiento dejaba inmóvil al club blanco. Movido por el

---

14. Dios mío, dios mío, por qué me has abandonado (Marcos 15:34).

oleaje del Atlético, el Real estaba tieso en ataque y los centrocampistas manejaban el balón como si llevaran un cargamento
de porcelana y temieran que se les cayese. Cualquier error provocaba el silencio de la hinchada y el pavor a que el partido se
rompiera en añicos. Ahí fue donde Sergio Ramos decidió sacar
el balón y convertirse en un centrocampista más. Por su zona no
había entrado nadie, pero eso no era suficiente para ganar el
partido. Y Ramos, subido a su caballo desde el partido contra
el Bayern, no iba a dejar que se le escapase la pieza.

Al Atlético le sobraba fe, entramado táctico y confianza
para llevar su talento al límite, pero le faltaba Diego Costa y
Arda Turan. De su gran momento entre el gol y el minuto
sesenta de la segunda parte, apenas sacó provecho. Varios centros que provocaron susto, un rechace que Adrián mandó al
quinto pino y una mala salida de Casillas fue todo el peligro
que hubo. En ese minuto tan icónico para el fútbol, Ancelotti
no esperó más y sacó a los dos comensales que todo el mundo
esperaba: Marcelo e Isco.

Fue el cambio justo en el momento ideal.

Y, seguramente, si hubieran estado desde el principio, no
hubieran provocado esa sacudida al encuentro. El Real se cosió
a los dos funambulistas a los que no es posible quitarles la pelota y volvieron a asomar Modric y Karim, en letargo hasta que
el balón les merodeó de nuevo. El campo se inclinó hacia el
Atlético y los miedos desaparecieron cuando el juego salió de
debajo de la cama, donde estaba enterrado con los fantasmas, los
complejos y toda la presión que este club y su entorno habían
ido poniendo sobre los jugadores desde hacía una década.

Isco, como sustituto de Khedira, estuvo perfecto en la ela-
boración y muy serio en cuestiones tácticas imperceptibles al
ojo humano, pero que son la diferencia entre el fracaso y la
victoria. No tiene el ángel de principio de temporada; dio igual.
El desborde lo pusieron Marcelo, Modric y Di María, que
entró en combustión en el último cuarto del encuentro y tuvo
una prórroga de serpiente y éxtasis que lo redimió de su caótico partido. Ya solo se jugaba en el campo del Madrid y había
una promesa de ocasión cada vez que se hilvanaban tres pases,
pero el Atlético seguía igual de fiero y bien plantado, sin fisu-

ras, sin oxígeno entre líneas y con el genio en el último gesto que abortaba el gol en las gargantas de los madridistas.

Más allá de la razón están Ramos y Marcelo. Su única patria, la mar. El fútbol, entendido sin compartimentos estancos; como si se levantara un sol nuevo, detrás de las montañas, y ellos, los jugadores de su estirpe, se abalanzaran cada mediodía sobre él. Si hay rayas en el césped, las pisarán todas. En el día corriente, su enigmática obcecación con una idea suprema que quieren plasmar a toda costa resulta irritante. porque son capaces de desacompasar la trama de pequeñas virtudes en que consiste un equipo. En el día señalado, cuando hay que cazar los títulos, ellos saltan al césped sin asomo de dudas y ponen todas sus capacidades al servicio de la victoria.

Y algo más. El genio.

Una esquina del talento que tiene algo de sobrenatural.

### Diez minutos agónicos

*«Modicai fidei, quare dubitasti?»*[15]

Cuando el Madrid parecía más cerca del gol, el Atlético volvió a la luz con una de sus morosas transiciones; que engañan, que dañan y que por su falsa lentitud desesperaron al madridista, que veía correr el tiempo entre burlas del Atleti que rozaban la portería. Se entró en los últimos diez minutos con una sensación extraña en el ambiente. Una sensación del fin del mundo para ambas hinchadas. Los atléticos veían los relojes blandos de Dalí y les parecía que en cada minuto entraba una glaciación. Los madridistas sentían el partido tan lejos y tan cerca, y querían abrazarse al desconocido de al lado; eran de repente manada que se despeña al vacío y quiere morir junto a los otros.

Isco y Modric le daban al partido un orden que se deshacía por momentos; Marcelo ponía el balón en el punto de no retorno y Ramos aparecía por cualquier parte para centrar y rematar a la vez, cosa que en su caso es perfectamente posible.

Pasaba ya el minuto ochenta y cinco y, de repente, toda la

---

15. Hombre de poca fe, ¿por qué has dudado? (Mateo 14:31).

parte madridista se preñó de fe. El silencio era la respuesta de los atléticos, paralizados de nuevo ante su destino. «¡Sí, se puede!», retumbaron los blancos. Hubo un centro de Ramos, y entre Cristiano y Karim dejaron escapar el gol por un suspiro. No era su momento. Carvajal (dueño de la banda durante la segunda parte, instalado en la aristocracia del fútbol desde Múnich) le dejó una pelota extraña a Isco, que representó en un giro la mímica de los artistas y, en boca de gol, le mordieron el balón. Otra llegada por banda y una pelota que se pasea por el área ante el pasmo de un estadio al borde del colapso.

El minuto noventa ya había pasado.

Todos los madridistas creían en el gol como si, solo con su fuerza, se pudiera materializar. Fue un córner. Aulló el fondo blanco sin un cántico claro, cada uno agarrado a su pasión, que era certeza. Antes de que volara Sergio Ramos, el partido ya estaba ganado.

El mismo salto que en Múnich, limpísimo, venido del origen del Madrid. La pelota picada siempre letal.

El gol cuando cae el telón.

El héroe que salva a la princesa cuando todo el edificio se derrumba.

El carácter intratable; la voz que se rompe y el estadio que se eleva unos metros sobre el nivel del mar.

### La certeza

«*Multi autem sunt vocati pauci vero electi.*»[16]

Cayó la prórroga encima de los jugadores, y pudo haberse ahorrado, porque no había duda de quién iba a llevarse el trofeo. El Atlético siguió unido por su disciplina táctica, buscando el milagro de los penaltis y luchando contra el crono. Salió Morata por Karim, y el ataque del Madrid se atrofió ligeramente. El canterano se ganó el pan con alguna recuperación que fue puro coraje; se la dio a Di María, que se montó en su tobogán y culebreó entre dos defensas con el balón despidien-

---

16. Muchos son los llamados, pocos los elegidos (Mateo 22:14).

do un brillo extraño. Irrumpió en el salón del área desatado y largó un zurdazo que con otro portero hubiera sido gol. Pero estaba Courtois y se estiró ante la muerte, con una parada de balonmano. El balón rebotó en su pie y silbó el aire con un tirabuzón perfecto. Llegaba Bale, acompañando la jugada, y se tensó hasta el límite para cabecear a la escuadra el balón, que había dejado una estela por toda el área del Atleti.

Fue un gol que era una certeza. El Madrid había ganado la Champions. Los atléticos bajaron la guardia y asaltaron sin medida el área de Casillas: recibieron una bofetada tras otra. El Madrid fue impío, como debe ser, y golpeó con brutalidad la portería rojiblanca: un gol magnífico de Marcelo, al que Di María hizo de chambelán (guiándolo hasta el interior del área) y una jugada final de Cristiano, al que derribaron haciéndole un penalti que nos devolvió el Ronaldo más arrabalero en la celebración. Músculos y bisutería, porque su partido no fue el mejor posible, y esos eran los minutos flácidos para el disfrute de los blancos y la pena de los atléticos.

El Madrid ya tiene su décima Copa de Europa y el mundo vestirá de blanco durante una semana. Florentino elevó sus brazos al cielo y con razón, porque el equipo es suyo, casi de autor, y esta victoria lo pone en el sitio de los grandes. Los atléticos salieron al frío lisboeta apenados, pero sin un peso dentro. Había pasado lo que todos esperaban y de la manera más dramática posible. Como a ellos les gusta.

De algún modo, todos felices.

Estas alegrías que te da el fútbol no te las regala ni la guerra, chico. Qué cosas.

**Real Madrid**: Casillas. Carvajal, Varane, Sergio Ramos, Coentrâo (Marcelo min 59). Modric, Khedira (Isco min 59), Di María. Bale, Cristiano, Benzema (Morata min 79).

**Atlético de Madrid**: Courtois. Juanfran, Godín, Miranda, Filipe Luis (Alderweilder min 83). Koke, Gabi, Tiago, Raúl García (Sosa min 65). Diego Costa (Adrián min 9), Villa.

**Goles**: 0-1 Godín (min 36); 1-1 Sergio Ramos (min 93); 2-1 Bale (min 110); 3-1 Marcelo (min 118); 4-1 Cristiano (min 120).

# 13

## San Juan Bautista: Zidane

*Zinédine Zidane, el exentrenador del Real Madrid
e icono eterno de la pureza después de su gol en la
Novena, era el brazo que utilizaba Florentino
para bautizar al nuevo madridismo. Se hablará
del último club, de los títulos que ha logrado
y de la mística del Madrid contemporáneo
sobre la faz de la Tierra.*

«**Y**o soy en primer lugar de La Castellane y Marsella. Amo Madrid, estoy contento de estar aquí. He estado aquí tres años y espero quedarme más. Pero estoy orgulloso de donde vengo y nunca olvido la gente con la que crecí. Adonde vaya, La Castellane es donde quiero volver. Aún es mi hogar. Es verdad que es una zona difícil. Pero hay una cultura especial allí. Creo que Marsella es probablemente un lugar como Liverpool, muy vibrante y muy duro […].

»Soy afortunado de venir de ese lugar. Eso te enseña no solo sobre fútbol, sino sobre la vida. Había un montón de niños de diferentes razas y familias pobres. La gente tenía que pelear para sobrevivir cada día. La música era importante. El fútbol era la parte fácil de todo el asunto.

»Es difícil de explicar, pero siento la necesidad de jugar intensamente cada día, pelear por cada partido duramente. Y ese deseo de no parar de luchar lo aprendí donde crecí. Para mí lo más importante es que sé quién soy. Cada día pienso de dónde vengo y todavía estoy orgulloso de ser quien soy:

primero un cabileño de La Castellane, después un argelino de Marsella, y finalmente un francés.»[17]

Es una jugada inexplicable: se llama la *roulette*. Un pie pisa la pelota, pero el otro se la lleva al tiempo que el cuerpo entero gira sobre sí mismo: un prodigio.

Zinédine Zidane (Marsella, 1972) la ejecutaba sobre la cancha a una velocidad endiablada, desorientando a sus rivales. Cuando pensaban que se dirigía a la derecha, en realidad hacía lo contrario, pero, ¡ah, no!, volvía otra vez al punto inicial. La hacía un hombre grande, un gigante con pies de niña. En los patios de las casas, en las calles y en los suburbios, los chavales se pasaban horas practicando. Querían imitarla. Querían ser como Zidane, ese jugador hechizado.

Es una jugada de un futbolista que mira desde muy atrás, con los ojos hundidos en sus altos pómulos, rocosos como las montañas de la Cabila de donde viene su familia.

Zidane posee la agilidad de un montañero del Atlas.

Y su misterio.

Ya sabemos que los que bajan de la montaña tienen ojos claros y pensamientos ocultos. Gente del norte. Y los orígenes de Zidane se encuentran en el norte de un país del sur en guerra permanente, Argelia; y él creció en el sur de un país del norte, Francia.

Todo eso encierra el enigma de Zidane.


15 de mayo del año del Señor de 2002, día de San Isidro Labrador, el patrono de Madrid que araba la tierra con ángeles. Zidane marca el gol contra el Bayer Leverkusen en Glasgow que da la Novena al Real Madrid, el mejor gol en una final de Champions, el gol que lo convierte instantáneamente en el profeta de una generación.

Fue una jugada atrabiliaria. Nacida del caos o, por lo menos, eso le pareció al profano. El Madrid había movido el balón con cierta indiferencia hasta que Roberto Carlos hizo una pared con Solari en el centro del campo y corrió como un

17. Zinédine Zidane en *The Guardian*, 4 de abril de 2004.

poseso hacia la luz. El argentino se la devolvió y el lateral madridista tiró un centro al área a ver qué pasaba. Una pelota altísima que cayó del cielo a cámara lenta. En la corona del área, donde viven los genios, se encontraba Zidane. Acomodó su cuerpo para la historia y le sacudió al balón en una volea perfecta que entró (cómo no) por la escuadra. Pareció una ficción rodada por especialistas, tal fue su perfección y su gracia. Y fue resumen de una época en el Real. Del desorden surgía el talento, y el azar era convertido en belleza.

Zidane había llegado al Real Madrid el 9 de julio de 2001.

El suyo fue un fichaje récord: setenta y dos millones de euros. Pero Zidane era más que eso. Era llevar de nuevo al Madrid al jugador más admirado. Al que tenía alas en los pies y bailaba a los contrarios. El francés había sido el mejor futbolista del año de la FIFA en 1998 y 2000, Balón de Oro en 1998 y de Plata en 2000. Y le había dado el triunfo a la selección de Francia en 1998, con dos goles de cabeza contra Brasil, en un Mundial de hormigón donde Zidane era gotas de talento enclaustrado. Eso le colocó en su país en el estrecho y dorado nicho de los mitos. Había grafitis y afiches con su cara por todas partes, los raperos de Marsella le dedicaban canciones, *Zizou President*, y la bandera de Argelia se vio ondear en los Campos Elíseos de París. Se desató una fiebre de amor.

Y se desató el odio, eso también: la extrema derecha de Jean Marie Le Pen publicó artículos en los medios protestando por los orígenes raciales de la selección francesa. Acusó al padre de Zidane de haber luchado junto a las tropas galas y contra su propio pueblo en la guerra de Argelia, lo acusó de haber sido un *harki*, el peor insulto posible para un argelino.

Zidane solo hizo una declaración: «Mi padre es argelino, orgulloso de quién es, y yo estoy orgulloso de que mi padre sea argelino. Lo único importante que tengo que decir es que mi padre nunca luchó contra su país».

### *«Desde el vientre de su madre será lleno del Espíritu Santo» (Lucas 1:15)*

Smaïl y Malika llegaron a París desde una remota aldea en

la Cabila. Pero los suburbios eran duros, auténticos guetos, y no había trabajo para más inmigrantes, así que finalmente se asentaron en Marsella a mediados de los años sesenta. Smaïl encontró un puesto en un almacén, donde hacía turnos a destajo, sobre todo de noche, para mantener a sus cinco hijos, cuatro varones y una niña.

«Mi padre me enseñó que un inmigrante debe trabajar el doble de duro que cualquier otro, y que nunca debe tirar la toalla», ha dicho Zidane.

Sus hijos pasaban gran parte del tiempo entre las calles de ese suburbio gris y abigarrado que era y es La Castellane, bloques de construcciones baratas en los bordes de la hermosa ciudad antigua de Marsella. Y daban patadas a un balón en la Place de la Tartane, que no era más que un rectángulo de hormigón inmenso y desangelado.

«Conocí el fútbol de la calle [...]. Lo que me permitió intentar cosas, inventar gestos... Estar con los amigos, con un balón y sin reglas, con la libertad de expresarnos como queríamos. Esa era nuestra vida.»

La historia de cómo pasó de la libertad de la calle a jugar con entrenador es la de casi todos los grandes futbolistas: lo ve en la Place de la Tartane un ojeador y lo capta para un equipo local; el chaval va ascendiendo en distintas agrupaciones hasta que a los trece años lo contratan en las categorías inferiores de un grande: en este caso, el Cannes. Y ahí caracolea a base de esfuerzo hasta la primera equipación.

A los diecisiete años debuta en la primera división francesa; empieza despacio, pero en la temporada 90/91 eclosiona. En el verano de 1992, lo ficha el Girondins de Burdeos por medio millón de euros. Un equipo medio con resultados medios. Pero ya ha entrado en la primera división francesa.

En España se descubre su genio una tarde en el Benito Villamarín, donde mete un gol desde cuarenta metros en la Copa de la UEFA 95/96. El mundo se para por un instante contemplando asombrado ese gol.

Algo ha sucedido. El Espíritu Santo ha descendido sobre el césped.

Esa fue la temporada del éxito y el regocijo para Zidane.

«Cuando el Señor cambió la suerte de Sion,
nos parecía que soñábamos:
nuestra boca se llenó de risas
y nuestros labios, de canciones.» (Salmo 126:1-2).

También fue el año la de subida a los altares dorados y barrocos del fútbol italiano: Giani Agnelli, el magnate de la Fiat forjado al viejo estilo Bernabéu, pero con el *sex appeal* de un Kennedy, posó sus ojos en él y dijo: «Lo compro para mi equipo». Y así sucedió. A finales de la primavera de 1996, Zidane se convirtió en «uno de los nuestros».

Para el jugador francés supuso la entrada en la casa de un dios desconocido. La Juventus de Turín tenía unas normas inamovibles, un espíritu de tercio romano bien entrenado y jerarquizado al que él no estaba acostumbrado. Acababan de conquistar su segunda Copa de Europa y su ambición no conocía límites. Eran los mejores y pretendían seguir siéndolo. Había normas para todo, los entrenos tenían horarios sin fin y los jugadores se movían sobre el césped como las legiones romanas: en bloque. Las individualidades no estaban permitidas. Marcelo Lippi, el técnico, no las permitía.

«En Italia se trabaja mucho, pero creo que la Juve es el club en el que más se trabaja. Las pretemporadas eran mi obsesión, la preparación daba pánico, pensar que durante tres semanas ibas a sufrir tanto. Porque la realidad es que nunca te recuperabas del todo. [...]», explicaría el francés años más tarde.

Zidane se adaptó y se profesionalizó al máximo. Su puesto era el de oficial de los genios: la mediapunta. Enganche entre la delantera y el centro del campo, surtía a todo el equipo de líneas de pase, de una referencia, y dominaba los tiempos con precisión. Aunque la estrella era Del Piero (guapo italiano que se fue quedando en los márgenes de la historia), los que conocen a los jugadores secretos adoraban a Zidane. Era un animal domesticado entre los estrechos pliegues de la táctica. Más adelante, en el Madrid, su talento se desplegaría como un mapa.

Al madridista no le interesa demasiado el resto del

mundo. Vive encerrado entre los muros de su estadio. En aquellos tiempos, antes de ganar la séptima Copa de Europa, se intuía que los grandes jugadores estaban en el exterior, en otros equipos con más dinero, en Italia, lugar donde vivía la nobleza del fútbol desde principios de los años ochenta. Al madridista solo le impresionan sus derrotas. El jugador que somete al Madrid pasa a ser una bestia, un mito, algo implacable y superior. Los demás, da igual su talento, son mirados con indiferencia. Y Zidane perdió la final de 1998 contra el Real Madrid.

El Real llevaba treinta y dos años sin ganar la Copa de Europa. Sin embargo, misteriosamente, todos los madridistas que había esparcidos por el mundo sentían que esa competición seguía siendo de su propiedad. Los demás no lo entendían, se mofaban del club y lo consideraban una vieja gloria que había ganado en el Antiguo Régimen, cuando la vida era en blanco y negro y España penaba en una dictadura de miles de años.

A mediados de los años noventa, con el dinero de las televisiones, Lorenzo Sanz (presidente del club) compra un equipo magnífico que ordena Fabio Capello sobre el césped. En 1998 consigue llegar a una final que le estaba vedada desde que perdió contra el Liverpool en 1981. Al otro lado estaba la Juventus, el gran equipo del continente. Sus estrellas eran mejores. Su juego, superior. Su táctica, un armazón de hierro y vértigo con Zidane como joya incrustada. El Madrid entró en la final con la cabeza gacha hasta que Fernando Hierro miró uno por uno a todos los delanteros del equipo italiano. Nuestro héroe, Zizou, fue el mejor jugador de los *bianconeri*, deslizándose por el centro del campo, siendo origen y final de casi todos los ataques juventinos.

No fue suficiente.

Al otro lado había un ansia superior. Mijatovic marcó con el alma un gol sutil que algunos todavía protestan al árbitro. El reguero de talento del francés no sirvió de nada. Los madridistas no cayeron en su embrujo. Estaban acostumbrados a jugadores más letales, menos ambiguos, y su estética les pareció un tanto vacía.

Eso no era cierto, pero no le pidan justicia a un hincha. El eco del marsellés llevaba años aproximándose a España. Se le veía un jugador de otro tiempo, como si a la imagen le hubieran sustraído fotogramas. Toreaba lento y amagaba hasta dejar el salón vacío de contrarios. Hacía cosas asombrosas, pero había perdido contra el Madrid. Y el hincha se encogía de hombros.

El jugador reservaba alguna parte secreta de su energía para la selección francesa. Y, como hemos dicho, es su victoria en el Mundial de 1998 lo que lo convierte en otra cosa. Francia sabe aupar a sus hombres. La serenidad de Zidane, su juego metafísico y la victoria le dieron al marsellés un aura de santo. Incluso tenía la coronilla pelada. Todo un indicio.

Después de estar en lo más alto, lo que viene después es bajar, aunque sea solo un par de escalones.

Y la Juve bajó. Y el francés, sometido a marcajes implacables por todos (absolutamente todos) los defensas de todos los equipos europeos, encadenaba lesiones y desesperación.

Hasta que sucede el milagro: la Biblia apócrifa cuenta en un versículo cómo reunidos los sumos sacerdotes de la UEFA en una lujosa casa de comidas (el Sporting Club de Montecarlo), san Pedro Floren dibuja unos símbolos en una servilleta, que hace rotar entre sus mensajeros secretamente hasta que arriba a las manos del jugador misterioso y con halo de predicador que se sienta unos bancos más allá: «*Do you want to play for Real Madrid?*».

Florentino no usó la más delicada y educada expresión, «*Would you like to play…*». No, fue directo como un rayo del Señor: a ver, ¿quieres o no?

Para Florentino, Zidane era parte de una estrategia global. Había empezado su mandato en 2000 con el polémico fichaje de Figo y quería seguir por la senda de las estrellas.

Para Zidane, significaba abandonar un equipo durísimo, que se encontraba de capa caída, y una ciudad, Turín, con un clima gris y centroeuropeo que jamás le había gustado.

Además, estaba la opinión de Veronique.

«Quiero tener a Zidane aquí hasta el final de su carrera, pero su mujer es la que manda. El problema es ella, y yo no puedo hacer nada al respecto», declararía Gianni Agnelli en abril de 1999.

### «El rey dijo a la muchacha: Pídeme lo que quisieres, que yo te lo daré.» (Marcos 6:22)

Veronique era una joven que estudiaba ballet en Cannes, hija de españoles, de boca pequeña, voz dulce, ojos verdes, larga melena castaña y una timidez envolvente. Veronique y Zinédine se conocieron en una cafetería de Cannes cuando los dos eran muy jóvenes.

«Cuando la vi, supe que ella era mi mujer y la madre de mis hijos», dijo Zidane.

Veronique cuenta: «No tenía ni 19 años. Como éramos tímidos los dos, no fue fácil... Necesito hacer deporte para expresarme porque soy bastante reservada. Nos gusta bailar en familia. [Risas.] Mi padre tenía dos hijas y todos los domingos intentaba llevarnos al fútbol y no había manera. Ahora siento verdadero interés, él [Zinédine] me ha enseñado a entenderlo. Su enorme paciencia [de Zinédine] a veces me saca de quicio. Incluso es demasiado amable. Creo que su éxito procede de su estabilidad familiar. Tiene mucho carácter, se trazó un camino en la vida y lo sigue. Ni él ni yo estamos hechos para la fama y el reconocimiento. Es un padre ejemplar [...]. Cuando los niños vuelven, juega con ellos. Compra ramos de flores, trae regalos sorpresa. Siempre que puede baña a los niños, los peina, los acuesta, les habla de su infancia. Él será el hombre de mi vida para siempre».[18]

Y Veronique quería ir a Madrid.

### El fútbol más puro: «El que tiene oídos, que oiga» (Mateo 11:15)

Los deseos de Veronique se cumplieron.

Pero España no esperaba a Zidane con los brazos abiertos. El Madrid, ganador de las Champions de 1998 y 2000,

---

18. En el documental *Como un sueño*.

era un Madrid de perros, puro hueso. Los jugadores sometían al juego sin exuberancia ni concesiones a la ciudad de los espejos. Arañaban los goles, que caían botando escaleras abajo, y rompían el partido por la mitad como hacen los tiranos con sus países preferidos: conociendo a su pueblo, conociendo las claves de su patria y obrando con realismo y crueldad. Nunca se vieron grandes goleadas ni fue la épica el género favorito de los niños. El 1-0 aprendido donde Capello valía para pasar a la siguiente pantalla; se ganaba silbando, con las manos en los bolsillos, aparentando ser menos y con la estrella de los aristócratas guardada en el bolsillo de la solapa. Cuando los contrarios intentaban meter la mano por debajo de la falda, se encontraban con un miembro amputado y un partido al que le quedaban treinta minutos de gangrena. Raúl, Hierro, Redondo y Roberto Carlos eran los lobos; si no querían, ahí no se jugaba ni un minuto más. Se escondía el balón en una caja, precintado en rondos, burlas, patadas, protestas y toneladas de inteligencia antigua, que es la que vale, porque a los aforismos de Heráclito nadie los ha derribado; se echaban cuentas en los túneles ocultos del Bernabéu. Y si la comisión decía que el resultado debía ser 1-1, ese sería el resultado final. No había delirios de grandeza, porque la grandeza se asumía que iba detrás del título, no en la palabrería y la chatarra de la prensa ni en las afirmaciones fantasiosas de los directivos.

Figo se había hecho sin problemas a ese Real. Su luz no era tan brillante, y el odio del Barcelona y de la prensa progresista (que detesta que el club blanco pongae en jaque el delicado equilibrio simbólico del Estado español) lo esculpieron inmediatamente como madridista. Pero a Zidane se le miraba con desconfianza. Con desconfianza y fascinación, como pasó más tarde con Cristiano, cualidades contradictorias que se hacen carne en un estadio murmurador y resabiado como el Bernabéu.

Antes de Florentino, todos los años de angustia desde la última Copa de Europa, y la verdad desértica de que el dinero estaba en otro sitio, crearon en el madridista un sentimiento de felicidad en el ayuno, de ser los reyes entre los hambrientos. Hidalgos que ganan sin estilo ni causa ni razón desde lo subterráneo del fútbol. Raúl ejemplificaba esa herida. Un señor que parecía venir de la posguerra, con una mirada torva y un trote de soldado mutilado, ni magia ni ternura, imposible de vender en un anuncio de Coca-Cola. Pues Raúl dominaba la Copa de Europa como ningún otro en su época. Con imaginación y carácter, haciendo de sus carencias virtudes monumentales. El Bernabéu adoraba eso, y el juego de Zidane, voluptuoso, era justo lo contrario.

En el verano del año 2001, cuando se supo del fichaje, el Real Madrid pasó a abrir los telediarios de todo el mundo. La última vez de esa efeméride la Unión Soviética mandaba perritos al espacio. El club blanco se convirtió en una marca global que se filtraba por cualquier rincón, y el Bernabéu se llenó de palcos donde una parte de la oligarquía mundial se contemplaba a sí misma reflejada en el campo.

Más allá de esto hay una verdad: los niños, principio y fin del tinglado, adoran a los magos, adoran los jugadores que tienen vía directa con el más allá y domestican el espacio, el tiempo y los objetos como hacen ellos cuando se ponen a soñar. Y Zidane era de esa estirpe, de la de Maradona, de la de George Best, de la de Cruyff. La primera vez que controló el balón en el Bernabéu, se hizo el silencio. Y todos siguieron la jugada sin atreverse a parpadear. Ya no era aquel «pero ¿quién es ese Zidane?» mascullado con altanería; era un ruego, era el «dásela a Zidane», dásela porque ocurren cosas que todos queremos ver.

Todos los que lo vieron en directo lo dicen: es la cumbre estética de este juego. Eso acabó galvanizando al propio Real Madrid y quizás, años después, en la temporada 2003-04, la mejor de Zidane como madridista, cuando el juego era plenamente suyo, murió la capacidad competitiva del Real. El equipo se ensimismó en la belleza. Y el fútbol es una muerte cada fin de semana.

Al principio, la gran pregunta que se hizo Del Bosque fue dónde colocarlo. Era un prodigio de ataque en un once plagado ya de atacantes (Figo, Raúl, Morientes…). Estuvo primero en la banda derecha, luego saltó a la contraria.

«Él tenía una posición falsa. En momentos podía aparecer por la izquierda, pero tenía libertad para moverse por todo el campo, porque estaba rodeado de gente como Raúl, Figo... Eran jugadores inteligentes, que estaban capacitados para no actuar en una posición fija [...]. Creo que fueron posiblemente los mejores años de su vida como futbolista», le dijo Del Bosque a Santiago Siguero en *Magia blanca*.

Esa temporada fue pobre en la Liga, pero rica en Champions. Dice la leyenda que los primeros meses le costaron mucho a Zidane. Su relación con el estadio no era buena. Dejó caer en una entrevista que le gustaba que le llamasen *Zizou*, su nombre de clan. Nadie lo hizo. El Bernabéu es inmune a la literatura burguesa sobre la *banlieue*. Por lo antes dicho, se le veía como un intruso que había traído demasiados focos a un estadio que se sabía con la verdad del fútbol, pero que detestaba secretamente el espectáculo. Su retórica hacía contener el aliento, aunque la listura de Raúl se seguía valorando como una cualidad definitivamente madridista. El francés todavía no era un jugador del Madrid.

En las semifinales de la Copa de Europa, el Real se enfrentaba con el Barcelona de Rivaldo y Guardiola. Un conjunto que se paseaba en la Liga y que era considerado el favorito de ese año. Zidane se mueve por el campo como un aristócrata y hace levitar al madridismo con una vaselina lenta que remata definitivamente al equipo azulgrana. En un lance del juego, se enfrenta a Luis Enrique, jugador que traicionó al Madrid y era odiado a conciencia, y le coge de la cara con tal ansia que le dejó para siempre una mueca de disgusto. Zidane era lo santo, pero también lo terrible. No convenía enfadarle, y esa mezcla de virtudes prendió en el madridismo, que comenzó a verlo como uno de ellos.

Más tarde llegó la final. Los blancos ganaron 2-1 al Bayern Leverkusen y Zidane trascendió su cuerpo mortal con ese gol de volea. Ese gesto repetido hasta el infinito por las televisiones cambió la historia moderna del club blanco y el lugar del francés en el imaginario madridista. El Madrid pasó a ser el club de los grandes cracs (como con Bernabéu) y se paseaba por el mundo para conquistarlo, para ser admirado y odiado, para provocar una fascinación que se traducía fácilmente en dinero. Y Zidane era el símbolo del club y lo que los madridistas comenzaron a pedirle al siguiente fichaje: un juego inmaculado, infinita humildad y fiereza con los contrarios.

Ese silencio casi ascético de Zidane, que al principio resultó indiferente, se tomó a partir de entonces como genuflexión a la camiseta blanca. Se le pide al jugador blanco algo parecido a lo que se le pide al creyente. Reverencia y sumisión ante una idea superior: el Madrid, noción ejecutada a través de los acantilados del Bernabéu. Y el francés lo sintió así hasta convertirse casi en un concepto. Sus declaraciones, su recogimiento, su felicidad con la camiseta blanca y también después, cuando se sentó en el banquillo, van en esa dirección. Zidane se siente traspasado por la mística del Madrid, la siente como suya y es su embajador por el mundo.

En los jugadores con herencia norteafricana y cuya religión es la islámica, se encuentra lo más puro del fútbol. El mayor de los respetos por el juego y por la estética. Una suavidad, una dulzura y una estilización en las formas que no es posible encontrar en otra parte. Karim Benzema, Mesut Özil, Frédéric Kanouté, Zinédine Zidane son una cumbre. Y en todos ellos se encuentran rasgos comunes, una sublimación del gesto difícil de explicar, pero que inunda a sus equipos de punta a cabo.

### La dignidad y el error

El Bernabéu es silencioso como el fondo del mar, y como el fondo del mar está lleno de buques enormes desguazados. En la temporada 2003-2004 pasó lo que medio planeta esperaba. El hundimiento magnífico de los galácticos. El fichaje de Beckham desequilibró al equipo arrojándolo al baúl de los lugares comunes. El Real ya era lo que se murmuraba en la calle: un grupo de príncipes encantados sin interés por la intendencia del palacio. Durante todo el año, el juego fue un equilibrio entre el arte y el absurdo. Una plantilla de trece jugadores que defendía con el miedo de los contrarios, con la tiranía en el juego que provocaban Zidane y Ronaldo cuando encontraban el resquicio. Un equipo donde la razón la ponía Guti, y el sentido común, Raúl; sembrado de belleza con un mecanismo sin orden aparente. El milagro duró hasta que, en la final de Copa, el Zaragoza ganó el encuentro, echó abajo las máscaras y, a partir de ahí, se le perdió el respeto a los patricios.

Después, solo derrotas y frío, consternación y culpa.

Y así hasta que Zidane dijo basta y su época terminó: «Tengo que escuchar a mi cuerpo y aceptar que no puedo seguir otro año [...]. Me voy. Lo dejo todo, selección [francesa] y club. Se acaba mi carrera profesional al más alto nivel. Mi decisión ha sido reflexionada con madurez. Es definitiva y absoluta. Lo dejo tras el Mundial, aunque resulte extraño decirlo poco antes de que comience. Anunciar mi retirada me alivia. Me quito un peso de encima. Es mi cuerpo el que ha motivado mi decisión. No puedo arrancarle un año más. No quiero empezar otra temporada para jugar como en esta o como en la pasada. Llevamos dos años sin títulos y es decepcionante. Y sabemos que en un club como el Real Madrid son los resultados los que mandan [...]. No podía hacerlo mejor que lo que hice tiempo atrás. Y con mi edad es cada vez más difícil», dice Zidane el 25 de abril de 2006, en una entrevista en Canal+ Francia.

Unas semanas más tarde, el 7 de mayo, Zidane recibe una despedida atípica en el Bernabéu. Es su último partido y es contra el Villarreal. Termina 3-3. El club blanco juega con una leyenda impresa en su camiseta «Zidane 2001-2006». Riquelme afirma el día antes: «Cada vez que el francés toma el balón, yo miro y aprendo».

Allí está su familia: sus padres, sus hermanos y su hermana, su mujer y sus cuatro hijos. Pancartas con el nombre de Zizou, gritos, aplausos desaforados cuando el francés marca un gol de cabeza. En el minuto noventa se quita la camiseta del número 5 y se la pasa a Riquelme. Entonces los jugadores lo empujan al campo para que salga a despedirse. Se desata el frenesí, su mujer llora, las presentadoras de televisión lloran, los jugadores lloran. Zidane llora.

Hay pocos jugadores que se hayan despedido así: con esa elegancia. Que hayan decidido abandonar la cancha silenciosamente, sin aspavientos, antes de que les obligaran a abandonarla. Y más cuando le quedaba aún otra temporada de contrato, otros seis millones de euros, que ni siquiera reclamó al Madrid.

Y, sin embargo, no fue su despedida del Madrid lo que quedó para la posteridad, sino su despedida (aciaga) de la selección francesa.

El cabezazo a Marco Materazzi el 9 de julio de 2006 en el partido en el que Italia se impuso a Francia en los penaltis por 5-3.

En el minuto ciento ocho de la prórroga, Materazzi marca al francés, lo agarra incluso; Zidane se escurre, pero no hay manera: el italiano le habla, mientras el francés se aleja asqueado hasta que, de pronto, se da la vuelta, agacha la cabeza y le propina un cabezazo en el pecho a su contrario, quien se desploma sobre el césped.

Tarjeta Roja. Pitada monumental. Punto final de la carrera de Zidane.

«No es una excusa. Pero mi madre estaba enferma… en el hospital. Esto la gente no lo sabía. Pero era un mal momento para mí […]. Más de una vez insultaron a mi madre y nunca contesté. Pero ahí…», explicaría Zidane años después.

Y también: «Pido perdón al fútbol, a la afición, al equipo… Después del partido entré en el vestuario y les dije: "Perdonadme" […]. Pero a él [Materazzi] no puedo. Nunca, nunca, nunca. Sería deshonrarme. Prefiero morir».

Ese campeonato con su selección fue su apogeo. Tenía el físico de un jubilado y los ademanes de un pintor renacentista. Desde su victoria contra la selección española (nuestra prensa lo ninguneó, lo tachó de viejo y caduco, hirió sus sentimientos), se echó a su selección al hombro y dominó cada partido como solo lo ha hecho Diego Maradona. Cada jugada nacía de un control imposible seguido de un quiebro. Cada ocasión venía antecedida de un soplo del marsellés. Cada gol tenía su firma, en el pase o en el disparo. Todo lo que él fue, está en ese torneo. Y acabó vengando su sangre, porque Zidane es lo contrario a lo banal. Lo suyo es trascendente y sentido, y así se muestra ante el mundo.

«Nadie sabe si Zidane es un ángel o un demonio. Sonríe como santa Teresa y te mira como un *serial killer*», afirma el célebre roquero francés Jean-Louis Murat.

### *«Yo soy la voz que clama en el desierto: Enderezad el camino del Señor»*

«Y le preguntaron: ¿Qué pues? ¿Eres tú Elías? Dijo: No soy. ¿Eres tú el profeta? Y respondió: No.

Dijéronle: ¿Pues quién eres? Para que demos respuesta a los que nos enviaron. ¿Qué dices de ti mismo?

Dijo: Yo soy la voz del que clama en el desierto: Enderezad el camino del Señor, como dijo Isaías profeta.» (Juan 1:21-23)

«Como entrenador estoy empezando. Seré mejor paso a paso. Claro que ha habido ofrecimientos para entrenar a equipos en primera. Pero lo quiero hacer bien y no solo obtener un puesto por mi pasado, sino por mi conocimiento, y ese proceso de aprendizaje necesita tiempo», explicaba Zidane a *Die Welt an Sontag* en febrero de 2015.

En 2014, Zidane se convierte en entrenador del primer filial del Real Madrid, el Castilla, y a todos les sorprende esa decisión. Había pasado brevemente por la primera categoría como ayudante de Ancelotti y ahora retrocedía. ¿El gran Zizou entrenador de adolescentes?

Zidane siempre se ha tomado las cosas con profundidad. La superficialidad no está en su libro de estilo. Si tenía que ser entrenador, debía empezar desde muy abajo.

Además, estaba el tema de sus hijos. Sus hijos como futuros futbolistas. Enzo, de veintitrés años, en el Castilla hasta enero de 2018 con el nombre de Enzo Fernández, ahora en el Rayo Majadahonda; Luca, de veinte, también en el Castilla; y Théo (15) y Élyaz (12), ambos en las categorías inferiores del Real Madrid.

¿Quería aprender cómo entrenarlos?

Todo en Zizou es un misterio, el misterio del ermitaño que apenas concede entrevistas ni da pistas sobre su vida: en las redes sociales prácticamente no existe y rara vez cuelga fotos de su familia. El francés esconde su brillo bajo su apariencia de predicador.

Zidane es el silencio, sí, pero está irremediablemente cercado por el ruido.

Al arribar al Castilla, una parte del estamento español se le puso en contra. Del estamento de entrenadores, periodistas y guardianes de la moral pública. Al parecer no tenía el título de entrenador en España o no se lo habían convalidado. «¿Quién es ese Zidane?», se volvía a decir con sorna.

Ese tal Zidane estuvo año y medio entrenando al Castilla. Allí se fogueó y conoció España con la mirada a la altura de un hombre, porque estar en un club grande es conocerla a vista de pájaro. El marsellés no cumple los requisitos (campechanía y colegueo) que se le piden al extranjero para ser considerado un igual. Su aura impenetrable le expulsaba de la vida social española. Era visto como un ente extraño, indescifrable y ajeno. Y llegó su momento.

Cuando, el 4 de enero de 2016, Florentino anunció al mundo que *bye, bye*, Rafa Benítez, *welcome* Zidane («una de las figuras más grandes de la historia del fútbol»), nadie sabía qué se podía esperar con ese cambio. La mayor parte de la prensa deportiva aguardaba un descalabro monumental. El Madrid parecía un equipo cansado y saciado después de la Décima. Cristiano había comenzado su declive físico. Ramos y Modric sobrepasaban los treinta años. La plantilla rebosaba calidad, pero no frescura, y el ambiente olía a decadencia, a desplome sostenido.

Lo primero que hizo el francés fue devolver la pelota a los jugadores. Ese fue su plan. El más sencillo de todos.

En rueda de prensa se presentaba tal como había sido: místico e infantil. «Hoy es martes», decía, y era una verdad irrebatible. Su media sonrisa tranquilizaba al madridista y desarmaba a la prensa. Las preguntas inquisitivas las rodeaba de silencio, las dejaba marchitarse y se encogía de hombros. «Al final, las cosas son como son y vienen como vienen.» Y el Madrid comenzaba a encadenar victorias.

«El fútbol es sencillo, ¿sabes?»

Ese proyecto, magnífico con la pelota, rápidamente se reveló como un camino errado. Zidane tuvo que echar mano del brasileño Casemiro, centrocampista de choque que estaba en el fondo de la plantilla. Parecía que había traicionado su propia idea, pero no había tiempo para armar un conjunto exquisito. Tenían que defender (todos juntos), marcar los goles (las estrellas) y tocarla mucho (los mediocampistas). El juego era rácano, pero no banal. El equipo había recuperado la fe. Y eso era obra de Zidane.

El excesivo esfuerzo y la excesiva disciplina te alejan de la victoria. El marsellés aprendió a huir de las tácticas militares de la Juve, pero asimiló la solidaridad como valor fundamental. Se corre para huir del miedo; pero si te quedas parado, estás muerto. Con miedo no se gana, se resiste, y Zidane estaba construyendo un equipo ganador. Tenía una generación magnífica que quería cobrar sus deudas, cuyos miembros se sentían por encima de lo conseguido hasta entonces, y debía construir un armazón a su altura. Pero esa primera temporada solo tenía tiempo para vencer.

Era la fe.

La fe en que la victoria les pertenecía no por ser el equipo de Cristiano Ronaldo, sino por ser el Madrid. Zidane los miraba, y ellos confiaban. En los meses de abril y mayo de 2016, el cambio en la mentalidad había llegado a su fin. El Madrid era un equipo deslavazado, aunque mentalmente indestructible. Ganan al Barça con uno menos y le ponen contra las cuerdas hasta el último partido. Y ganan la final de la Champions contra el Atlético en los penaltis. Lucas Vázquez acercándose al punto fatal mientras le da vueltas al balón sobre un dedo fue la imagen del partido. Al otro lado, los atléticos resoplaban, cerraban los puños, hacían crujir las mandíbulas. El Madrid creía de verdad, sin artificios, que eran mejores y que el triunfo les estaba predestinado. Y aún no lo eran, pero por eso mismo la victoria les llegó. Y solo era el principio.

Abel Rojas, en *Ecosdelbalón.com* cuenta: «Zidane fue presentado en el Santiago Bernabéu en el verano de 2001 en calidad de mito viviente, y habla del club blanco como si le hubiera enseñado todo, casi como si le debiera la vida. Está enamorado del madridismo, lo percibe como una oportunidad, como un regalo, que se brinda para ser feliz y ser mejor. Cada una de sus decisiones se encamina a potenciar esa idea de que la clave es el propio Real: jugarse la Liga con el once suplente, limitar a Cristiano a veinticinco goles, quitarse importancia a sí mismo, aunque sepa que está escribiendo historia. Todo lo que hace lo hace para reforzar el mensaje en el que cree y en el que, en perspectiva, debe creerse: la gran estrella del Real Madrid es el Real Madrid».

Sobre estas ideas, Zinédine edifica la temporada 2016/2017. Para llevarlas a cabo necesita una plantilla ancha y de un nivel irreal. Y eso existe. Desde el segundo advenimiento de Florentino, ha habido un proceso de decantación en el que los jugadores más duros mentalmente y con un talento más amplio (y más compatible con Cristiano) han sobrevivido. El resto navega por otros clubs, por otras aguas, menos brillantes, menos traicioneras.

Primera reflexión de Zidane: vivió el colapso de los galácticos y entendió que las rotaciones eran fundamentales.

Segunda reflexión: vivió la frustración de la segunda temporada de Ancelotti y supo cuáles eran los males del Madrid en la época Florentino. El exceso de engolamiento y de propaganda que afecta a la entidad y a la plantilla cuando el juego es excelso y se encadenan varias victorias o títulos seguidos. El acto siguiente es el desplome, porque la tensión desaparece y la construcción se revela vacía. Y vuelta a empezar.

Conclusión: Zidane echa agua sobre unos azulejos y, según la mancha que va dejando en ellos, estructura el equipo. O eso parece. La táctica llega donde no llega el talento, y el club blanco tiene demasiados jugadores con un talento superior. Así que andan por el campo de forma libérrima, lo que induce al analista a pensar que el Real no es un equipo trabajado. Es mentira, ya que las pequeñas asociaciones y los diálogos entre jugadores que conforman un equipo son tan naturales en el Madrid del marsellés que todo parece ocurrir por azar. Los jugadores jamás miran al banquillo, la solución la llevan dentro. Eso los ha empoderado hasta el límite, y esa libertad la ha «impuesto» el entrenador.

Al francés le preguntan en rueda de prensa quién es mejor, si Cristiano o él. Se ríe y responde sin ambigüedades: «Cristiano es mejor». Ronaldo está cerca y cabecea de gusto. Desde su pedestal no se deja dominar por nadie, pero atiende a razones cuando el que le habla está a su altura. Y Zidane lo está. Zidane lo convence para lo más difícil: para la humildad. Humildad no en lo accesorio (gestos y declaraciones), humildad en el juego, sobre el césped. Lo convence para que no arrastre y precipite al equipo. Lo convence para que sea el culmen de las jugadas. Unidos venceremos, como aquel primer equipo de Di Stéfano.

Unidos venceremos.

La temporada termina con un fundido a blanco.

El Madrid gana por primera vez desde 1958 la Liga y la Champions. Nadie sabe muy bien cómo, más allá de la explicación corta: Cristiano Ronaldo. En este equipo conviven todos los rasgos del creador: el que gana contra la noche. El corajudo y el ansias sin más plan que la conquista. El lleno de hidalgos y príncipes que atan y desatan el partido a conveniencia. El que se deja mecer por vagancia, condescendencia o por curiosear en la humillación. El dominante que se estrella. El dominado que encuentra la victoria en la magia. El ausente, el irritante, el arremangado, el castizo y el que lo controla todo hasta la última gota. Ese último es el más extraño, el que se vio en la segunda parte de la final de Cardiff del 3 de junio de 2017, y es el que construye memoria.

El hecho de no tener un estilo claro y conciso, de dejar a los contrarios arribar a su portería, hace que al Madrid, a pesar de su fama planetaria, casi nunca se le considere favorito.

El Bernabéu es el estadio más poderoso del mundo porque marca a fuego a sus jugadores hasta doblegarlos y convertirlos en madridistas. Por eso el Madrid nunca es un equipo perfecto. En realidad, no existe la perfección, pero sí aproximaciones (Milan de Sacchi, Barça de Pep). Hay una impresión cercana: por su totalitarismo, por una presión llevada al extremo, por un estilo que parece definitivo de tan marcado, porque no le dan tregua al oponente y no parece posible ni siquiera soñar con la victoria; además, esos equipos los puedes explicar. El Madrid nunca ha tenido eso. Le encanta el dramatismo porque el Bernabéu ama el riesgo y la épica. Cualquier equipo que se enfrente al Madrid tiene libertad, aunque acabe vencido. Nunca hay impresión de absoluto. Y este equipo de Zidane es la quintaesencia del Real Madrid.

Y Florentino lo sabe.

Está enamorado de Zidane. Su gesto se relaja en su presencia. El entrenador le obsequia con su media sonrisa y el presidente le rodea con el brazo. Florentino busca en un madridista lo que el francés irradia, lo que el francés representa. Alguien que fascine desde la superioridad futbolística y estética. Alguien noble que se deje conducir y que sea leal con la camiseta blanca. El francés se mueve con la misma parsimonia por los interiores del Bernabéu que por el césped. Los cables de acero que tiende Florentino (respeto a las grandes figuras), Zidane los esquiva con gracia y con la mirada fija en el objetivo. Cualquier tensión que haya entre ellos se disipa con una palmada del *presi* y con la verdad de los hechos: el galo tiene razón, sus decisiones siempre se revelan acertadas.

En 2018, después de una temporada de una meticulosa descomposición donde todos los pasos que Zidane había abierto en el equipo se han evaporado, llega el éxtasis seco de la Copa de Europa (de la que hemos hablado ya). Es una enorme victoria, pero Zidane sabe que el lago maravilloso rodeado de montañas es una postal falsa y hay un cadáver en el fondo. Reúne a los medios y, con Florentino presente, anuncia su partida el 31 de mayo de 2018: «Tomé la decisión de no seguir el próximo año en el cargo de entrenador del Real Madrid. Creo que es el momento para mí, para la plantilla y para el club. Sé que es raro, pero había que hacerlo en este momento [...]. Este equipo debe seguir ganando y para eso necesita un cambio. Después de tres años necesita otro discurso, otra metodología de trabajo. Por eso tomé esta decisión. Quiero mucho al club y al presidente, que me ha dado la oportunidad. Estaré agradecido toda mi vida, pero hoy es el momento de cambiar».

Y está en lo cierto y es el único que va delante del Señor

para preparar sus caminos: ve con claridad lo que otros solo intuyen de manera oscura. Que el Madrid necesita algo que él ya no le puede dar.

Zidane saluda con la mano y se va con esa media sonrisa que nadie sabe lo que significa.

«En verdad os digo que entre los nacidos de mujer no ha aparecido uno más grande que san Juan Bautista.» (Mateo 11:11)

# 14

## Lucifer y los demonios menores

*Antagonistas del Real Madrid ha habido muchos:*
*Menotti, por ejemplo, inicia un relato argentino*
*de división ideológica en el fútbol que atravesó*
*al madridismo de punta a cabo. Pero solo un hombre,*
*Pep Guardiola, ha conseguido atemorizar al club*
*y sumirlo en la oscuridad. Inmaculado como un*
*ángel, junto con su brazo armado, Leo Messi, llevó*
*al madridismo a la desesperación y señoreó el fútbol*
*europeo durante cuatro largos años en los que los*
*blancos fueron arrojados al rincón de los malditos.*

«Hubo una batalla en el Cielo: Miguel y sus ángeles peleaban con el dragón, y peleó el dragón y sus ángeles, y no pudieron triunfar ni fue hallado su lugar en el Cielo». (Apocalipsis 12:7-8)

### El Atlético del Cholo Simeone

Madrid. Un poblachón en medio de la nada que no tiene más remedio que darse a sus clubs de fútbol para adquirir una identidad. O eso, o el Parlamento. Y como espectáculo, el fútbol supera a la política porque sus contendientes son jóvenes, hermosos, rápidos y solo juegan para ganar. Y, en el fútbol, la identificación es instantánea y para toda la vida. Señoras y señores: ¡Real Madrid *versus* Atlético de Madrid!

¿De qué se nutren sus símbolos? ¿Cuál es el contexto de su rivalidad?

### El club más afamado de la historia contra el Pupas

«El Pupas», apelativo cariñoso (todo en el Atleti es cariñoso) con que se conocía al Atlético hasta hace nada.

El club rojiblanco tenía una interesante historia cuando el Real Madrid de Bernabéu le pisó el sitio a partir de 1953. En aquel momento, el Atlético superaba al Real en Ligas, Copas y fervor de la afición madrileña.

Santiago Bernabéu se trajo a Di Stéfano de Argentina y revolucionó la historia del fútbol. El Real se montó en un caballo gigante y ganó las cinco primeras ediciones de la Copa de Europa. En una España acomplejada y mísera, eso elevó al club blanco a la altura de gran mito nacional. A partir de entonces y hasta que el Estado de las autonomías la tomó con el centralismo, nadie osó tocar al equipo merengue. Sus jugadores eran mejores, inmaculados y perfectos, y las decisiones del estamento arbitral caían mágicamente de su lado.

Todo club que se enfrentara al Madrid jugaba en campo contrario.

España entera, excepto las provincias rebeldes, era madridista, y el Atleti se resignó a tener una posición subalterna en el mapa del fútbol, pero no en su ciudad, donde siempre ha reinado, si no en número, sí en presencia en las calles, en extraversión y en capacidad de provocar la simpatía general.

### Merengues contra colchoneros

La camiseta blanca, inmaculada, del Real, color que odian las madres porque no es sufrido, provoca en los rivales un miedo tenebroso. El del Ángel Caído.

Los mejores momentos de este equipo dan la impresión de venir de algo previo al fútbol; todo carácter, clase y convicción. Una crueldad castiza que se encarnó como nadie en Cristiano Ronaldo.

Los atléticos tienen una equipación de rayas rojas y blancas. Quizá los colores que más se dan entre cualquier club. Se construyó como una franquicia del Athletic de Bilbao, aunque rápidamente se deshizo de ese trauma. Los atléticos se reconocen en cualquier parte. Suelen respirar a la contra, y su gracejo le salva de la obviedad del triunfo. Sacan a la mínima su camiseta y amargan la vida a los madridistas en la batalla diaria. Los bares y las oficinas son suyos. Maestros de la humorada no respetan ni un gramo de la historia del Real, lo que saca de quicio a los aficionados blancos, más rígidos y graves, como si tuvieran conciencia de su misión salvadora (o destructora).

En los últimos tiempos se han cambiado ligeramente las tornas. El aficionado atlético se ha disciplinado y mira el futuro con aires de prócer. Simeone los ha convencido de que las grandes gestas pueden comenzar cada día con el sonido del despertador.

Los madridistas, después de que Mourinho pusiera patas arriba el club, después de que Guardiola reinara en España y se vieran por primera vez como enemigos en su propio feudo (la selección), han desarrollado un sentido del humor paródico y un sentido de pertenencia más intenso por verse atacados desde tantos frentes.

## Aquí no hay quien viva *contra* Juego de tronos

El Madrid gana para no perder, para ir acumulando victorias y estadísticas que le ofrezcan algo parecido a la inmortalidad. No hay razón más allá de la victoria, algo que se entiende en cualquier parte del mundo, especialmente por aquellos que solo han conocido la derrota.

«El Madrid gana por todos nosotros», podía ser el lema de una religión: la blanca.

La Décima ganada al Atlético significó casi el final de una era en el fútbol. Los madridistas sintieron el interior repleto de trofeos, daban ganas de hundirse en el océano y desaparecer para siempre.

Nunca, siempre, victoria, derrota, leyenda y mito. Palabras tan grandes que son agotadoras. Como el blanco de la camiseta: la nada o lo absoluto. Esa es la apuesta.

El Atlético es un club de andar por casa. Sus presidentes llevan la campechanía por bandera y, en ocasiones, no ocultan su sinvergonzonería o su corrupción: son humanos. La afición sufre y llora, canta alegre en las victorias y se abraza emocionada en las derrotas. Insulta a su club de vez en cuando, es brutal y con gracejo, alejada de cualquier beatería, quiere ganar, pero sobre todo está encantada con ser.

La amplia clase media-baja que transita Madrid de punta a cabo (taxistas, camareros, profesiones manuales) es del Atlético, y lo es de una forma más profunda que la del madridista. «Eso» es su identidad, y dentro de «eso» está llevarle la contraria al poder: el Real Madrid. La picaresca está permitida; el dinero en negro es ley.

El madridista otea el horizonte desde su caballo y apenas si repara en el Atlético, perro mil razas que le ladra a sus pies. Esa indiferencia (a veces impostada) saca de quicio al Atlético, siempre dispuesto a la batalla y muy dado a la superioridad moral. Ellos son la verdad de la calle contra la verdad de los bancos, que, al parecer, representa el Madrid.

En el palco del Real está la flor y nata del gran menjunje español: grandes empresarios desorejados, señorones del Ibex, mandatarios extranjeros de dictaduras repletas de petróleo, Aznar, el cantante de ópera más grande del mundo, famosos elegidos al azar y gente anónima que pronto pasará por los juzgados. No hay decisión del Madrid que no se mire con la inquina de la política, y muchas veces las aguas están mezcladas.

En el Atleti, todo es dos niveles más bajo. Empresarios de andar por casa, constructores de provincias, flamenquillos con escaso éxito y algún que otro subsecretario. Y su representante oficial es Joaquín Sabina, maestro canalla que canta a una derrota de fin de semana.

### Don Fútbol

El Atlético de Madrid perdió en la década de los setenta su primera final de Copa de Europa. Fue contra el demoniaco Bayern de Múnich, con un trallazo absurdo desde medio kilómetro que empató un partido que los atléticos creían ganado. Luego hubo desempate: los alemanes los masacraron. La espina quedó ahí, infectada: «el Pupas».

Hace cuatro años, los rojiblancos, ya sometidos a la mecanización emocional del Cholo Simeone, llegaron a una final contra el Real Madrid. En Lisboa. Iker salió a por uvas en un córner y Godín, el uruguayo que cobra las cuentas, metió un gol lento y mordido que entró en la portería con la ambigüedad exasperante de una pesadilla. Todo el partido fue un remar cuesta arriba del Real, contra un Atlético feliz en su zona de resistencia. Más allá del minuto noventa hubo un córner. Apenas faltaba un minuto y medio para el final. Ramos, el jugador que enlaza al madridismo con su pasado más autoritario, se elevó sobre cada espectador y cabeceó un balón que solo podía salvar al mundo o destruirlo. El Real llegó vivo a la prórroga, donde arrasó al Atlético vencido, pero no humillado, que clamó venganza.

Dos años después, el Atlético tuvo un camino de espinas hasta llegar a la final contra el Madrid. De los blancos se dijo que el sorteo los había beneficiado y que apenas eran un equipo en construcción. «No juegan a nada», sonó en todas las emisoras. Tras un partido tenso llegaron los penaltis. El último correspondía al lateral diestro, Juanfran. Se enfrentó a la pena máxima con cara de consternación. El portero madridista paró el balón y el mundo se inflamó de nuevo del deseo voluptuoso madridista.

«El Atleti se lo merece», decían los incautos. «El fútbol le debe una», exclamaban a coro exjugadores y exentrenadores que no llegaron a palacio (Real Madrid); políticos de izquierdas que aprovechan el tiro para hacer campaña, escritores, poetas y hombres de la calle que confunden su situación personal con la de su equipo. Pero el fútbol es ciego como la naturaleza e injusto como los niños en el patio.

Y el Atlético volvía a caer frente al adversario que más odiaba.

Un año después se repitió la historia en semifinales. Cristiano marcó con su falta de compasión habitual y el Madrid pasaba sin agobios a la final.

En la temporada siguiente (2017-18), el Atlético ni siquiera superó la fase de grupos en Europa.

El Madrid lo había destruido.

## *Menotti*

«No escuchéis, pues, a vuestros profetas, a vuestros adivinos, a vuestros soñadores, a vuestros astrólogos y a vuestros encantadores [...]» (Jeremías 27:9)

César Luis Menotti (Rosario, Argentina, 1938): inventor del menottismo.

Convirtió el fútbol en un dilema moral. Le dio palabra a la dicotomía que frecuentemente asoma en la cancha. Dejó dicho que existe un fútbol de izquierdas y un fútbol de derechas. Marxista reconocido, ganó el Mundial 78 para la Argentina gobernada por el tirano Videla. Un Campeonato del Mundo ganado a la fuerza con la trampa por delante; donde llovían papelitos en la cancha a diez cuadras de un centro de tortura interdisciplinar. Ese Mundial, del que salió indemne, fue su última aportación al fútbol. A partir de ahí, su figura de oráculo, de hombre relajado e irónico que conoce el trasunto real de las cosas, se comió al entrenador. Llegó a España a través del F. C. Barcelona y fue un advenimiento. Inmediatamente, tuvo partidarios y detractores. Enriqueció la pobre cultura táctica del español medio y durante un lustro se habló del «achique» de espacios como remedio infalible para los males de la nación. Fue una figura popular ridiculizada por los representantes del casticismo español, pues da a la perfección el tipo de vividor suramericano.

Menotti entrenador: viene de la vieja tradición católica de la puesta en escena, en la que los hechos no cuentan y el mundo se parte en un juicio de intenciones. Su llegada en los albores del socialismo español lo convirtió en un mito instantáneo para todos los que necesitan de una raya en la arena. De la mano de poetas y artistas, rodeado de hombres puros, da la impresión de que toda su trayectoria es una huida de los *milicos*. Sus frases tienen el poder narcótico de lo sagrado, de lo deliberadamente profundo.

En el Barcelona demostró una maestría en el concepto que no se tradujo en el césped; y en el Atlético de Madrid fulminó a su rival por un 4-0 del que todavía se acuerda. Es, pues, un antimadridista de la rama constructiva. Ya que el Madrid se apartó de la trayectoria virtuosa hace décadas, Menotti informa de su *dolo* y da los consejos justos para volver al recto camino.

Menotti ideólogo: quizás el más importante que ha dado el fútbol.

O, por lo menos, el más exhibicionista, el más reconocido y el que ha tenido una influencia más amplia. Sus ideas eran claras, no así el fútbol de sus equipos, y estaban conectadas al simulacro general de su país. En Argentina, la palabra crea la realidad y hay una fe conmovedora en eso. La realidad no está terminada y plantada desde la Antigüedad como en Europa. Así la representación (el juego, la literatura) se hace carne y está en el centro de la vida. El fútbol es constructor de identidad y densa maraña de símbolos. Menotti los separa y los encauza. Conecta lo que ocurre en el césped con lo que ocurre en la calle o en los salones del poder.

En España había una generación que necesitaba sentir el fútbol de una manera más plástica y agradable, despojada como se ha dicho muchas veces de «corsés tácticos» y de la furia española más o menos decadente, como si esas expresiones fueran una deriva de la dictadura franquista. Hay una izquierda suave en el fondo y fundamentalista en las formas (los progres), que incrustan el menottismo en su modo de vida, para así tener el cuadro completo. Buen trato de la pelota con los jugadores fluyendo por el ataque de forma natural; el mismo juego como fin último por encima del resultado. Y una idea, una filosofía detrás de lo que se hace, para no caer en el caos o en el simple resultadismo. Ya que se intuye que el resultadismo es la forma futbolística de la rapiña neoliberal. Ganar como fin en sí mismo convierte el juego en una suma infame y tediosa de músculo, táctica y dinero. Muerta la audacia, solo queda el miedo.

El orador: cuando habla Menotti, desciende del castillo de los puros.

Obsesionado por descubrir quiénes son los buenos y quiénes los malos, con el Madrid aplica siempre el adjetivo más venenoso. Por supuesto, el juego en el Madrid era irreconocible. No había plan ni idea general. Detrás de cada decisión del club blanco está lo oscuro. Leyéndolo, da la impresión de que el Real juega contra el mundo.

«El fútbol se lo robaron a la gente», decía, y su dedo apuntaba casi siempre al mismo sitio.

El menottismo es una conversación eterna que busca aplacar el rumor malvado de la realidad. Cuando surge un antagonista como Mourinho, Menotti y sus discípulos entran en éxtasis. Su visión religiosa de la sociedad y su hijo bastardo, el fútbol, se ve confirmada. Todo por lo que suspiraba el argentino lo llevó a la práctica Pep Guardiola. El argentino anduvo levitando el tiempo que duró ese huracán de líneas de pase sobre el fútbol europeo. Sobre Mourinho y el Madrid su discurso fue letal: «La mayor cobardía que he visto en un grande». Sus entrevistas se convirtieron en un género en sí mismas: entrevistas-menottistas. El periodista ya sabía lo que le iba a contestar el profeta, conocía cada palabra y se deleitaba escuchando esa verdad moral. El Madrid siempre aparecía al final, como la coda perversa del fútbol. Y se sumaba desde muy arriba a la causa general contra el club.

## Xavi Hernández

> «Si se alzara en medio de ti un profeta o soñador que te anuncia una señal o un prodigio, aunque se cumpliere la señal o el prodigio del que te habló, diciendo: "Vamos en pos de otros dioses (a los cuales no has conocido) y sirvámosles", no escuches las palabras de ese profeta o de ese soñador [...]». (Deuteronomio 13:1-3)

Xavi Hernández (Terrassa, Barcelona, 1980): protagonista con el balón.

Nacido en La Masia en mitad de un rondo, toda su vida se desliza hacia la abstracción. Xavi es un concepto: el pase. El centrocampismo es su forma de vida, desconoce el pudor y ha sido adoctrinado en la escuela barcelonista de la verdad fundamental. El Barça es algo más allá del fútbol; los otros, mutilados que se arrastran por el campo sin saber cómo ni por qué.

Es el enemigo del balón a la olla y del pelotazo. Hizo carne aquella divisa menottista de que el gol es un pase a la red. Su juego puro de toque (y me voy) fue cogiendo sustancia hasta convertirse en el mejor del mundo en su posición entre 2008 y 2012. No era posible quitarle la pelota. Eternidad y posesión. El Barça y la selección española se ordenaban alrededor de su mirada. Pero Xavi hacía algo más: Xavi se explicaba. Y de forma que todos le entendieran tal y como se movía sobre el campo. Lo de Xavi era una forma de pedagogía democrática.

Cuando el Barça ganaba, Xavi tenía preparada la frase definitiva: «Ganó el fútbol». La presión extenuante, el contraataque, la rapidez brutal, todo aquello que el Madrid de Mourinho disponía sobre el campo, a Xavi le parecía el antifútbol. «No quieren jugar», decía con un mohín de disgusto.

Para Xavi lo importante es la filosofía que tenga detrás un equipo. Y que esa filosofía sea la del Barça; por lo tanto, cualquier equipo que no sea ese o que no esté entrenado por Guardiola no merece ganar. Y cuando uno de esos equipos (especialmente el Madrid) sin conceptos ni filosofía gana a los azulgranas, Xavi resopla y dice: «Fuimos superiores, pero ellos llegaron dos veces e hicieron dos goles». Y así el azar se abre paso como la maldad.

Y solo Xavi y el Barça ponen orden y justicia en las cosas del fútbol.

El condicionamiento culé es absoluto. Juegan a que ellos son los inmaculados y los demás no se han acercado a los enigmas del juego. El estilo Barça se fue convirtiendo en trasunto de la nación, y con Xavi aprendió a explicarse al mundo. Después de cada derrota del Madrid, él le enseñaba sus defectos y le aclaraba el camino que debían seguir. Acto seguido, soltaba de manera automática la palabra «humildad». Los periodistas que asistían a la representación caían en el embrujo. Xavi conseguía lo que siempre buscó el nacionalismo: ganar y ser humildes; borrar cualquier razón del adversario y, a la vez, ser las víctimas de unas reglas que no benefician a los que quieren jugar.

Su discurso era circular como el rondo, pero llevaba detrás la carga de la razón futbolística. Xavi ganó más que nadie jugando mejor que nadie. Y, por supuesto, también dijo la frase: «El Madrid no juega a nada».

## Lucifer-Guardiola

«Y no es maravilla porque el mismo Satanás se disfraza como ángel de luz.» (2 Corintios 11:14)

Para ganar es necesario llegar hasta el final. Pep Guardiola buscó desde que se sentó en el banquillo del Barça romper la pasmosa confianza del Madrid en sí mismo a través de tremebundas goleadas. Hacer añicos su autoimagen para provocarle una neurosis de fondo. Meter el miedo dentro del club para que no pudieran llegar hasta el final.

Y lo consiguió de la mano de un ángel exterminador: Leo Messi.

Messi es lo que quieres que le pase a tus enemigos.

El equipo azulgrana era una frontera mental. Una forma demoniaca de presión y de circulación del balón muy cerca del área contraria que empotraba a los rivales y los dejaba exhaustos antes de salir al campo con solo imaginar lo que se les venía encima.

Les dijeron que esa no era su casa y que a los invitados se les masacraba. Obedecieron serviles. Así fue el comportamiento del Real Madrid en el 5-0 fatídico donde Guardiola levantó su obra maestra un 29 de noviembre de 2010. Su Barça era un grupo unido con una razón futbolística, un estilo moral y la exacerbación de una idea nacional. Era algo indestructible, nunca visto. Una victoria que se extendía por todo el mapa del fútbol de una forma absoluta, agotadora para sus rivales y diabólica para el Madrid, que se había quedado sin aire.

Tras la llegada de la democracia, el barcelonismo se dedicó a deslegitimar al Madrid. El Madrid, como se ha contado, es lo que más se parece a España, así que relatar su origen maldito y sus falsas mañas se funde con la estrategia catalanista de negar la propia existencia de la nación española. Al fin y al cabo, para construir una nueva nación hay que destruir la ya existente y alimentarse de ella lo máximo posible. En aquel entonces, la negación absoluta de cualquier mérito del Madrid era comprensible: un instinto de supervivencia. Victimismo del que se ha visto repentinamente orillado por la historia. Castilla apartó a Cataluña de la construcción de España, y el Real se convirtió en el faro del fútbol arrojando al Barça a los márgenes. Los relatos encajan de tal manera que parecen salidos de una ensoñación del siglo XIX.

Desde que Cruyff dotó al Barcelona de un estilo, algo comenzó a flotar alrededor del club azulgrana. Algo que cristalizó Guardiola cuando se puso a entrenar al primer equipo. Un estilo como superioridad estética y moral, un estilo como supremacía de Cataluña sobre España, del barcelonismo sobre el madridismo. Un estilo como culminación (y con los valores) de la experiencia socialdemócrata europea: pacifismo, tolerancia, pedagogía; una estructura que garantice la libertad y un trabajo meticuloso de fondo. El Barça de Pep era una utopía de donde se había expulsado la violencia, donde se habían limado las aristas de la personalidad y que conseguía ganar con la humildad como bandera. Los niños y los árbitros. Unicef y la Generalitat. La independencia y el respeto profundo a los valores. La épica de los pueblos oprimidos, que cantó Laporta, con el dinero infinito, que en los equipos grandes nadie sabe de dónde mana. Una hipocresía tan pura que se aceptó como el carácter de un pueblo.

Y el fútbol. Nunca se había visto jugar así. Con esa delicadeza, con esa musicalidad, con ese dominio aplastante, con esa posesión despiadada. Cualidades contradictorias que tomaban cuerpo en los pequeños artistas de La Masia. El Barça sometía hasta el final y los contrarios aplaudían encantados.

Enfrente estaba el Real Madrid. Derrotado y humillado, ¡por fin!, por el pueblo catalán. Despojado de la selección por el Barcelona («¡Españolitos, os ganamos el Mundial!», gritó Piqué en los vestuarios del Madrid), andaba desnudo por tierras españolas y no se le perdonó ninguna de sus afrentas antiguas. El Barça de Pep se construyó para los que siempre quieren estar del lado correcto de las cosas, y apuntaló al Madrid en el lado contrario, un sitio donde poco a poco se fue sintiendo mejor hasta renacer con un traje tallado en odio.

En rueda de prensa, Guardiola se llegó a convertir en un aguardiente destilado de inquina. Su dialéctica con Mourinho le estaba pasando factura. Había días en los que estaba prohibido mirarle. Buscaba la cámara más cercana para hacer un autosacramental victimista, retar a los poderes de la nación y asegurar al mundo la pureza de sus sentimientos.

Se utilizó la selección como metáfora de una España nueva y plural que intentaba salir de la crisis, y el Madrid quedó como vestigio de lo antiguo y de lo que había provocado el descalabro económico. Guardiola retaba a Florentino mientras sacaba jóvenes canteranos que eran como novicios desposados con el bien. Mientras, el Madrid compraba mediocentros defensivos de torpes intenciones autoritarias.

Llegó un día en que el Real dejó de perder y el Barcelona de ganar. La nube tóxica alrededor del club se fue disipando y Guardiola saltó al Bayern de Múnich, donde fue fulminado por los blancos. Acertó a decir una de esas sencillas frases suyas que hay que auscultar con extrema precaución: «El Madrid es un equipo muy físico».

Estaba otra vez la negación del adversario. Su reducción a un cuerpo eficaz sin espíritu ni talento. Es la refutación del Real Madrid por aquel que estuvo más cerca de reducirlo a escombros.

# 15

# Una herejía: Cristiano Ronaldo

*Su figura está más allá del fútbol, más acá de sus mitos.*
*El Real Madrid, empujado por su camiseta blanca*
*y el severo Bernabéu, le exige a sus ídolos que*
*agachen su cabeza frente al club. Cristiano Ronaldo,*
*Narciso único en la historia, nunca lo hizo. Él vive*
*para tener una estatua a caballo a la puerta del*
*estadio; su existencia es retransmitida por todos*
*los canales; celebra el gol delante de un espejo.*
*Y al final se ha hecho plenamente con el Madrid*
*en un tránsito lleno de meandros.*

«*T*engo un fuerte recuerdo de cuando tenía siete años [...] Acababa de empezar a jugar a fútbol en serio. Antes, yo solo jugaba en las calles de Madeira con mis amigos. Y cuando digo "calle", no me refiero a una callecita vacía. Quiero decir una calle. No teníamos porterías ni nada, y teníamos que parar el partido cada vez que pasaba un coche. Yo era muy feliz así, pero mi padre era el utilero del CF Andorinha y no paraba de animarme a ir y jugar con el equipo filial. Yo sabía que eso le haría sentir orgulloso, así que fui.

»El primer día había un montón de reglas que yo no entendía, pero me encantó. Me enganché a la organización y a la sensación de ganar. Mi padre estaba siempre ahí, en la banda, con su barba y su uniforme de trabajo. Le encantaba. Pero a mi madre y a mis hermanas el fútbol no les interesaba en absoluto.

»Cada noche durante la cena, mi padre trataba de convencerlas para que vinieran a verme jugar. Él fue mi primer representante. Cuando llegábamos a casa después de los partidos, él solía decir, "¡Cristiano ha marcado un gol!". Ellas respondían: "Ah, muy bien". No parecían muy emocionadas [...]. ¿Que qué hice yo? Seguí marcando y marcando [...].

»Yo seguía mirando a la banda antes de cada partido y veía ahí a mi padre, de pie, solo. Hasta que un día (jamás olvidaré esta imagen), mientras calentaba, volví a mirar como siempre y ahí estaban mi madre y mis hermanas, sentadas en la grada. Parecía... ¿Cómo decirlo? Parecía que estaban cómodas. Estaban abrazadas, y no aplaudían ni gritaban, solamente me saludaban, como si aquello fuera un desfile o algo así. Se notaba que no habían estado nunca en un partido de fútbol. Pero estaban ahí. Y eso era lo único que me importaba.

»Me sentí tan bien en ese momento... Significó mucho para mí. Algo cambió dentro de mí. Me sentí orgulloso.»[19]

«Por ser rico, por ser guapo, por ser un gran jugador, las personas tienen envidia de mí. No tiene otra explicación.»[20]

Entre los dos entrecomillados anteriores, la carta de 2017 y las declaraciones de 2011, pasaron más de cinco años y varios Cristianos. El Cristiano de 2017 ya no era el de 2011.

En 2011 llevaba dos años en el Real Madrid, y allá donde fuera se había creado una gigantesca corriente de oposición en torno a él. En cuanto saltaba al césped, empezaba la ola de pitidos y silbidos. «¡Ese portugués, hijo de puta es!».

El 14 de septiembre había jugado un partido contra la Dinamo de Zagreb en Croacia. Después de una entrada terrorífica, salió del campo con el tobillo ensangrentado y el ánimo soliviantado. El equipo había ganado con un 0-1 renqueante y el arbitraje dejaba mucho que desear. Y durante todo el encuentro los gritos de «¡Messi, Messi!» habían resonado en

19. Carta de Cristiano Ronaldo publicada en *The Player´s Tribune*, 3 de octubre de 2017.
20. Cristiano Ronaldo, 14 de septiembre de 2011.

los oídos del portugués. Hasta que en la zona mixta, donde se mezclan las expectativas de los periodistas con las realidades de los jugadores, allí, frente a una cámara de Telemadrid, soltó la frase fatídica y el mundo se lanzó a por él sin tregua.

## Mitos y genealogías

En realidad, esa frase no la pronunció un jugador del Real Madrid; esa frase la pronunció un niño de la calle que había llegado a estrella universal.

La calle a Cristiano Ronaldo le dio fe en sí mismo, le dio sabiduría, le dio la arrogancia necesaria para sobrevivir y triunfar. Él creó su propia fe desde los pilares del barro y el cuerpo a cuerpo con los otros chavales.

Cuando dijo «soy rico, guapo y gran jugador» (por este orden), lo dijo porque lo creía firmemente, y ¿por qué uno no se puede enorgullecer de sus propios logros? Desde donde viene hasta donde ha llegado hay un larguísimo recorrido jalonado de espinas, y él no quiere que lo olvidemos nunca. Ese recorrido, desde una familia rota hasta la coronación en la cima del fútbol, es el de muchos de los grandes jugadores. Los medios suelen crear elevadas fábulas morales por cuenta de ese ascenso, excepto en el caso de Ronaldo. Con él, ser de barrio marginal es un estigma con el que explicar su arrogancia y sus desplantes. A Cristiano nunca se le ha perdonado nada. Quizás esa sea la clave de su huida hacia delante, de su perfeccionismo, de su obsesión por los récords. Como al mismo Real Madrid, no le queda otro remedio que ganar sin mirar atrás.

Y sí, Cristiano Ronaldo viene de un barrio pobre, y además, de una isla alejada mil kilómetros de Europa, conquistada por Portugal en el siglo XV y donde iban a parar los humildes de la península que no tenían nada que perder. Madeira, con su eterna primavera y su vegetación tropical, duerme siempre. Está en un lateral del mundo, nada pasa por Madeira ni nada importante nace en Madeira. Solo un vino goloso, Madeira, promocionado por los oficiales de las bases británicas del archipiélago, y Cristiano Ronaldo dos Santos Aveiro.

La historia de su familia gira en torno a su madre, Dolores Aveiro; y la historia de Dolores Aveiro exhala un aire galdosiano irresistible, de heroína abnegada de barrio mísero que se levanta una y otra vez de las caídas de la vida.

El abuelo de Cristiano, José Viveiro, tuvo cuatro hijos de su primera mujer, a quienes encerró en un orfanato cuando ella falleció; de la segunda, que venía ya con cinco niños, tuvo otro. Ahí se crio Dolores, entre un orfanato y un hogar estrecho y superpoblado sin luz ni agua, con una madrastra que la zurraba al menor descuido. A los trece, su padre la sacó de la escuela y la puso a trabajar de cestera. A los dieciocho se casó con José Dinis Aveiro, dependiente de ultramarinos, y se fue a vivir con sus suegros, compartiendo cuarto y miserias. Hasta que lograron un hueco en una vivienda social de bloques con tejado de uralita en la Quinta do Falçao, barriada mísera en las laderas de Funchal, donde reinaba el triunvirato del paro, el alcohol y las drogas.

Cuando parecía que prosperaban, Dinis fue enviado a la guerra de África (en la que Portugal perdió sus últimas colonias). A su vuelta se acodó en un bar a beber en silencio el resto de su vida. Dolores sacó adelante la familia, cuatro hijos ya, trabajando de lo que podía y, finalmente, de cocinera en un hotel. Dinis consiguió un puesto de jardinero municipal y de utilero en el equipo del Andorinha, en la quinta división de fútbol.

¿Y el niño Cristiano Ronaldo, el menor de los hermanos? Le habían puesto el nombre del presidente de los Estados Unidos de la época, Ronald Reagan, y se había convertido en un flacucho de pelo rizado que, cuando venía del colegio, en vez de hacer los deberes, se dedicaba a dar patadas a una botella de plástico en las calles empinadas del barrio. Hasta que a los siete años su padre lo metió en el Andorinha.

Dinis fue una presencia silenciosa en la vida de Cristiano. Nunca quiso abandonar Madeira, ni sus bares ni sus rutinas, a pesar de que su hijo, ya famoso, quería ofrecerle una vida mejor. Falleció a los cincuenta y un años de complicaciones del hígado en una clínica de Londres. Era septiembre de 2005.

## Buscando la sana doctrina

En 1995, cuando Cristiano tenía diez años, lo traspasaron a un club más grande de Funchal, el CD Nacional. A los once años se fue a Lisboa a hacer una prueba para el Sporting. Solo. Llevaba casi dos temporadas en el Andorinha y tenía una velocidad excepcional. Le llamaban «fideo», por lo alto y delgado. Dicen que su bisabuela paterna, Isabel Rosa Piedade, llegó de Cabo Verde y que hay unas gotas de sangre africana en los músculos de Ronaldo. Eso explicaría su elasticidad y la rapidez sobrenatural de sus *sprints*.

«[Cristiano] es el producto de correr por todas partes, subirse a los árboles, saltar obstáculos, caminar a la escuela, a la playa. Es el típico jugador con infancia independiente, autónoma, que pasa grandes periodos sin acompañamiento familiar, que no va mucho a la escuela. Ahí empezó a buscar soluciones a los problemas, la improvisación, el uno contra uno [...]. Lo hacía todo solo, había poca conexión entre él y los compañeros o los adversarios. Solía coger el balón e irse solo hasta la portería contraria», cuenta Pedro Talinhas (uno de sus entrenadores en el CD Nacional) en la biografía de Cristiano Ronaldo que escribió Guillem Balagué.

Según António Mendonça, otro entrenador del mismo equipo, «se sentía tan superior a los otros que nunca les pasaba el balón. Pero el resto de los jugadores lo aguantaban porque marcaba muchos goles. Ganamos todos los partidos 9 o 10-0».

En la prueba de Lisboa deslumbró. Decían que su juego tenía algo especial: personalidad. Convencieron a su madre de que lo dejara marchar, tan solo, tan lejos; le hicieron un contrato y lo internaron en la residencia de la cantera con otros chavales.

En una entrevista publicada por *L'Équipe Magazine* en febrero de 2007, Ronaldo contaba cómo había sido su primer día en la escuela del Sporting: «Nos llamaban por nuestro número. El mío era el 5. Yo me levanté y dije: "Cristiano Ronaldo". Todos empezaron a reírse de mi acento. Se estaban burlando de mí. Empecé a enfadarme. No me sentó bien. Me enfadé».

Cristiano era transparente. Y lo siguió siendo durante

todos los partidos de su carrera. Esa ausencia de hipocresía, de condescendencia con el rival, esa angustia por marcar un gol más, y toda la panoplia de gestos contrariados cuando algo se interpone entre él y la victoria, no son una máscara. Son la forma de ser de alguien que nunca quiso escapar del patio. Chutar y celebrarlo con ansia. Fallar y ofuscarse. Correr y rematar. Es el estilo trascendental en el fútbol. El que busca la victoria de la manera más corta. Todo su aprendizaje le sirvió para volver al punto de partida.

Por las noches se escapaba a hurtadillas de la residencia, trepaba al tejado del gimnasio y se descolgaba por una ventana para poder entrenar a sus anchas. Quería ser el mejor, el mejor con el balón y el mejor con el cuerpo. Le habían dicho que estaba delgado y él se obsesionó con trabajar los músculos.

«Lloré casi cada día. Seguía en Portugal, pero fue como mudarse a otro país. Incluso el acento hacía que pareciese un idioma diferente. La cultura era diferente. No conocía a nadie. Mi familia solo se podía permitir venir a verme cada cuatro meses, más o menos […]. Yo sabía que era capaz de hacer cosas en el campo que los otros chicos de la academia no podían hacer […]. Pero siempre había alguien que decía: "Sí, pero es una pena que sea tan pequeño"[…]. Así que a los once años tomé una decisión. Ya sabía que tenía más talento que los demás. En ese momento, decidí que también iba a trabajar mucho más duro que ellos.»

A los dieciséis años, László Bölöni, el nuevo técnico del Sporting, lo llamó para entrenar con el primer equipo. El inicio no fue bueno. Bölöni escribió en su informe:

Técnica (negativas): pobre juego aéreo, técnica insuficientemente trabajada; pobre juego defensivo.
Táctica (negativas): no tiene cultura táctica individual ni colectiva; individualista.
Mental (negativas): egoísta; falta de resistencia mental; concentración.

Varios meses después, todas las notas negativas se habían transformado en positivas. Firmó su primer contrato por cuatro años, dos mil euros al mes y veinte millones la cláusula de rescisión.

El representante de Cristiano era José Veiga, el más famoso del momento, quien había gestionado, entre otros, el millonario traspaso de Figo al Real Madrid de Florentino. Pero, por alguna razón, Veiga descuidó a su caballo ganador o no vio el potencial de Cristiano. Quien sí lo vio fue Jorge Mendes.

Mendes, que llevaba desde el 96, con su empresa Gestifute, en el mundo del fútbol, estaba buscando su estrella, el jugador que lo haría pasar a la primera división de los representantes del fútbol. Enseguida se fijó en Ronaldo; también, en Quaresma y en Hugo Viana. Les prometió que jugarían en los mejores equipos y que ganarían más que nadie. Lo cumplió.

Con el tiempo, Mendes se ha convertido en el representante número uno, amigo de los presidentes de los clubes, de empresarios y políticos. Lleva a Mourinho, a Falcao, a Diego Costa; negocia los contratos más sustanciosos; sigue a sus jugadores allá donde vayan, les aconseja en todo tipo de asuntos, incluido el financiero y el fiscal (con polémicas incluidas); se convierte en un miembro de su familia.

Mendes organizó una cena con Cristiano y Dolores Aveiro (parte fundamental de la relación). Los sedujo, tanto a la madre como al hijo. En septiembre de 2002, Cristiano se pasó a su agencia. Desde entonces, Mendes es la sombra de Cristiano y no se puede entender el uno sin el otro. Son una simbiosis de talento deportivo y perspicacia para los negocios, y tienen algo en común: la ambición sin límites. Cristiano ha dicho de él que es un amigo, incluso, un padre. Y Mendes lo cuida como un perro guardián, moviendo los hilos de sus infinitas conexiones en prensa, empresa y altas esferas deportivas para que siempre saque el mayor beneficio de todo: de sus contratos publicitarios, de sus escasas apariciones en medios seleccionados, de su carrera como futbolista.

Un año después de fichar por Mendes, cuando Cristiano ya formaba parte del primer equipo del Sporting, en agosto de 2003, cambió su suerte una vez más: el Manchester United jugó un partido de inauguración del nuevo estadio de Alvalade.

A los jugadores del Manchester nadie les había dicho lo que se iban a encontrar. Phil Neville cuenta a Balagué: «[...] era un chico un poco escuálido, con unos mechones rubios, pero casi con permanente y ortodoncia también, así que claramente era alguien que se gustaba a sí mismo».

Y Ryan Giggs: «Se le veía un jugador espigado, aparentemente inofensivo. Pero, cuando menos te lo esperabas, se iba por un lado o el otro. Por dentro, por fuera».

Ese alguien que se gustaba a sí mismo, aparentemente inofensivo, entró como una división panzer y logró que el Sporting ganara 3-1 al Manchester, uno de los mejores equipos del mundo. ¿Qué había en ese Cristiano? Había velocidad y propaganda. Velocidad física con el balón y velocidad mental: sus compañeros a ratos estaban descolocados por la rapidez de sus pases.

Y también había propaganda. Tacones y bicicletas, aspavientos y arrogancia al enfrentar el propio juego. Siempre hacia delante, siempre tenso, siempre dispuesto a encarar al rival. Había un chico que se enfrentaba a uno de los tres grandes equipos de la época con la cabeza levantada. Esa cabeza echada hacia atrás y esa mirada altanera dirigida hacia el futuro sigue en su sitio tantos años después. Son las leyes de la calle, del que se sabe superior y se lo echa en cara al adversario. Ya entonces sus gestos no expresaban respeto, ni él confraternizaba con el rival. El territorio del fútbol era suyo y se lo iba a gritar al mundo sin delicadeza alguna.

Observándolo todo estaba Alex Ferguson y su segundo entrenador, Carlos Queiroz, más tarde seleccionador de Portugal. De nuevo se produjo el fogonazo de deslumbramiento. Nadie jugaba así entonces. Era un prototipo sin un destino conocido. A los dos días, el United pagó diecisiete millones de euros por el jugador.

Mientras, en Funchal habían derribado la casa de los Aveiro y Cristiano le había construido a su madre una blanca, moderna y enorme frente al Atlántico. Con una pantalla *extra large* para seguir los partidos de fútbol, por supuesto.

Ronaldo ya se había convertido en el *pater familias*: financiaba la carrera de cantante de su hermana Katia; a su otra hermana, Elma, le abrió una *boutique* de firmas exclusivas llamada (cómo no) CR7; y a Hugo, que había recaído varias veces en las drogas, le pagó una ristra de tratamientos de desintoxicación (a veces lo metía a la fuerza en las clínicas) hasta que consiguió desengancharlo.

«Mis cuatro hijos han conocido los peligros de las adicciones a las drogas de primera mano. Pero la única adicción de Cristiano era el fútbol. Si no se hubiese convertido en un futbolista profesional, se habría perdido. Probablemente se habría dado a la droga o le habría sucedido algo igualmente terrible. Muchos de sus amigos del barrio han caído en las drogas o en el alcohol. Hace poco, uno de ellos murió de sobredosis. A pesar de todos mis esfuerzos y, teniendo en cuenta la situación, habría sido difícil para él tener una vida estable… Afortunadamente, tenía un don», le contó Dolores Aveiro a Christophe Larcher de *L'Équipe* en 2008.

Y añadió: «Me asombra que Ronaldo sea el portugués más famoso del mundo. Sobre todo, teniendo en cuenta sus orígenes».

### Una nueva palabra de Dios

Quizá es por sus orígenes por lo que Cristiano ha llegado ahí, a los bordes de un universo paralelo en el que él establece las leyes. Y como Mesías esperado, redime y es redimido: cuando llega a un club, absorbe todo lo bueno que tiene, cambia; y después él cambia al club. Sucedió con el Sporting, sucedió con el Manchester United y sucedió con el Real Madrid.

Cristiano llegó al Manchester United cuando el equipo necesitaba un revulsivo. Alex Ferguson llevaba diecisiete años como entrenador, se había inventado la Premier League y había colocado al club en lo más alto ganando tres campeonatos ligueros seguidos: corría el riesgo de morir de éxito.

Al principio le costó jugar en equipo, en ese equipo. Perseguía la pelota y descuidaba sus obligaciones: quería jugar él solo. Le acusaban de demasiada teatralidad, de fingir faltas, de tirarse al suelo en la primera ocasión.

Sir Alex Ferguson acogió a Cristiano como un padre implacable y al tiempo orgulloso de los logros de su pupilo. Lo abroncaba sin piedad, lo hacía llorar. Después de cada rapapolvo, el portugués mejoraba. Su amor propio no conocía límites.

Y, sin embargo, también su humildad.

Si eres capaz de soportar y aceptar los sermones de alguien, interiorizarlos, analizarlos y sacarles provecho, estás reconociendo (con humildad) que ese alguien sabe más que tú, por tanto, que es mejor que tú.

En ese momento. En ese instante.

Pero tu intención es lograr superarlo, eso también.

«Fue el jugador con más talento que he dirigido. Superó a los otros grandes jugadores a los que entrené en el United», escribiría después Alex Ferguson en sus memorias.

En el primer partido de Cristiano con el Manchester, en agosto de 2003, provoca un penalti y está en todos los fuegos. Es una versión deshilachada e irresponsable de lo que luego será. Pero toda la verdad de su juego ya existe. Desde el principio, sus cabalgadas con balón recibían el eco de una hinchada emotiva como ninguna. Su juego parecía haber nacido para la Premier. Esa rapidez y esa frontalidad, esa forma implacable de rematar, era algo nunca visto en Inglaterra, pero que Inglaterra llevaba siglos esperando. Incluso los *tackels* lucían más cuando se los hacían a Cristiano. Hay algo en su manera de correr y de pavonearse que incita al defensor a dispararle a quemarropa. Y no hay mejor liga que la inglesa para saborear una buena patada. El grito unánime del público cuando Cristiano acelera con el balón a velocidad supersónica; y su indignación cuando él es golpeado; y su *crescendo* de admiración cuando hace alguna maravilla exótica (un túnel o un taconcito). Eso era el eco de la liga inglesa. Cristiano fue su corazón desde el principio, y el ritmo endiablado de la Premier vivía de su estela. Cuando Ronaldo partió hacia Madrid, el mecanismo se atrofió.

En el Manchester, Ronaldo se formó como estrella y moldeó su cuerpo. Allí se topó con el preparador físico que le daría el empujón final, un loco del gimnasio que había entrenado primero a atletas olímpicos y después a grandes jugadores como Beckham o Roy Keane: Mike Clegg.

Clegg había sido futbolista, pero lo que le interesaba realmente era el cuerpo, trabajar cada músculo, buscar técnicas nuevas y sacar los valores ocultos de sus chicos. Estaba perfeccionando una técnica llamada *Seed of Speed*, basada en la velocidad: velocidad mental y física. El control absoluto de la mente sobre el cuerpo.

Cuando Ronaldo aterrizó en el club, una de las primeras tareas que se impuso fue ir al gimnasio a visitarlo. Clegg, un tipo fibroso y pálido, con un rostro huesudo y la mirada fija de un sajón, lo sentó frente a él en una silla para preguntarle qué buscaba. El portugués le clavó los ojos y dijo: «Quiero ser el mejor del mundo y tú me vas a ayudar».

Clegg pensó, uno más que quiere ser el mejor.

Pero no era uno más: era «ese uno» que todo preparador busca, el alumno perfecto, el entregado, el que hace todos los deberes y aún pide más, el que da sentido a una vida dedicada a entrenar a otros.

Clegg afirma que su filosofía era: «Tengo que hacer más y mejor. Y más a menudo».

Aprendía un truco nuevo, un regate, que practicaba lejos de los otros jugadores, lo probaba en el campo con algún partido de segunda, se equivocaba, se ganaba abucheos del público, rapapolvos del entrenador, de los jugadores. Le daba igual. No le importaba porque no estaba mejorando para ese momento, no quería hacerlo bien en ese momento, estaba mejorando para el futuro: para la vida eterna.

Alquiló una casa en Manchester para que su madre y sus hermanas pasaran temporadas con él. Mejoró su inglés. Mejoró en el campo. Mejoró su posición dentro del equipo.

Y el equipo empezó a girar a su alrededor.

Fue instantáneo. Antes de Navidades de 2004, todo en el Manchester United comenzaba en Cristiano. Era el desequilibrio y era el centro de los focos, pero todavía no le había llegado la hora del remate. Extremo o interior, su juego partía de atrás, a veces desde su propia área y atravesaba el campo de punta a cabo. Cristiano no tiene una zancada elegante, corre parecido al velocista afroamericano Michael Johnson. Pasos cortos e increíblemente rápidos. Lleva el balón junto al pie, sin seducirlo, y amaga de forma sistemática cuando ve al contrario acercarse. Sus carreras reventaban la banda y solo podían ser cortadas con faltas atronadoras, pero para el espectador latino la sensación era de cierta imprecisión. No era falta de técnica; sucedía que su velocidad era absurda. Tanta que a veces el equipo entero se quedaba atrás, y Ferguson se afanó en diseñar un sistema que pudiera contener a ese hombre perturbado. A ese obsesivo genial.

La afición del Manchester lo convirtió en ídolo. Le aplaudían hasta sus excesos en el vestir. Al fin y al cabo, lucía el número 7 con la camiseta que David Beckham había llevado antes que él, así que todo le estaba permitido. Sus lanzamientos de falta eran un espectáculo con una liturgia mil veces imitada en los extrarradios de todo el mundo. En el país de los niños, nunca necesitaron que nadie les explicara a Cristiano. La gente enmudecía y Ronaldo daba varios pasos hacia atrás marcándolos exageradamente. Levantaba la vista, respiraba hondo y se plantaba con los pies separados y el cuerpo arqueado. Una carrera corta y el balón era golpeado con extraña violencia. La *folha seca*. Un truco que viene de las playas brasileñas y que consiste en pegarle duro y plano al balón, que sube por encima de la barrera para luego desplomarse repentinamente haciendo algún efecto incontrolable. Solía ser gol, e incluso cuando no lo era ese detalle llenaba el partido de dramatismo. Cristiano era superior en todo; era la luz y era la oscuridad. El gol por la escuadra y el desplante altanero. Y cuando marcaba un gol se quitaba la camiseta y enseñaba al mundo su musculatura de atlante. Así, con los brazos extendidos, como un cormorán, posaba para los pósteres y las televisiones.

Y, claro, la mitad del mundo comenzó a odiarle.

En realidad, en Inglaterra solo había una cosa que no se soportaba de Ronaldo. Su teatralidad cuando le hacían una falta. Esos aspavientos de dolor como si hubiera sido alcanzado por un francotirador no eran bien vistos por el estoico público inglés. Había cánticos que ponían en duda su masculinidad, pero los solía acallar con un trallazo desde cuarenta metros.

Con Clegg, Ronaldo consiguió convertirse en un atleta prodigioso. Pasó de un cuerpo fibroso y delgado al de un luchador. Aumentó su potencia y mejoró su velocidad. Convirtió su 1,85 en una ventaja, en vez de en un obstáculo. Se volvió minuciosamente obsesivo con cada uno de sus músculos, con lo que comía, con lo que bebía, con las horas que dedicaba a dormir, a estirarse y a recuperarse. Cuando después de un gran partido los jugadores se tomaban algo para celebrarlo, él pasaba por el spa y por el masajista para estar perfecto al día siguiente.

«Todo su tiempo se lo dedicaba al fútbol, toda su vida. Tenía su propio cocinero para asegurarse de comer correctamente siempre; compró una casa con piscina, así podría entrenar allí. Algunos jugadores se pasan. Los he visto entrenar hasta caer al suelo, pero Ronaldo era más inteligente. Entrenaba duro, pero escuchaba a los especialistas a su alrededor, a los entrenadores, al mánager, a los otros jugadores [...]. Fue el mejor alumno que he tenido nunca», declaró Clegg al *Manchester Evening News*.

Al poco de que Cristiano abandonara el club, Clegg se retiró como preparador del Manchester: «[Cristiano] Dejó un hueco que no pude llenar».

Se fue del Manchester United dejando tres Premier League, dos Football League Cup, una Football Association Cup, dos Football Association Community Shield, una Liga de Campeones y una Copa Mundial de Clubes, además de un Balón de Oro, el FIFA World Player y la Bota de Oro. En 2008, era el mejor futbolista del mundo.

Ya había llegado. Su juego se había decantado hacia la búsqueda del espacio perfecto y del gol. El Manchester de Ronaldo se había convertido en una fotografía aérea. Un contraataque continuado donde él comenzaba en su cancha y definía segundos después en la otra punta del campo a una velocidad nunca vista. Llegó a marcar más de cuarenta goles en un año, cifra que se quedaría en ridículo tiempo después en el Madrid, pero que era inédita en 2007. Registros de cuando los equipos jugaban con cinco delanteros. Registros de los años cincuenta. Cristiano había concretado su estilo en un movimiento perpetuo sin balón y un remate atronador. Había aprendido a leer el juego y ya no necesitaba tener siempre la pelota en los pies.

Ahora seguía la jugada y la finalizaba con un remate feroz que hacía estallar de júbilo a su hinchada. Ya era un goleador. El mejor de todos.

Por eso el Real Madrid lo quería.

Y él quería ir al Real Madrid.

«Al principio, ganar trofeos era muy emocionante para mí. Recuerdo cuando gané mi primera Champions con el Manchester, las emociones me superaron. Lo mismo con el primer Balón de Oro. Pero mis sueños eran cada vez más grandes. Supongo que así funcionan los sueños, ¿no? Yo siempre había admirado al Madrid y quería un nuevo reto. Quería ganar trofeos con el Madrid, romper todos los récords y convertirme en una leyenda del club», declaró en. *The Player´s Tribune.*

### Ha llegado el Anticristo

«¡Un, dos, tres… ¡Hala, Madrid!», suelta Cristiano Ronaldo en el estadio Santiago Bernabéu el 6 de julio de 2009.

Ochenta mil espectadores lo corean ante la atenta mirada de Florentino, Di Stéfano y el gran exjugador Eusebio. El portugués entra en la historia sagrada del Madrid y suenan las trompetas a las puertas del Cielo. Ha batido todos los récords: ya es el fichaje más caro de la historia, ochenta millones de libras, unos noventa y cuatro millones de euros; y jamás se había logrado llenar un estadio con ochenta mil espectadores solo para contemplar la presentación de un jugador.

Cristiano, con el pelo de punta engominado y dos brillantes en las orejas, su sonrisa perfecta, su envergadura sobrenatural, los brazos en alto, arengando al pueblo, un Mesías blanco y luminoso. Detrás, controlándolo todo, Florentino, media sonrisa y traje oscuro.

Pero llegar ahí no fue fácil. Con Cristiano se repitió el drama trepidante que había vivido Di Stéfano cuando fue fichado por el Madrid de don Santiago Bernabéu.

La historia, o parte de la historia, porque toda jamás se sabrá, es como sigue.

En 2008, Ramón Calderón, presidente del Madrid, y Pedja Mijatovic, director deportivo, ponen sus ojos en el portugués.

El Real Madrid ya lo había visto cuando jugaba en el Sporting. Pero entonces lo dejaron pasar, buscaban a alguien con más experiencia. Ahora que Cristiano es el mejor jugador el mundo está preparado para entrar en el mejor club del mundo.

Jorge Mendes está al tanto.

Alex Ferguson, también. Pero no quiere dejarlo marchar.

Ramón Calderón promete que traerá al nuevo Di Stéfano al Real Madrid.

Cristiano proclama en los medios españoles que quiere fichar por el Madrid: «Tengo un sueño, y todo el mundo sabe cuál es mi sueño».

Alex Ferguson se enfurece. Sostiene una charla con Cristiano: «Sé que quieres irte al Real Madrid, pero preferiría dispararte a tener que venderte a ese tipo [Calderón] en este momento». Le dice/ordena que juegue con ellos otra temporada y después, si alguien llegara con una oferta récord, lo dejaría marchar.

Cristiano recula públicamente. Se queda un año en el Manchester a regañadientes. Echa pestes contra el clima de Mánchester. Aprende español, escucha música española, habla con los periodistas españoles en las zonas mixtas. Y en sus ratos libres, ve los partidos del Madrid para empaparse de su juego.

Mendes negocia en secreto con el Real Madrid para 2009.

El United fija una cláusula de rescisión por ochenta millones de libras: si pierde a su mejor jugador, será a costa de sangre y fuego.

La cláusula tiene fecha límite: 30 de junio de 2009.

Ramón Calderón dimite llevándose consigo a Mijatovic.

«No vendería ni un virus al Real Madrid», dice Ferguson con sus mejillas sonrosadas, y no precisamente por inocencia. Niega al Madrid tres veces, y eso es signo de que Cristiano va a partir.

Así pues, lo primero que hace Florentino tras ganar las elecciones es pagar al contado los ochenta millones. No le queda más remedio, piensa que seguramente él hubiera negociado mejor que Calderón: «Yo tenía y tengo muy buenas relaciones con sir Alex Ferguson y podríamos haberlo fichado por menos dinero».

Sobre por qué no lo ficharon cuando estaba en el Sporting dice en *Cristiano*, de Mario Torrejón: «Nuestra estrategia, heredada de Santiago Bernabéu, es traer jugadores más hechos, aunque sean más caros, porque desde el primer momento dan la respuesta deportiva que queremos».

Con Cristiano llegan al Madrid Kaká y Benzema, pero no es lo mismo.

Ellos no llenan un estadio con ochenta mil personas el día de su presentación.

Según Florentino, «Después de esa presentación, nunca hemos querido que ninguna fuera así, porque aquello fue algo grandioso y único en la historia [...]. Es muy difícil que otro jugador llene un estadio como lo hizo Cristiano. Es un futbolista excepcional, va a marcar una época; es un Di Stéfano de este tiempo, y eso la gente lo intuía desde el principio».


Un mes antes del grandioso espectáculo en el Bernabéu sucedieron varias cosas. Se publicaron unas fotos del portugués con Paris Hilton en una discoteca de moda de Los Ángeles. Los medios de todo el mundo enloquecieron con esas fotos. Ronaldo ocupó el punto de mira de la prensa del corazón.

Ese fue su despegue en los medios españoles. Unos hablaban de sus éxitos deportivos; otros, de los amorosos. Con el tiempo, se fueron sucediendo las listas de novias, seudonovias, pretendientes, falsas pretendientes. Paris Hilton, Kim Kardashian, Isabel Figueira, Karin Ferro, Gemma Atkinson, Karina Bacchi…, hasta llegar a Irina Shayk.

La modelo rusa, fría y explosiva, ha sido su compañera durante cinco años, hasta enero de 2015. Una de sus relacionas más largas. Y justo cuando el amor arrancaba, un 17 de junio de 2010 nacía Cristiano Ronaldo Jr., fruto de una noche efímera con una camarera. Ronaldo se hizo las pruebas de paternidad; cuando comprobó que era realmente su hijo, pagó doce millones de euros a cambio de que la madre renunciara a él.

Entonces publicó en su Facebook: «Siento una gran alegría y emoción al informar de que he sido padre recientemente de un niño. De acuerdo con la madre del niño, que prefiere que su identidad siga siendo confidencial, mi hijo estará bajo mi tutela exclusiva. No se dará más información sobre este tema y pido a todos respeto total hacia mi derecho a la privacidad (y la del niño), al menos en asuntos tan personales como estos».

### En el camino que ellos llaman herejía

Los dos primeros años de Cristiano Ronaldo en el Real Madrid fueron duros.

¿Se adaptaba a la presión en el Real Madrid?

«Definitivamente quizá no, pero lo llevo bien. Siempre lo llevé. Está claro que siento diferencias respecto a lo que ocurría en Mánchester y en Inglaterra [...]. Se decía que yo era esto y era aquello, y se escribía sobre la noche y las discotecas y las novias y no sé que más [...] Y al final ¿ahora de qué hablan? Hablan de los goles que marqué y marco, hablan de mis partidos y de los del equipo», declara en enero de 2010 al periódico portugués A Bola.

La última temporada de Cristiano en el Manchester había acabado con un discreto apocalipsis. Su protagonista fue la némesis de nuestro héroe: Leo Messi. Pequeño, humilde, absolutamente genial, callado hasta lo extenuante y dueño de todos los secretos del fútbol, el argentino representa un arquetipo invisible que es lo opuesto al héroe portugués. Donde uno empieza, el otro acaba.

Donde uno grita, el otro opone el silencio.

Donde uno se queda quieto, el otro estalla.

Donde uno acaricia, el otro violenta.

Donde uno es un ángel lelo, sin rencor, indiferente a todo excepto a la pelota, el otro es un cúmulo de pasiones y exhibicionismo al que no se le perdona lo alevoso de su talento.

Leo Messi comenzó ganando. Y de una manera que no se había visto antes. En la final de Champions de 2009, el Barça de Pep se enfrentaba al Manchester de Cristiano. El portugués comenzó arrebatado, asediando la meta del Barcelona con disparos y cabezazos. Parecía un camino de rosas asfaltando otro paso hacia lo alto, y, de repente, Iniesta cruzó el campo amagando con su cuerpo infantil y la pelota cosida al pie, se la entregó a Eto´o y el africano marcó el 1-0. A partir de ahí, las leyes del fútbol fueron violentadas y el partido se convirtió en un monólogo de secretos y mentiras de los jugadores azulgranas, con Messi como el vértice de todas las combinaciones. Ronaldo fue despojado del balón y quedó como un gigante al que los niños atan en la orilla. Por primera vez era vencido y su espectáculo parecía bisutería.

Esa fue la hiel que le enseñó el Barcelona, y esa lección se repetiría muchas veces en los años sucesivos, ya con la camiseta blanca.

El primer año en el Real, Cristiano estaba rodeado de jugadores recién desembalados. No había armonía entre ellos. Pellegrini, el entrenador chileno impuesto por Jorge Valdano, no parecía tener suficiente ascendencia sobre el grupo para ordenar el juego e insuflar personalidad al conjunto. Xabi Alonso era el centro de mando y Pepe, Ramos y Carvallo dibujaban la defensa. Kaká ejercía de mediapunta e Higuaín de delantero.

Pero todos los ojos del estadio estaban puestos en Cristiano.

El juego daba igual. El estilo, la armonía o las variantes tácticas se dejaban para el Barça de Guardiola, que asombraba con su poética del tejemaneje. El Bernabéu solo respiraba para Cristiano, y así fue desde el principio.

Eso no quiere decir que el estadio se rindiese a sus pies, ese milagro no sucedió hasta años más tarde. El coliseo mítico escrutaba todo lo que hacía el portugués y se preguntaba qué era ese fenómeno que no tenía antecedentes. Su obsesión por meter goles, por encajar todo aquel ataque constante, fascinaba al Bernabéu. Pero su gesto tan extravertido no complacía. Allí gusta una seriedad, casi un ascetismo, a veces un misterio. Y más con el recuerdo descomunal de Raúl, que Cristiano borró en el campo, pero no en el imaginario de lo que debe ser un jugador madridista. Gusta que los goles caigan porque sí, de ninguna manera. Cristiano expresaba demasiado su voluntad interior, cosa que lo hacía parecer banal. Su estilo, que no remite a nada anterior, palidecía en la comparación con Messi, con Xavi o con Iniesta. Estos eran hijos del genio de toda la vida, de la pausa y la inteligencia, de la gambeta y la imaginación. La exuberancia física del portugués se respetaba, pero no se sentía como propia. Todavía asomaba en la memoria la astucia de Raúl y la ingravidez de Zidane, sus pasos de baile: alfa y omega de lo que ese estadio entendía por arte y por ingenio.

La omnipresencia de Cristiano y su esfuerzo conmovedor sí eran admirados sin fisuras.

Eso remitía a Di Stéfano, y el espectador se quedaba pensando al seguir sus carreras con la mirada, sin tener claro cuál era el escalafón que le correspondía a la nueva figura de la Casa Blanca. Porque eso era lo único seguro: Cristiano era el crac y aceptaba ese papel. No había falsa modestia ni disparos de fogueo. No era una figura de fútbol sutil de las que a veces ni rozan el balón, de las que presagian más en la imaginación que en la realidad. Cristiano era de una rotundidad aplastante. Y el público del Bernabéu, tan especial y un poco viciado por la decadencia de Raúl, se lo tomaba como una ofensa.

Ronaldo tardó unos días en marcar su primer gol.

Fue a principios de septiembre de 2009. Lo festejó quitándose la camiseta y nos enseñó al maniquí en el escaparate de su torso. Esa imagen de felicidad barriobajera debería ser la portada del *Hola!*, si el universo fuera un lugar coherente. Los pectorales de Cristiano son la promesa de un mundo mejor para los que no se educaron en los libros. Y el Bernabéu lo aplaudió a rabiar aparcando su envaramiento durante unos segundos.

El Madrid iba sacando los partidos con el único plan del portugués contra todos.

Ese primer Ronaldo, quizás el más puro que se vio en España, era un espectáculo. Sumaba a su conocimiento espacial adquirido en Mánchester una relación con la pelota muy mejorada. Había diagonales en ataque que acababan con disparos espeluznantes. Conducciones y regates instantáneos, de una fiereza de otro mundo. Remates que abarcaban toda la gama: de cabeza y de tacón, con la rodilla o con el halo, metiendo el pie o disparando de primeras. Disparos exasperados y paredes en la frontal. La técnica como sublimación del juego es algo que exige la cultura futbolera española y es algo que Cristiano ya conocía. El astro debía tener una relación carnal con la pelota, no vale con la simple eficacia o con los movimientos sin balón.

Llegó el primer partido contra el Barça, y el Madrid perdió. Se venía de varios años de resultados apocalípticos; el escueto 1-0 en el Camp Nou fue saludado con alivio por el madridismo. Pero se comenzaba a considerar que toda la panoplia de recursos de Cristiano tenía más efecto contra los equipos pequeños que contra los grandes. Ronaldo tuvo una ocasión clara, ante el portero, y la falló. Pensó demasiado, signo de no estar en paz consigo mismo. Y en el fútbol, el exceso de pensamiento, mata la acción.

Poco después cayó lesionado. Le soltaron una patada en el área que ni siquiera fue considerada penalti y acabó metiendo el gol del cojo. Salió del campo con sangre en el tobillo y en la mirada.

No volvió hasta dos meses después.

Se jugaban los octavos de final de la Champions, ronda en la que el Madrid había sido apeado seis veces seguidas. El adversario era el Olympique de Lyon y el Real volvió a caer. De mala manera. Por un solo gol. Todos los jugadores del Madrid parecieron figuritas de un Belén viviente. Cristiano apenas tuvo brillo, atenazado y espeso, lejos del que iluminaba cada tarde de la Liga. Por primera vez, parecía tener miedo. ¿Sería vencido por el Real Madrid?

Esa fue la primera gran crisis en la que se puso en solfa la valía real de Cristiano. Daba igual lo que hubiera hecho en el Manchester. En el Madrid todo comienza de nuevo.

Se dijo que se deshacía bajo presión, que su juego era infantil y predecible, que solo sabía correr y chutar, que le faltaba verdadero talento, verdadera fe, y que era un jugador puro *marketing* hinchado por la Premier.

Todo eso se repetiría tras cada nueva crisis, cada nuevo error, cada nueva derrota. Porque Cristiano, como el Madrid, busca la victoria definitiva, así que cada derrota también lo es.

O así se percibe.

El resto de la temporada afinó sus armas, pero se quedó a las puertas de la Liga. Un año en blanco. En el verano, la selección española ganó el Mundial y el estilo del Barça (que es el de la Roja) quedó sacralizado.

Entonces sucedió algo: llegó José Mourinho a la Casa Blanca para acabar con la hegemonía azulgrana, y eso se vio como una afrenta.

Cristiano estaba definitivamente del otro lado. Y ese, el de héroe duro y corroído por la ansiedad, sería su papel durante mucho tiempo.

### Mourinho (2010-11): apártese tu ira de nosotros

«Fue para mí como oso en acecho, como león en escondrijo.» (Lamentaciones, 3:10)

Sara Carbonero, pareja de Iker Casillas y todavía periodista en activo por aquel entonces, declaró en septiembre de 2010: «Ronaldo siempre ha sido así, egoísta e individualista en el campo...».

Gran frase.

Frase que envenenó la relación entre el entonces capitán y Ronaldo.

Esos defectos eran los que se le echaban en cara en contraposición con los virtuosos y solidarios azulgranas. Había enemigos externos... y enemigos internos: su propio coliseo hacía salir a Iniesta bajo palio, y la respuesta a sus goles era un aplauso automático, poco sentido. Pero el fútbol del Madrid comenzaba a doblegarse al estilo del astro portugués.

Sus carreras eran cada vez más eficaces.

Sus diagonales enormes, de lado a lado del campo, dejaban un reguero de fuego en el que respiraba todo el equipo.

Sus remates eran cada vez más esenciales, a un solo toque, y había descubierto lo que sería su arma definitiva: el desmarque hacia dentro del área para después rematar al primer palo. Una jugada sencilla de ver e imposible de ejecutar para nadie que no se llame Cristiano Ronaldo. Un milagro de velocidad, precisión y entendimiento de los espacios. Él aparecía, nunca estaba sin más. Por eso no era un delantero clásico. Creaba un espacio que no existía. Y su concentración inhumana y la lectura perfecta del ataque de su equipo le hacían llegar al sitio un segundo antes que nadie.

Si Ferguson afinó sus garras, Mourinho lo estaba convirtiendo en el arma definitiva.

Y todo el Madrid comenzó a vivir a su ritmo, a alimentar al salvaje que tenía de delantero.

El entrenador fichó jugadores jóvenes para edificar un equipo que diera de comer a la bestia. Khedira, alemán corpulento y obediente, se encargaba de confiscar los espacios al rival; Xabi Alonso orquestaba el ritmo y ponía el balón en el desmarque perpetuo de Cristiano; Özil daba la puntilla, el último pase; y Di María corría por todos, incansable, atado a una locura que era la del equipo.

Había algo frágil en el centro del campo, pero nadie había reparado, los goles lo tapaban.

El mecanismo era algo nuevo, venido del futuro, y el Bernabéu en esos primeros meses de la temporada 2010-2011 se estaba olvidando del tejido primoroso de la selección campeona del mundo, y andaba cerca de abrazar ese juego que era como un tobogán implacable.

Y entonces sucedió el 5-0.

Fue en noviembre de ese año. En el partido anterior, un Madrid vestido de morado, había reducido a cenizas al Ajax en Europa. Era un equipo de una belleza de purasangre recién nacido. El Barça aguardaba tranquilo y toda España pidió a Mourinho que no pusiera trampas a los muchachos azulgranas. Parecía que el Madrid estaba dispuesto a revertir todos esos años de inferioridad.

El presidente barcelonista Sandro Rosell saludaba a Florentino con un «bienvenido a mi país». El Camp Nou se cubría de cánticos y flores para recibir al enemigo. En los túneles del vestuario, los jugadores españoles del Madrid les hacían una reverencia a los del Barça. Cristiano estaba aislado en su cara de piedra, no parecía invitado al banquete.

Y comenzó el partido. Mejor dicho: la masacre.

Una fina capa de lluvia cubría el campo y desde el primer pase todo pareció una ofrenda a la nación que estaba por nacer. En los primeros compases, Messi disparó al palo desde una posición inverosímil, y al Madrid se le cayó la máscara. Los jugadores del Barça orquestaban una sinfonía de una precisión desconocida y cada jugada era una herida abierta para los blancos. Los madridistas parecían torpes y brutos entre azulgranas que bordaban un fútbol pleno de imaginación y velocidad. No había amago de resistencia porque no era posible acceder ni siquiera al balón. El Madrid estaba siendo vencido y sometido como nunca antes. ¿Y Cristiano? Cristiano se revolvía y sacó un par de disparos muy lejos de todo, haciendo la guerra por su cuenta, pero nunca cejó. Cuando el partido estaba ya decantado, Guardiola le burló al portugués un balón en la banda y Ronaldo le empujó en una imagen que dio la vuelta al mundo. Un mal perdedor. Un chulo.

Y eso se convirtió en uno de los estribillos de la canción.

El Madrid (Cristiano) no solo era inferior y torpe, sino que sus mañas eran dañinas. Se le pedía que entregara las armas y se disolviese, y, como eso no era posible, cualquier gesto o acción era criticada hasta la extenuación. El portugués se vio envuelto en un relato donde todos los odios confluían en él. Era la resaca del Mundial y un país y un continente enamorados de un estilo y un club (el Barça) que parecía la promesa de un mundo mejor.

Pero daba igual. Cristiano seguía marcando goles.

Y el club blanco se volvió hacia dentro y se convirtió en la catacumba de odio que se pregonaba desde el exterior.

El Bernabéu dejó de considerar a Ronaldo un jugador sin empatía. Los ataques habían sido demasiado fuertes: el Coliseo reaccionó como una nación. Cristiano era uno de los nuestros, y los nuestros siempre han concitado la envidia y el odio general. Nunca se les concede nada y solo les queda ganar en una huida sin fin. La crítica falaz y constante es la quintaesencia del antimadridismo, y así lo entendía la afición. El jugador en el Madrid debe traspasar la camiseta y mudar de simple mortal a jugador del Real Madrid. A partir del 5-0, Ronaldo no solo no se echó atrás, sino que fue la proa que recibía las peores olas que rompían contra el equipo. Fue fiel a su propio espíritu, de acuerdo con su propio demonio.

Y el Bernabéu lo hizo suyo.

Cristiano está hecho contra la moral y los santos de las clases medias que son las que dominan el relato general. Al intelectual burgués le gusta el genio modesto y aplicado sobre el que puede pintar todo tipo de cualidades morales, o bien el chaval de suburbio al que se le transparenta la pobreza. Aquel Maradona; este Iniesta. Difícilmente tragará con el portugués, cuyo narcisismo le parece un subproducto de la sociedad capitalista. Y estaba la crisis en medio, y, como sabía Bernabéu, en tiempos de pobreza no conviene exhibir las joyas en la calle.

Los periodistas se volvieron moralistas con el Madrid, que parecía que había perdido la senda virtuosa hacía siglos. Y esa senda era el tiki-taka.

Cristiano se sublevaba contra esa forma de juego porque estiraba el tejido del equipo hasta convertirlo en un paisaje sin fin. Cristiano conspiraba contra Iniesta y Casillas, hijos de la clase media, ese ente superlativo creado en el franquismo para envolver a España en un sarcófago de buenas intenciones y pequeñas alegrías de fin de semana. Y Bernabéu había diseñado un monolito aristocrático y asesino, pleno de ambiciones absurdas, pero recubierto de un velo correcto y formal para no desentonar en el hogar.

Y Cristiano desentonaba.

Pero, poco a poco, el madridismo se fue haciendo a él.

Llegó la Semana Santa y el Real Madrid se había convertido en un bloque sólido y duro con el portugués como asesino solitario. El equipo avanzó por fin por la escalinata de la Champions hasta encontrarse con el Barça en semifinales. En unos pocos días, había cuatro clásicos seguidos. La Champions, la final de Copa y el partido de vuelta de la Liga. El acontecimiento paralizó al mundo. Los niños imitaban las ruedas de prensa de Guardiola y Mourinho. Eran dos formas de ver el mundo enfrentadas. Cualquier dicotomía entraba ahí.

Era otra vez la Guerra Fría.

En la final de Copa, el Madrid se volvió una serpiente que negaba los espacios al Barça y atacaba como una cobra. Más allá de la prórroga, el portugués conectó un cabezazo soberbio y tumbó al equipo de los inmaculados. Fue su primer título con el Madrid: una Copa del Rey.

Pocos días después, en la ida del encuentro de Champions, Messi enmudeció al Bernabéu con una jugada donde se zafaba de cuatro contrarios como si fueran figurantes en una película de zombis. En ese partido se vio a Cristiano desesperado por culpa de la maquinaria defensiva del Madrid que le condenaba a la soledad y a las carreras sin balón. El pequeño genio argentino volvía a negar al portugués, y ese año el Barça era coronado como el mejor equipo de la historia.

¿Y qué había aprendido Cristiano en su año más cruel?

Había aprendido a esperar. Había aprendido a guardarse su angustia para afilar mejor sus armas (nunca lloró en el Madrid y sí en el Manchester o en la selección de Portugal). Estaba en el camino de dominar emocionalmente los partidos. Eso llegaría con la Décima, y a partir de entonces ningún árbitro ni jugador enemigo le sacaría de sus casillas.

Había aprendido a alimentarse del odio ajeno y volverlo a su favor. Y eso es lo que le hacía respirar al mismo tiempo con el Santiago Bernabéu.

### Mourinho (2011-12): vamos en busca de nuestro pan

La temporada comenzó como una continuación de la anterior. Se había operado un cambio en el equipo: el juego era más abierto y mucho más veloz, con menores contrapartidas defensivas.

Cristiano presentía los espacios, llevaba dentro un ritmo animal muy puro.

Y, a partir de ahí, se construyó un equipo que era solo de ida. No había pausa, se defendía con Pepe y Ramos en la mitad de la cancha, y cualquier pelota era lanzada salvajemente hacia delante para provechar la velocidad y los desmarques de Ronaldo. Di María, Özil y Benzema danzaban alrededor del portugués a una velocidad tal que a veces ni se veía el balón. El juego era turbulento y apasionado. Sin precauciones ni moderación. Y muchos goles.

Cientos de goles.

Tras cada jugada se podía intuir la cabalgada de Ronaldo y su gol por la escuadra.

O el entresijo de Karim, su diminuta pausa, y la entrada de Ronaldo en los salones donde rompe todos los cristales a pelotazos.

Antaño, cuando llegaba la noche y el madridista se soñaba héroe antes de dormir, no pensaba en ser un jugador como Cristiano. Era la galantería de Zidane o la pausa de Butragueño la que mecía sus sueños.

Desde Cristiano, eso también ha cambiado: él es un sol en su apogeo y ha derrumbado a balonazos la imaginería madridista.

Ya no hay más memoria que la de él.

¿Y la prensa? ¿También se dejó seducir por el bello animal?

No. Seguía teniéndolo en el punto de mira de su rifle de precisión. El juego estruendoso del Madrid no tapaba los gestos altaneros y su singular forma de celebrar los goles. Los niños le imitaban, pero los padres no lo querían como ejemplo. No aprendía ni modestia ni humildad, ni montaba en los transportes públicos, y un día, en septiembre de 2011, con un tobillo ensangrentado por una entrada salvaje de un jugador del Dínamo de Zagreb, después de una lluvia de improperios de la grada, soltó la frase fatídica, la que (ya dijimos) pronunció un niño de la calle que había llegado a estrella universal: «Por ser rico, por ser guapo, por ser un gran jugador me tienen envidia».

Era una verdad seca, absoluta, pero en una democracia moderna todo lo que se representa debe tener un perfil pedagógico. Y se desató una cacería, mezcla de odio y fascinación. En cada partido era tentado por los contrarios y por el público. Todos le ponían la muleta para que embistiera. El mismo juego del equipo, tan veloz que caía en la ansiedad, tan feroz que parecía violento, empujaba a Cristiano por una senda de odio que se alimentaba de los insultos de la grada.

En un partido contra el Sporting de Gijón, le acribillan a patadas y todo el campo es un grito contra su origen. Ronaldo recibe una entrada brutal, que evita con un salto y se encara a la gente. «¡Más, más, más!», grita enfebrecido con los brazos abiertos como un visionario.

«¡Ese portugués, qué hijo de puta es!»

Así es el grito, grito xenófobo que nunca se trató como tal;

el Madrid es como el Estado, ente inmensamente poderoso contra el que todo vale.

La temporada siguió bajo el signo de la aceleración sin fin, de la carrera de Cristiano contra los récords. Y llegó en abril de 2012 el partido de vuelta contra el Barcelona. Guardiola había avisado de que, si el Madrid quería llevarse la Liga, debería ganar en su casa. Y así fue. Ronaldo marcó tras un pase de Özil, desmarcándose entre una nube de azulgranas y burlando al portero con un gesto de cadera. La Liga estaba ganada y el Madrid parecía el nuevo equipo de Europa. Era el equipo de Cristiano y dibujaba un *crescendo* desde el que se podía ver la historia del fútbol. Enfrente estaba una de las bestias negras: el Bayern. Y la ida había dejado un resultado inquietante: 2-1 para los bávaros, con un juego menos vistoso, pero más efectivo, más atado a la Champions, una competición de hienas.

En el partido de vuelta, el Real vuelve locos a los alemanes. En los movimientos sin fin de Cristiano se podía fundar un nuevo arte marcial. Özil se la pone en la intimidad del área y Ronaldo marca con un golpeo seco el segundo gol. El portugués ya no era ese jugador abrasivo del Manchester y del primer Madrid que convertía todo el campo en una simulación del salón de su casa. Era un futbolista más concreto y con un conocimiento total de sus compañeros. Pero quizás el equipo todavía no estaba a su altura. Se echó para atrás cuando pudo matar (pecado fatal de Mourinho), el Bayern olió la sangre y marcó. La eliminatoria estaba igualada. La segunda parte y la prórroga fueron una película de terror. Nadie se movía por miedo y el portugués no era abastecido por sus compañeros. Llegaron los penaltis y todos fallaron.

Cristiano se encontraba otro año fuera de la Champions, su competición, desde la que iba a gritar al mundo que era el mejor. Y no sabía por qué. Dos años después, con Ancelotti a los mandos, lo averiguaría.

### Mourinho (2012-13): *huyó de nuestros corazones la alegría*

Del verano con la selección (donde la Roja fue campeona) vuelve Iker con un pie fuera del Madrid.

Ese melodrama infecta al equipo y su relación con la afición. Por primera vez en años, el portugués no es el centro de atención. Sea por un vestuario que se ha vuelto tribal, con clanes enfrentados, por una renovación estancada o porque su estadio no le adora como él cree merecer, el portugués dice, literal: «Estoy triste».

Es la *saudade* del fado encarnada en un purasangre.

Y el mundo se para de nuevo.

Salta ese rumor: Cristiano no se siente querido por Florentino, o eso dicen los medios. La relación entre ambos nunca ha sido perfecta. Da la impresión (la verdad solo se puede intuir en esas alturas) de que al presidente le gusta un tipo de estrella más dócil y silenciosa: Zidane, Karim, Gareth Bale, el otro Ronaldo. Florentino no parece estar a gusto con la vehemencia y la sinceridad de Cristiano, alguien que no agacha la cabeza ante nadie y que respira para su propio clan portugués. Al otro lado del espejo está Messi. Y el argentino tiene las llaves de un club (el Barcelona) que le hace una genuflexión permanente. De esa disparidad, que provoca mohines en Ronaldo, habla la prensa, y no es posible adivinar dónde está la realidad.

El equipo sigue latiendo a su ritmo; en cada carrera suya se vislumbra el gol. La velocidad es desmesurada, quizá tan letal para el adversario como para los propios blancos. Se pierden cientos de ocasiones por exceso de vértigo y eso comienza a parecer el mal del equipo. Se dice que él abrasa a sus compañeros, que chupa, que hace que el Madrid se vaya por el precipicio. Todos llegan a la portería contraria demasiado rápido y la jugada vuelve a la misma velocidad. El club se descabalga de la Liga muy pronto y comienza a sufrir en Champions, donde queda segundo de grupo.

Pero pasa algo.

En enero de 2013, con la suplencia de Casillas emponzoñando las portadas, Messi vuelve a ganar el Balón de Oro. De nuevo los virtuosos son los del otro lado y el Bernabéu ya no se contiene. En un partido de Copa contra el Celta, el campo en pleno, canta a Cristiano. Es un cántico simple, de un amor muy puro al que se ha llegado por caminos sinuosos: «¡Cristiaaaano, Cristiaaaano!».

Ha sido otro *hat-trick* del portugués, dueño absoluto del juego de su equipo. Y el Bernabéu, por fin, le hace saber que es algo único.

Cristiano ya no está triste. No buscaba un nuevo contrato ni el cariño de la directiva. Quería el amor de su hinchada, la más dura y arbitraria de todas, la que es tan indiferente ante la victoria como ante las horas del día. Y lo había conseguido.

La temporada estaba rota desde el principio. El Madrid avanza a trompicones por la Champions hasta llegar a la estación final: el Borussia Dortmund. Un equipo que funciona de una manera parecida al propio Real, con unas transiciones vertiginosas y con el alemán Reus donde en el Madrid está Cristiano. En Alemania, el Borussia crucifica al Madrid con un 4-1 que prácticamente sentenciaba la eliminatoria. En Madrid, los blancos se levantan con orgullo, pero no consiguen más que dos goles, ninguno del portugués, que todavía sufre de falta de oxígeno en lo más alto de la competición continental.

Si el fútbol es un lenguaje, hay cosas inexpresables como el gol.

En los días grandes, el Madrid no acababa de delimitar esa imagen. El gol frontal, salvaje, no vale en la Copa de Europa, que es vieja y puta. El fulgor de Cristiano deprimía a los delanteros del Madrid y a la segunda línea. Le buscaban hasta lo absurdo. El centro del campo era fácilmente colonizado por el enemigo y, a partir de ahí, el Madrid remaba a la contra. El Borussia y el Bayern (el año anterior) consiguieron inclinar el campo, que es lo que más teme el equipo blanco. Otro centrocampista, y alguien que marcara goles cuando encima de Cristiano están los inspectores. Eso parecía necesitar el Madrid. Y en esto, llegó Ancelotti.

### Y hablarán sus gestos por Él

> «Imprimiré mis leyes en su mente, y en sus corazones las escribiré. Y yo seré su Dios, y ellos serán mi pueblo. Y nadie enseñará a su prójimo ni a su hermano diciendo: Conoce al Señor; porque todos me conocerán, desde el menor hasta el mayor.» (Hebreos, 8:10-11)

Los gestos de Cristiano seguían acompañándole, pero el Bernabéu ya no reparaba en ellos, los asumía de forma inconsciente. Ronaldo tiene una cualidad de actor clásico: hace partícipe a los espectadores de su angustia. Cuando el partido está ganado y él no ha marcado el gol, cuando no le salen las cosas y parece que ha venido a verlo un ángel negro..., su desazón acaba siendo la de todo el estadio. Y como su voluntad es suprema, el trallazo a gol acaba llegando, y el Bernabéu estalla en gozo contagiado de la misma alegría adolescente con la que él celebra sus goles.

A ratos, cuando está contrariado, parece una actriz de cine mudo a la que han abandonado en el andén.

En el final de los partidos, cuando su equipo pierde, corre tras los balones como un loco o un profeta. Y, si no se los pasan, abre los brazos exasperado.

Cuando se desmarca, el balón le llega tarde y lo pillan en fuera de juego, vuelve muy serio, caminando con parsimonia como si emergiera del océano con la marea, mirando a tierra con la cabeza baja.

Su celebración es el «¡aquí estoy yo!» tremendista: el grito del que viene de muy abajo.

A finales de 2013, el presidente de la FIFA (organización supersecreta que vela por la pureza de la corrupción en el fútbol), Joseph Blatter, dio una charla televisada en la Universidad de Oxford donde se burlaba de Cristiano: «Leo es un buen chico. A cualquier padre o madre le gustaría tenerlo en casa. Es un buen hombre. Muy rápido. Juega muy bien, como si estuviera bailando. El otro [Cristiano Ronaldo] es como un comandante sobre el campo», dijo, y se levantó y paseó por la tarima fingiendo ser un rígido soldado; después, un poco acalorado, siguió: «Uno gasta más en su peluquero que otro, pero no puedo decir quién es el mejor. La lista para el Balón de Oro se publica el próximo martes, y ellos deben decidir, pero me gusta ser su jefe. Yo prefiero a Messi».

Escupir contra Cristiano Ronaldo (y el Real Madrid) todavía daba prestigio, pero estaba cerca de terminarse esa pantomima.

Ronaldo quedó en silencio y por una vez fue la víctima.

Y, en Europa, las víctimas tienen un aroma sagrado. El caso es que repentinamente fueron perdonados los pecados del portugués: como compensación se alargó el plazo para un Balón de Oro que no estaba claro: Messi había ganado una Liga descafeinada; Cristiano había arrasado en número de goles y portadas; se incluyeron los partidos de la repesca para el Mundial 2014, donde sobresalía un Portugal-Suecia que se vendió como el duelo entre los dos cracs más altaneros del fútbol reciente: Ibrahimović y el hombre de Madeira.

Era el mes de noviembre de 2013 y se jugaba la vuelta del Portugal-Suecia. Ibrahimović metió dos golazos, pero nada pudo hacer. Al otro lado había un océano en movimiento. Cristiano marcó un *hat-trick* monumental haciendo honor al arquetipo que se había creado de él. Contras fulgurantes, movimientos anfibios detrás de la zaga, y definición en carrera, tras recorte, que rompe la escuadra en mil pedazos. No es posible ver esos tres goles sin ponerse a gritar.

Así que Cristiano ganó el Balón de Oro y se echó a llorar.

Messi ya no estaba tan lejos. Ahora le quedaba la ansiada Décima.

### Ancelotti (2013-14): la **pax** *madridista*

> «Despójate Jerusalén de tu saco de duelo y aflicción; vístete para siempre los ornamentos de la gloria que te viene de Dios.» (Baruc, 5:1)

Ancelotti no es un revolucionario, es un italiano que ha nacido en palacio y se mueve con sigilo entre los príncipes. Llegó de la mano de Gareth Bale y de Isco, y se fueron Özil (por su mala relación con el gol) e Higuaín (un superviviente, pero no un gran jugador).

El Madrid se reorganiza en un 4-3-3. Con Xabi, Modric y Di María en el centro del campo, y la BBC dominando el ataque. Benzema, Bale y Cristiano durante ese año tiranizaron el fútbol desde su velocidad y su amplitud. Ancelotti bajó dos marchas la rapidez con la que las cosas sucedían en el Real. Eso hizo que más jugadores comieran en la mesa del gol. Seguía siendo el equipo del portugués, pero ya no era una dictadura. Modric, Di María e Isco llegaban desde atrás, y Bale y Karim sumaban goles sin descanso.

La teoría: Cristiano choca con la costumbre de todos los delanteros centros conocidos, excepto con la de Karim. Y ahí se ha edificado una de las grandes sociedades del fútbol moderno. Agua y fuego, Benzema se fue convirtiendo en el chambelán del portugués, el que lo acompañaba hasta la misma boca del gol. Mientras el francés oficiaba la ceremonia de la pausa, el portugués destrozaba los países y los lugares comunes. La diagonal de Cristiano, más pequeña que con Mourinho, pero igual de devastadora, necesita de espacio que se vaya liberando, y por eso un mediapunta clásico sufre con él.

La práctica poética: Ronaldo montado en la estela de un cometa danzando en una baldosa con Benzema.

El Bernabéu estaba ensimismado con la belleza del equipo que tenía entre manos Ancelotti, y se iba avanzando con firmeza por la Copa de Europa. Pero el madridista tenía dudas.

¿Un equipo de Cristiano sabría matar los partidos a la vieja manera?

¿Eso era posible con el jugador que más tiraba del tejido del propio equipo, con una obcecación a veces suicida?

¿Servirían de algo las diagonales de Ronaldo en una competición donde todas las vallas estarían electrificadas?

En abril de 2014, llegó la semifinal contra el Bayern de Múnich de Pep Guardiola (equipo del que se decía que iba a superar a su Barça), y esas preguntas fueron contestadas. La primera de las respuestas fue Luka Modric. El croata era el compás que el Madrid llevaba tiempo buscando. Un diapasón móvil que controlaba desde su zona los movimientos sin fin de la BBC. Cristiano compareció algo cojo a la semifinal, su eterna lucha contra los récords lo había mermado en la parte crucial de la temporada.

Pero quizás eso fue una bendición para el Madrid. No hubo neurosis contra el Bayern, ni Ronaldo le quitó los juguetes a los otros niños.

Era solo un jugador formidable que vigilaba sus movimientos para no romperse definitivamente. Guardiola orquestó una puesta en escena a la altura del Bernabéu, su estadio favorito. Los alemanes llenaron el campo de líneas de pase, y los blancos solo miraban.

Parecía aquella pesadilla antigua.

Pero en la primera contra que el Madrid conectó, Karim apareció de ese sitio entre el sueño y la vigilia que es el suyo, y marcó un gol que valía un continente.

El equipo se sintió dueño y señor desde aquel momento. Todos los pases del Bayern eran inofensivos. Todas las transiciones del Madrid traían la promesa del gol.

Ese escenario se repitió en Baviera con un resultado más aplastante: 0-4. Con dos testarazos de Ramos, incontenible desde su pedestal, y otros dos goles de Cristiano, tranquilo y encauzado, sin egoísmos, ni excesos ni delirios.

Y llegó la final contra el Atlético de Madrid.

Era en Lisboa el 24 de mayo y llevábamos sin ver a Cristiano en su elocuencia máxima, la que derrumba ciudades, desde unos meses atrás. Era un animal castrado por el agotamiento de su lucha contra los récords y su obsesión por jugar al límite de la lesión. El portugués no brilló. Solo al final, con todo decantado, fue derribado en el área y se dispuso a redondear el resultado. Ejecutó la pena sin misericordia y se reivindicó delante de su nación: un pueblo enorme que anda desperdigado por los extrarradios del mundo.

## Ancelotti (2014-15): *porque Dios dispuso humillar todo monte elevado*

El universo blanco se abría con una nueva mutación en el esquema de Ancelotti. James, la estrella de Colombia en el Mundial, un mediapunta con una zurda maravillosa, jugaba en el lugar de Di María y provocaba un estilo más cadencioso y contenido. Ronaldo se adaptó y vimos al portugués más asociativo hasta entonces. Hubo un partido a finales de septiembre de 2014, en Anfield, contra el Liverpool, donde el Madrid ganó 0-3 con ese tipo de suavidad que permite aplaudir a tu verdugo. Ronaldo se dedicó a edificar paredes por el centro para después demostrar que era dueño de lo furioso y lo sutil de igual manera. Se retiró antes de acabar y su paseo hasta la banda recibió el aplauso del público.

Aclamaban al hombre.

Despojado definitivamente de la máscara del niño.

El equipo funcionaba como un sedán hasta que se acercaron las Navidades. Todo fue desvaneciéndose justo en el momento en que Cristiano recibía su tercer Balón de Oro. Modric estaba lesionado y la estructura exquisita ya no se sostenía. El portugués comenzó a acusar el cansancio de tantos años y vacilaba. Seguía siendo veloz, pero cuando llegaba al final de una contra o de una diagonal no tenía resuello y el plan se venía abajo. Escogía mal y su disparo estaba mordido.

Se sentía confuso.

Ya no parecía un ídolo paranoico con un haz de rayos en las manos. Contra la Juventus, en semifinales, Ronaldo, por primera vez desde que Messi le superaba, dudó.

El Madrid perdió y ese fue un año vacío. Los últimos partidos fueron agónicos, casi una parodia donde Ronaldo intentaba convencerse de que todos sus mecanismos eran inmunes a la edad.

### Benítez (2015): mejor es el hombre justo que no tiene ídolos

Florentino fichó a un entrenador de libreto al entender que Ancelotti había malcriado a los chavales. Algo antiguo en las cuadras madridistas y que rara vez funciona. Rafa Benítez fue el primero en romper el tabú: dijo que Cristiano era uno de los mejores del mundo (no el mejor) y uno de los mejores de la plantilla (él prefería a Bale).

Cristiano se mostró adusto desde el principio, pero su producción goleadora no descendió. El Madrid intentaba una táctica antigua, la de la Premier de 2006, y la plantilla no respondía. Fueron meses confusos en los que la involución del portugués no quedaba clara. Ya no dejaba ese rastro de cristales rotos, ni era el corazón atómico que nunca dejaría de latir. Pero de ninguna manera era un jugador vulgar. Los goles, mordidos, rechazados, rematados, con la espinilla o de un trallazo, seguían acudiendo a su llamada. Hubo un ridículo 0-4 ante un Barça sin Messi, y Benítez fue expulsado sin miramientos de la Casa Blanca.

### Zidane (2016-17): levántate, Jerusalén, sube a lo alto

Zinédine Zidane llegó en silencio, desde el Castilla, con una media sonrisa que nadie sabía lo que significaba. Su primera medida fue devolverle a Cristiano el título de mejor jugador: lo colocó en la banda (Benítez lo había centrado en demasía, algo que no gusta al portugués, un llegador) y Ronaldo volvió a respirar.

Y Zidane sabe lo que es el Madrid. Sabe lo que el Madrid significa. Y sabe cuáles son los caminos inescrutables de la victoria. Y enseguida mantuvo una charla con Cristiano. Una charla en la que ambos se miraran a los ojos.

Zidane le explicó algo muy sencillo: eres el mejor, pero tienes una edad, y si quieres llegar a los momentos decisivos de la temporada en plenitud, debes escoger partidos y reducir tu presencia. El entrenador quería a un Cristiano con quince partidos menos y con un radio de acción mucho más reducido y determinante. Un Cristiano más realista.

Y Cristiano le escuchó.

En la vuelta contra el Wolfsburgo, equipo alemán revelación del año anterior, el Madrid se jugaba la temporada. La Liga la tenía difícil, pues Messi es un perro de hambre infinita, y en la ida, los alemanes habían ganado 2-0 a un Real Madrid dubitativo todavía en construcción. Era el mes de marzo de 2016, y ese encuentro fue la primera visión de un Cristiano diferente: un dios tranquilo que hurgaba en los senderos del fútbol sin ansiedad ni compasión.

Ronaldo marcó los tres goles que el equipo necesitaba y no hubo dudas ni histerismo ni líneas abiertas con el más allá. El primero fue un remate al segundo palo. El segundo, un cabezazo despótico a la salida de un córner. El tercero, una falta que se coló por una abertura en la barrera.

Y eso fue todo. Fácil para Cristiano, imposible para todos los demás. Era ya el mejor jugador de la historia de la Champions. Y no iba a parar.

Poco después, el Madrid ganó la Champions contra el Atlético de Madrid. En los penaltis, cuyo último tiro correspondió al portugués. Toda su vida parecía ya el guion de una película. Si a ratos ese filme había sido de catástrofes, hace tiempo que el protagonista era un héroe clásico de Hollywood, con aplomo, tenacidad y un punto de chulería. El Madrid lo había transformado, pero nunca fue un animal doméstico. Y él había conseguido que nadie en el Bernabéu imaginase otro jugador diferente.

En el verano, Cristiano consiguió un milagro fuera del club blanco: ganó la Eurocopa con Portugal, un equipo orgulloso y mediocre. Sacó a los suyos de todos los atolladeros y se plantó en la final contra Francia con el ímpetu intacto y el cuerpo derruido. Se lesionó solo comenzar el partido, pero dio igual. Desde la banda, se dedicó a manejar los tiempos y los espíritus de sus compañeros (muy inferiores a Francia) hasta que, en la prórroga, Éder logró el tanto de la gloria para los lusos.

Hubo un momento: cuando se lesionó, sentado en el campo, se echó a llorar. Entonces una mariposa se posó en su mejilla húmeda. Fue una imagen extraña, aislada de todo, que quizás algún día cobre sentido.

La temporada comienza con un Ronaldo oxidado y con el empeine fuera de su sitio. Eso formaba parte del plan que se repitió al año siguiente.

Su calendario está escrito como sigue: Cristiano necesita un ritmo constante para estar a punto, y eso no lo consigue hasta febrero, el mes donde comienza la fase terminal de la Champions. De agosto a enero, sus temporadas son un entrenamiento donde cada pieza se resitúa en su cuerpo. En enero corre a París para recoger el Balón de Oro (algo que ya se ha convertido en una rutina, como su grito «¡*siiiiiiiiu!*» al elevar a los cielos un trofeo), y a partir de ahí volvemos a ver al mejor jugador del mundo. Lo anterior es una nube de átomos con la apariencia de Cristiano, pero sin su eficacia y finura ante el gol.

A finales de 2016, a todo lo que se llevaba diciendo sobre el portugués se le añade una coletilla: «Está acabado».

¿Está acabado?

Los más avispados hablan de un jugador únicamente rematador, casi un nueve de toda la vida. Su diagonal ha desaparecido, pero está mucho más delgado, incluso más ágil. Poco a poco se va resituando sobre el campo y, al compás de esta transformación, el Madrid se convierte en un equipo obsesivo. Hay momentos en los que solo centra. Parece una forma de apagar la ansiedad, como los niños que al llegar a un río tiran piedras al agua. Se vuelve a hablar de la voluntad de Cristiano para compararla con el genio purísimo de Messi. El analista habla del portugués como si fuera un jugador con un saco de piedras y las fuera transportando con dolor una a una hasta asfaltar su camino a la gloria.

Nada más lejos de la verdad.

Sus gestos no tienen la finura de los grandes estilistas, pero su intuición del espacio no es aprendida. Es algo tan innato como la gambeta de Messi o el amague de Iniesta. Ronaldo se encuentra en cada partido media docena de veces solo en el área y en los remates siempre llega un segundo antes. Eso tiene algo de mágico. Parece que antes del partido le hayan dado un mapa con todo lo que va a pasar después, y él solo tiene que situarse en los lugares marcados con una cruz. No ha evolucionado hacia un nueve, él crea su propia posición. Desde enero de 2017, su juego es el más fácil de explicar (marca todos los goles) y el más complicado de interpretar (¿por qué?). En velocidad no se va de nadie, pero tiene la rapidez en espacios cortos y el salto. Vigila al milímetro sus movimientos; en eso se parece a Leo Messi. Ambos han evolucionado hacia un mismo concepto: algo seco, brutal, ejecutado sin humanidad alguna. Nada es superfluo. Cada movimiento hace crujir al oponente, que comienza el partido agotado por la tensión que le espera.

Así, la Liga fue cosa de la segunda unidad comandada por Álvaro Morata y James Rodríguez. Cristiano ya no vivía en un mundo de números y récords. La realidad le había alcanzado y traspasado; solo le interesaban las puertas invisibles de la leyenda.

Pero la Champions era otra cosa. En cuartos de final esperaba el Bayern de Múnich. Allá en Baviera, Ronaldo marcó dos goles sin mucho lujo. Hizo su trabajo. El Madrid tenía a Marcelo, Carvajal, Modric, Kroos, Isco y Karim. Esos eran los hombres que lo abastecían. Eran los dueños de la pelota y sabían que ese *crescendo* sin fin de Cristiano se había acabado. El de Madeira metió tres goles en la vuelta del Bayern, en el mes de abril, y todos se preguntaron cuál era la fórmula para detenerlo.

No había.

En las semis contra el Atleti volvió a marcar: primero, de un remate espléndido de cabeza; después, de una volea por la escuadra. Gol infantil que se gritó a pleno pulmón en todas las casas de buena voluntad. Ya era lo contrario de lo que se decía de él. Se había convertido en el jugador más limpio que nunca ha existido. Entraba en la jugada con sigilo y salía de ella purificado. Y Europa era el patio de su casa.

No hay odio ni desazón. Ya no es el que se alimentaba de la rabia ajena. Ahora solo busca la luz.

«Porque contigo está el manantial de la vida;
en tu luz veremos la luz.» (Salmos 36:9)

Llegó la nueva final de Champions, en Cardiff, contra la Juventus, y todo parecía en su sitio. Ronaldo vive en una revolución permanente, y ya está instalado en su siguiente etapa. La Juve salió seria y arrebatada; el Madrid, tranquilo, algo parsimonioso. Son jugadores que conocen las leyes del caos, y eso les hace esperar. Ronaldo ha descubierto la paciencia, y sobre esa cualidad el Madrid edifica instantes perfectos que siempre acaban en gol. Kroos sale en estampida, y esa es la señal. El portugués baja y se la da a Karim, su sombra, y este abre a Carvajal, que nota cómo Cristiano se adentra en el área para, en el último instante, dar un paso atrás. Ahí recibe el balón, lo engancha y es gol. Tan sencillo que no provoca pavor en los rivales. Parece un accidente natural y es extraño que nadie haga nada por evitarlo.

En la Champions, todo pesa. Cada gesto tiene un eco en el partido y la naturalidad es una virtud conquistada con mucho dolor. Así, los detalles de Karim son un claro en la jungla. Y en la jungla está Ronaldo.

La Juventus empató el partido, pero nada pareció cambiar. El Madrid se fue tranquilo al vestuario. Zidane les dio un par de consejos: defender hacia delante; Kroos donde Isco (media-punta), comandando la presión; e Isco donde Kroos, concretando su superioridad técnica. Y ya está.

El Madrid ya solo perdió el balón cuando quiso. La jugada daba vueltas sobre sí misma hasta encontrar el cauce adecuado. Sirva la descripción del segundo gol de Ronaldo: un robo alto de Modric y una pared instantánea con Carvajal que se la tira larga. Luka llega in extremis y centra hacia donde sabe que llegará el luso. Todo ha durado un par de segundos. Cristiano aparece en movimiento donde los defensas de la Juve se han convertido en estatuas de sal. Se la cruza con una dulzura cruel a Buffon: es la sentencia. A partir de ahí, el Madrid parecía un grupo de turistas paseando entre las ruinas de Pompeya. Nos dimos cuenta que los defensores italianos tenían una edad: efectivamente, Cristiano los había hecho viejos de repente.

El partido acabó con un 4-1 resplandeciente; el portugués había saldado la última cuenta de su vida: una final de Champions donde luciera su fulgor.

Esa final y esa temporada definió una relación diferente de Cristiano con la historia.

Sus bravatas ya no sonaban a la música desafinada de un chaval con ínfulas. Ahora se tomaban con precaución. Desde 2010, pocos dudaban de que el portugués tenía sitio entre los diez mejores de la historia (conversación fundamental para el hincha), pero se le ponía al final del segundo nivel.

El primer nivel eran los tres argentinos y Pelé.

Luego estaba Cruyff flotando entre los dioses y los hombres, y más allá, Zidane, Ronaldo, Platini, Beckenbauer y Cristiano. Ahí está la frase de Del Bosque sobre el otro Ronaldo: «El bueno», dijo lacónicamente.

Esa consideración se mantuvo invariable hasta el año 2016. Otra Champions y una Eurocopa inexplicable aupaban al portugués muy muy cerca de los mitos. Pero pocos daban el paso de situarlo ahí. Caía mal, se le había ninguneado demasiadas veces, el paladar latino prefería a Messi, y para los santones argentinos ni siquiera era un jugador de fútbol. Era algo así como Beyoncé vestida de blanco.

Pero después de la Champions 2017... Después de esa final donde metió dos goles con una facilidad geológica, ya no había duda: estaba entre los elegidos. Estaba con Di Stéfano, con Pelé, con Maradona y con Messi. Ese era su lugar. Y una vez que quitó el espacio vacío a su alrededor, una vez que se vio el futbolista debajo del atleta, no hubo vacilación.

Cristiano nació rey y se convirtió en inmortal cuando trascendió la armadura que llevaba por fuera.

### Un paréntesis de fábulas profanas

«Cuando eres padre, la sensación es completamente diferente. Una sensación que no puedo describir. Es por eso por lo que mi tiempo en el Madrid ha sido especial. He sido futbolista, sí, pero también he sido padre», dijo Cristiano en *The Players Tribune*.

Está el Cristiano dios del fútbol. Y está el Cristiano hombre.

Si al Cristiano futbolista le ha costado años llegar a ser admitido en el Olimpo, al Cristiano hombre se le negaba la nobleza, hasta la dignidad. Demasiado compuesto, la espalda demasiado estirada cuando llevaba del brazo a alguna modelo, el gesto demasiado altivo, el *look* demasiado atildado. En él todo era y es excesivo.

Pero ¿es eso negativo? ¿No son excesivos casi todos los héroes públicos? ¿No son excesivos LeBron James, David Beckham o Lewis Hamilton? Y se les perdona, se les admira, incluso, son *cool*.

Al portugués no.

Pero de pronto algo cambió en su imagen pública. Y ese que habla de ser padre es el nuevo Cristiano. El Cristiano padre, y padre, además, de familia numerosa. Sigue siendo el chaval que se mira en todos los espejos, pero ahora siempre acompañado. De madre, hijos, esposa. El clan Aveiro ha crecido. Parece que «solo» con hermanas, cuñados y parientes varios no tenían suficiente.

Cristiano creció en una casa sencilla llena de gente, una casa con dos puertas siempre abiertas en la que todo el mundo entraba y salía sin avisar. Y esa cultura se la llevó con él a Madrid y la instaló en su mansión de cinco millones de euros y nueve mil metros cuadrados de la urbanización La Finca. Allí, entre decoración maximalista y retratos del jugador, entre piscinas, aparatos de gimnasio y sofás XL, reina su madre, Dolores Aveiro, la matriarca que rige los destinos de todos.

Incluidos, probablemente, los amorosos.

Después de Irina Shayk, que no pudo adaptarse a ese estilo de vida (ni a Dolores Aveiro), volvieron los listados de novias efímeras atribuidas al portugués. Hasta llegar a la veinteañera Georgina.

Georgina nació en Jaca de un padre argentino futbolista (que nunca prosperó y apenas se preocupó de sus dos hijas) y de una madre murciana. Georgina es hermosa, morena, atlética, con cara de muñequita. También, como sucedió con Irina, Georgina se encontró al llegar al clan Aveiro con dos bebés. Esta vez de un vientre subrogado. Los gemelos Mateo y Eva nacieron en Florida el 6 de junio de 2017. Cristiano colgó su foto con ellos en brazos y mirada de amor en todas las redes sociales al tiempo que se retiraba de la Copa Confederaciones con la selección de Portugal: «Feliz de tener en brazos a los dos nuevos amores de mi vida».

Pero Georgina, a diferencia de Irina, está acostumbrada a las familias ibéricas. Así que Georgina ha sido aceptada en el clan: unos meses después de que nacieran los gemelos, ella da a luz a una niña. Su imagen del 12 de noviembre de 2017 en la cama del hospital con Cristiano Ronaldo y su hijo mayor, todos tocados con los gorritos verdes hospitalarios, obtuvo más de tres millones de «me gusta» en Facebook: «Alana Martina acaba de nacer». Y la fotografía que el jugador ha colgado con sus tres bebés en las redes sociales obtiene 1,1 millones de «me gusta» en Facebook y 5,7 millones en Instagram.

Lo que demuestra que Cristiano, además del rey de la cancha, es el rey de las redes. Que maneja a la perfección. Las usa para proclamar sus éxitos, exhibir su cuerpo, mostrar de vez en cuando a su familia y, sobre todo, promocionar las decenas de marcas de las que es imagen, incluidas las propias.

Porque Cristiano Ronaldo es ya una marca en sí mismo. La temporada 2016/17 encabezó el *ranking* de jugador mejor pagado, con 87,5 millones de euros, incluidos ingresos publicitarios, por delante de los 76,5 de Messi, que le sigue en segundo lugar (según la revista *France Football*).

Pero en sus cuentas no todo está tan claro.

En junio de 2017, la Fiscalía lo denunció por cuatro delitos contra la Hacienda Pública, supuestamente cometidos entre los años 2011 y 2014: no declaró correctamente los derechos de imagen de los ejercicios correspondientes y dejó de abonar 14,7 millones de euros. La denuncia se basa en la jurisprudencia del caso Messi, por el que el Tribunal Supremo condenó al jugador del Barcelona a veintiún meses de prisión, conmutados finalmente por una multa de 255.000 euros.

Inmediatamente después de la denuncia, el Real Madrid emite un comunicado oficial el 14 de junio de 2017: «El Real Madrid C. F. muestra su plena confianza en nuestro jugador Cristiano Ronaldo, que entendemos ha actuado conforme a la legalidad en cuanto al cumplimiento de sus obligaciones fiscales. Cristiano Ronaldo ha mostrado siempre desde su llegada al Real Madrid C. F., en julio de 2009, una voluntad clara de cumplir con todas sus obligaciones tributarias».

Esa confianza no es suficiente. Cristiano Ronaldo está concentrado con su selección y un periódico portugués (*A Bola*) escribe en primera página con una tipografía del fin del mundo que Ronaldo ¡quiere abandonar el Madrid! ¡Su decisión es irreversible!

Los aficionados callan sabiendo cómo se las gasta la prensa deportiva cuando no hay carne a la que hincar el diente, pero el de Madeira no solo no desmiente la portada, sino que se muestra ambiguo, casi guasón. Entramos en la habitación a media luz de los sobreentendidos y durante todo el verano no se habla de otra cosa.

Las razones que esgrimía el entorno del portugués (o eso decía cierta prensa deportiva, nunca salió un solo nombre) eran variadas y ninguna muy original:

1. El club no le ha defendido como debería ante la Fiscalía, ante los medios y ante España (madrastra de naciones ibéricas).
2. A Messi le han subido el sueldo (cada año un poco más hasta arruinar Cataluña), y los nuevos fichajes del PSG cobran más que el portugués (algo imposible de saber, todo es propaganda y confusión al respecto).
3. La relación con Florentino es tensa y siempre lo ha sido (a pesar de las bofetadas cariñosas con que el presidente le saluda, eso parece real).

En resumen: Cristiano se siente perseguido y nadie hace nada por evitarlo.

Hablando en plata: Cristiano quiere más dinero, y la mejor forma de pedirlo es utilizar los altavoces que su posición le da.

Así de sinuosas son las relaciones de poder en una monarquía constitucional como el Real Madrid.

El verano va pasando y el portugués no se va. La temporada siguiente va pasando y el portugués no se va; está tan atado a su camiseta como al gol. Su relación con Florentino mejora y la crispación ha desaparecido de sus gestos, de su rostro y de su juego. Pero llegará el siguiente verano y volverán las oscuras golondrinas. Es lo inevitable del melodrama del Madrid, la resaca de su gloria universal.

El 1 de agosto de 2017, Ronaldo declara durante el tiempo equivalente a un partido, noventa minutos, en los juzgados de Pozuelo de Alarcón. Es una declaración tensa en la que se enzarza varias veces con la jueza y en la que pronuncia una de sus grandes frases *made in* Cristiano: «Si no me llamara Cristiano, no estaría aquí».

La jueza responde: «A nosotros nos da igual su nombre, a lo que se dedique; nos parece fantástico que usted pueda dedicarse al fútbol [...]. Si se llamara usted Antonio Pérez le hubiera pasado lo mismo».

En octubre de 2017 rechaza un pacto con Hacienda porque, según sus abogados, la denuncia contra él es «inconsistente». Y para terminar el año publica una foto en Instagram con sus tres hijos y la frase: «Estoy preso de estos bebés lindos».

Todo muy estilo Cristiano Ronaldo.

«Todos me conocerán, desde el menor hasta el mayor».

### Zidane (2017-18): Cristiano Ronaldo, un corazón puro, una fe sincera

Y llegamos al examen final, el que hace san Pedro Floren a las puertas del Reino: la segunda temporada completa de Zidane.

En ella se repiten escena por escena los ritmos de la anterior. Un Cristiano patriarca en las finales (Supercopas y Mundialitos) e irritante en la rutina de la Liga.

Se repiten también las consideraciones de los analistas: «Está acabado y esto es el fin».

Se repite el Balón de Oro y el grito subsiguiente.

El Bernabéu le vuelve a cantar.

Y se repite su ascenso a partir de febrero a jugador omnisciente: todo lo sabe y lo controla desde sus movimientos en ataque.

El Madrid se había despeñado en Liga y había razones. Morata y James habían dejado el club y sus goles no los volvió a meter nadie. El portugués tiene cuatro partidos de sanción y, después de cada uno de ellos, la distancia con el Barça se agranda. Los goles tan fáciles del último Cristiano habían hecho creer al club y al madridismo mentiras tan grandes como olas de cartón. Y cuando Ronaldo vuelve a ser el futbolista que demandaban los acontecimientos, la Liga está perdida.

En cuartos de final de la Champions espera la Juventus. Dura y pedregosa, con un solo fantasista: Dybala. Es más Juve que nunca. Los comentarios de auténtico respeto en la previa del partido hacían presagiar lo que luego ocurrió.

El Madrid juega y deja jugar. Tiraniza desde su inspiración individual y el dominio insultante de los giros dramáticos que hay en las grandes competiciones. En el minuto tres, Isco (que llevaba media temporada convertido en una princesa de latón) recibe un pase exterior de Marcelo y caracolea dentro del área *juventina*. Da el temido pase atrás, al primer palo, donde todos saben que va a aparecer el gran tiburón blanco. Pero da igual: nadie hace nada.

Cristiano siempre aparece justo por el otro lado de la página. Es gol y da la sensación de que el partido ha terminado. No es así. La Juve se envalentona y le coge al Madrid el centro de las operaciones. El equipo blanco resiste el asedio y vuelve a esperar. Y el momento llega. Un mal entendimiento entre Buffon y Chiellini, y Cristiano que se encuentra con un balón de oro en el final del campo. Se la deja a Isco, que dispara a media altura, Buffon la para, pero la jugada no ha terminado. Es Carvajal quien recoge los trozos y pone un centrito como un globo a ninguna parte.

Entonces sucede: el portugués da un salto sobrecogedor y engancha una chilena a dos metros y medio de altura. Llevaba años intentándolo bajo la mirada circunspecta del Bernabéu, que más de una vez lo silbó por tamaño atrevimiento. Pero Cristiano es dueño de una voluntad de poder *nietzscheana* y siempre persiste.

El balón entra ante los ojos de Buffon; los tiene tan abiertos que ya ni siquiera sufre. El público se pone en pie y aplaude.

Y Ronaldo lo agradece, agacha la cabeza y se lleva la mano al corazón.

Pero, de forma irritante, la temporada sigue. Fuera de la Liga, utilizada la competición doméstica para ensayar el paso del depredador, la Champions espera para juzgar al Madrid, para levantar el velo de la derrota absoluta o de la victoria descomunal. Cristiano pasa como una sombra por las semifinales contra el Bayern de Múnich: dos partidos destartalados que el Madrid sacó con la fuerza de quien se cree principio y fin de la competición. En la final contra el Liverpool, nuestro héroe juega razonablemente bien, pero anda desacompasado en el área, como si su nuevo estatus de leyenda hubiera hecho mella en el artilugio, algo más rígido, algo más lento en el gesto definitivo. El caso es que no marcó y los laureles del partido se los llevaron Sergio Ramos y Gareth Bale.

Y el portugués, enfurruñado por no encontrarse esta vez en el altar, habla para el pueblo: «Fue muy bonito estar en el

Madrid». Yergue la cabeza y se pierde en el túnel de vestuarios apartando su bata de cola.

Es dueño de su futuro, como las heroínas románticas al final de las novelas. Nadie sabe lo que hará. Dará una respuesta dentro de unos días, o quizás en la concentración mundialista con Portugal, o tal vez al final del verano, que suele ser el momento de la reconciliación. Es una leyenda, un icono y un artista que habla sobre sí mismo en tercera persona, como los grandes tenores. Pero su verdad, la que le interesa al madridismo, es una pelota alojada en la red.

En realidad consiste solo en eso: acarrear un balón hasta la cima de la montaña para verlo caer por el otro lado. Y así cada día de partido. Cuando eso se agote, Ronaldo será polvo, y él lo sabe. Y el Bernabéu soplará para descubrir qué es lo que hay detrás. Pero no será Cristiano. Será algo más parecido a un hombre, algo menos igual a un dios.

El 10 de Julio de 2018, mientras Cristiano disfruta de unas vacaciones en Grecia, se hace oficial su traspaso a la Juventus de Turín. 105 millones de euros es el precio. No hay razones más allá de las palabras gastadas que el Portugués utiliza en su despedida. Es la frialdad de un divorcio en el que todo ha sido dicho. El madridista ya no tendrá la certeza del gol. Después de Kiev, llega la orfandad. El madridismo era el mundo entero en junio y un mes después, es un país en descomposición. Así de absurda es la vida. Así de hermoso es el Madrid.

«Y ni en el Templo, ni en las sinagogas ni por la ciudad me han encontrado discutiendo con nadie ni alborotando a la gente. Ni pueden tampoco probarte las cosas de que ahora me acusan. En cambio, te confieso que según el camino, que ellos llaman herejía, doy culto al Dios de mis padres, creo en todo lo que se encuentra en la ley y está escrito en los profetas y tengo en Dios la misma esperanza que estos tienen [...] Por eso yo también me esfuerzo por tener constantemente una conciencia limpia ante Dios y ante los hombres.» (Hechos, 24:12-16)

# Bibliografía

Actas del Casino de Madrid.

ALCAIDE HERNÁNDEZ, FRANCISCO (2009). *Fútbol, fenómeno de fenómenos*. Madrid: LID Editorial Empresarial.

ARIZA GÁLVEZ, JOSÉ ANTONIO (2016). *Real Madrid, en el corazón de la primera Copa de Europa*. Logroño: Siníndice Editorial.

BALAGUÉ, GUILLEM (2016). *Cristiano Ronaldo. La biografía*. Oviedo: Ediciones Nobel.

BERLÍN, FERNANDO (2012). *Héroes de los dos bandos*. Barcelona: Temas de Hoy.

*Bernabéu* (documental producido por Karmafilms con el Real Madrid en el año 2017).

CABEZA MOLINA, GONZALO (2014). *Iker Casillas: manos de santo*. Madrid: Al Poste Ediciones.

*Ecosdelbalon.com*

ESCUDIER VILA, JUAN CARLOS (2009). *Florentino Pérez, retrato en blanco y negro de un conseguidor*. Madrid: FOCA.

FERNÁNDEZ SANTANDER, CARLOS (1990). *El fútbol durante la guerra civil y el franquismo*. Madrid: San Martín.

GÓMEZ SANTOS, MARINO (1960). *Conversaciones con Santiago Bernabéu*. Sevilla: Renacimiento.

GONZÁLEZ-RUANO, CÉSAR (1954). *Las palabras quedan: conversaciones*. Madrid: Afrodisio Aguado.

GUERRERO, RENATO (2012). *Como un sueño* (documental).

HAWKEY, IAN (2017). *Di Stéfano, la historia completa*. Barcelona: Córner.

LÓPEZ, SIRIO; PINO, BEATRIZ; PÉREZ, JOSÉ LUIS (2010). *La sonrisa de Ronaldo* (documental).

Luz, Nuno (2008). *Planeta Ronaldo* (documental). SIC.

Mandis, Steven G. (2016). *La fórmula Real Madrid*. Barcelona: Ediciones Deusto.

Martialay, Félix (1995). *Implantación del profesionalismo y nacimiento de la Liga*. Madrid: Real Federación Española de Fútbol.

Mata, David. «Di Stéfano», en *Ecosdelbalón*.

Michonneau, Stéphane; Núñez Seixas, Xosé M. (2014) *Imaginarios y representaciones de España durante el franquismo*. Madrid: Casa de Velázquez.

Ortego, Enrique (2011). *Iker Casillas. La humildad del campeón*. León: Everest.

Pasamontes, Juan Carlos (2003). *Todos los jefes de la Casa Blanca*. Madrid: Pearsons Alhambra.

Prados de la Plaza, Luis (2001). *Real Madrid: centenario*. Madrid: Sílex.

Relaño, Alfredo; Ortego, Enrique (2000). *Gracias, vieja, memorias del mayor mito del fútbol*. Madrid: Aguilar.

Rosety, Gaspar (2005). *Florentino Pérez. El hombre, el empresario, el presidente*. Madrid: Temas de Hoy.

Salazar-Simpson, Ignacio (2017). *Bernabéu* (documental).

Siguero, Santiago (2015). *Zinédine Zidane. Magia blanca*. Madrid: Al Poste Ediciones.

Sousa, Paulo; Aveiro, Dolores (2014). *Mae Coragem*. Lisboa: Matéria Prima.

Torrejón, Mario (2014). *Cristiano. El Di Stéfano de nuestro tiempo*. Madrid: Al Poste Ediciones.

Villarreal, Antonio. «El Madrid durante la República 1936-1939», en el blog *La Galerna*.

vv. aa. (2014). *Vicente, biografía autorizada*. Barcelona: Libros Cúpula.